信息技术研究院
大事记
（2003—2019）

李军 吉吟东 黄春梅 编著

清华大学出版社
北京

内 容 简 介

《信息技术研究院大事记（2003—2019）》全面总结了信研院建院以来在学科交叉科研创新平台建设方面取得的丰富经验和丰硕成果。清华大学信研院成立于2003年，是清华大学在建设世界一流大学道路上的重要探索之一。在十七年的发展历程中，信研院在师资队伍、教学教研等方面取得显著成就。本书以时间轴的方式展示信研院历史，通过整合2003—2019年发生的重要工作活动和重大事件，对信研院的发展演变进行系统的整理，旨在为读者提供一部较为完整的信研院大事记。

版权所有，侵权必究。举报: 010-62782989, beiqinquan@tup.tsinghua.edu.cn。

图书在版编目（CIP）数据

信息技术研究院大事记: 2003-2019 / 李军, 吉吟东, 黄春梅编著.— 北京: 清华大学出版社, 2023.6
ISBN 978-7-302-63501-7

Ⅰ.①信… Ⅱ.①李… ②吉… ③黄… Ⅲ.①清华大学—信息技术—研究院—大事记—2003-2019 Ⅳ.①G649.281

中国国家版本馆CIP数据核字(2023)第086123号

责任编辑: 李双双
封面设计: 常雪影
责任校对: 王淑云
责任印制: 沈　露

出版发行: 清华大学出版社
　　　　　网　　址: http://www.tup.com.cn, http://www.wqbook.com
　　　　　地　　址: 北京清华大学学研大厦A座　　**邮　　编:** 100084
　　　　　社 总 机: 010-83470000　　　　　　　　**邮　　购:** 010-62786544
　　　　　投稿与读者服务: 010-62776969, c-service@tup.tsinghua.edu.cn
　　　　　质量反馈: 010-62772015, zhiliang@tup.tsinghua.edu.cn
印 装 者: 涿州市般润文化传播有限公司
经　　销: 全国新华书店
开　　本: 155mm×235mm　　**印　张:** 18　　**字　数:** 267千字
版　　次: 2023年8月第1版　　　　　　　　　**印　次:** 2023年8月第1次印刷
定　　价: 99.00元

产品编号: 096703-01

《信息技术研究院大事记（2003—2019）》编写组

领导小组：李　军　吉吟东　黄春梅
　　　　　宋　健　郑　方
工作小组：阚淑文　蒋　蕾　李　杨
　　　　　任　远　魏　婷

清华大学　信研院十七年

编写说明

自2003年成立以来，清华大学信息技术研究院（信研院）栉风沐雨秉初心，砥砺奋进向前行，建设成为清华大学信息学科群的技术创新基地、人才引进渠道和产业发展源头。时任清华大学副校长龚克担任信研院首任院长，此后十几年来，在全体教职工的共同努力之下，信研院秉承"行胜于言"之校风，围绕建设世界一流大学的战略目标，发挥清华大学在信息领域的多学科综合优势，为服务于国家建设、服务于科学技术进步、服务于学科建设和人才培养做出了不懈努力。

信研院注重与国内外企业建立良好的合作关系，努力成为清华大学信息科学技术学院和北京信息科学与技术国家研究中心（信息国家研究中心）具有突出学科交叉特色的技术创新支撑平台，并通过灵活的机制和有效的政策促进发明专利等知识产权和科研成果的转让、许可、共享与交换，与企业发展形成共赢的互动关系。信研院注重学科的交叉和集成，依靠清华大学的整体优势，与相关院、系、所和实验室密切配合，在努力创造有影响的研究成果的同时，助力信息学院的学科建设，促进教师整体素质的提高和学生全面素质的培养。信研院注重管理和运行机制的创新，努力提供良好、开放的研究与开发环境，根据信息技术发展需要确定研究方向，支持院属各科研机构组织、协调校内外和海内外相关研究人员进行团队攻关，承担对国民经济发展有重大影响和对国家利益有关键作用的重大研究课题。从数字电视广播、无线移动通信和语音语言技术，到云计算、物联网，从

信息技术研究院大事记
（2003—2019）

微处理器、Web 与软件和高铁信息技术，到操作系统和数字健康，信研院以辛勤的工作和卓越的成就为电子信息技术的进步和战略新兴产业的发展做出卓越的贡献。

随着 2018 年北京信息科学与技术国家研究中心正式成立，按照学校的统一部署，从 2019 年开始，信息国家研究中心启动实体化建设，信研院逐步虚体化，科研团队进入国家研究平台。信研院的创立、发展、壮大和调整，是清华大学在学科交叉和"有组织的科研"机制体制创新方面的重要探索。

2018 年，正值信研院建院十五周年，为全面总结在学科交叉科研创新平台建设方面取得的丰富经验和丰硕成果，信研院启动院史编纂工作。2021 年，在清华大学"学科院系部门发展史编纂工程"的资助下，在信研院全体教职员工的共同努力下，由清华大学出版社出版发行了《清华时间简史：信息技术研究院》，该书全面记录了信研院的发展脉络、科研组织模式演进特征、重要科研创新成果，以及信研院精神文化底蕴等。在此基础上，信研院院史编写工作组继续着手编写《信息技术研究院大事记（2003—2019）》，本书以历史档案记录为主，按照时间顺序以编年体的形式简述信研院重大事件，主要包括信研院创立过程中的机构建立、重要人物、重要科研进展、重要科研成果和重要活动等，客观地反映了信研院建设的发展历程。

《信息技术研究院大事记（2003—2019）》如实地记录了信研院发展历程中的主要事件，为回顾和总结学科交叉科研实体平台建设经验提供了丰富、翔实的资料，可为聚焦国家战略目标的科研机构机制体制创新提供可借鉴的经验，并激励我们传承信研院的"RIIT 文化精神"，即 Responsibility，责任感、社会责任；Innovation，创新性、创新意识；Improvement，进取心、追求卓越；Teamwork，凝聚力、团队协作。

在本书的编撰过程中，我们得到了各界的鼎力支持与帮助。感谢清华大学"学科院系部门发展史编纂工程"的资助，感谢信研院首任院长龚克教授、联合国教科文组织国际工程教育中心副主任兼秘书长王孙禺教授、清华大学校史馆馆长范宝龙研究员等，感谢为本书编写工作提供素材的师生与校友的大力支持！

编写说明

由于编者阅历、水平以及资料来源有限,时间仓促,书中如有错误和疏漏之处,恳请读者批评指正。

编写组

2022 年 8 月

目 录

2003 年 1
2004 年 11
2005 年 48
2006 年 76
2007 年 94
2008 年 119
2009 年 139
2010 年 151
2011 年 165
2012 年 180
2013 年 194
2014 年 205
2015 年 218
2016 年 229
2017 年 240
2018 年 250
2019 年 267

2003 年

3月

3月18日 清华大学信息学院院长李衍达院士，校长助理张凤昌，院务委员会副主任刘祖照，副院长李艳和、王京、李军，以及张钹院士就信研院的成立和信息学院与微软亚洲研究院（MSRA）的合作走访了微软亚洲研究院。MSRA院长、清华大学客座教授张亚勤临时因病未能参加，MSRA副院长沈向阳、张宏江接待了我校一行。沈向阳详细介绍了MSRA的发展情况，特别是"以人为本"的指导思想在各方面的体现和成就。双方就研究方向确定和调整模式、研究人员评估和激励措施等话题进行了深入探讨，并就成立联合实验室、参与"长城计划"、组织讲习教授组等事项进行了初步讨论。

4月

4月13日 清华大学副校长龚克在深圳会见深圳市副市长刘应力。龚克全面介绍了数字电视地面传输技术开发与标准制定的进展情况，以及国内外相关领域的研究状况和相关产业的发展状况；刘应力介绍了深圳在数字电视产业化方面的设想。双方当即决定开始在本年中国国际高新技术成果交易会上开展移动车载试播的论证，并筹备成立产业化联合研究中心。深圳市、深圳清华大学研究院的相关领导，信息学院副院长李军参加了会见。

4月16日 经清华大学2002—2003学年度第十次校务会议讨论通过，清华大学信息技术研究院（Research Institute of Information Technology）正式成立，隶属信息科学技术学院（信息学院）。会议任命龚克为院长（代），任命李军为常务副院长，任命王京、吴建平为副院长。

4月17日 信息学院院长李衍达院士，副院长李艳和、王京、李军就信研院成立和与联想研究院的合作走访了联想研究院。联想研究院院长贺志强、首席研究员侯紫峰、技术合作总监杨立中接待了信研院一行。贺志强介绍了联想集团及联想研究院的发展战略和重点研究方向，双方就具体研究方向和开展联合攻关等进行了深入探讨。

5月

5月6日 信研院在甲所召开了第一次院务会议，总结前期筹备工作，讨论下一步工作重点。会议由代院长龚克主持，副院长李军、王京、吴建平等出席了会议。信息学院院长李衍达、校长助理张凤昌应邀参加了此次会议。

5月13日 信研院2002—2003学年度第二次院务会议讨论通过《信研院经费暂行管理办法（试行）》。

5月16日 在信息学院新一届学术委员会第一次会议上，信研院常务副院长李军汇报了信研院工作思路，信研院无线与移动通信技术研究中心、数字电视技术研究中心和微处理器与片上系统技术研究中心筹备组的代表汇报了各中心发展方向和重点项目。到会学术委员会委员对汇报内容进行了认真的讨论，肯定了信研院和各中心的总体方向，也对CPU项目提出了中肯的建议。信研院第一批技术研究中心正式获得批准成立。

5月27日 科技部高新司副司长李武强应邀来到信息学院和信研院参观座谈，并参观了微处理器与片上系统技术研究中心及网络中心。副校长龚克、信息学院院长李衍达院士、校长助理张凤昌、科技处处长王赞基，信研院副院长李军、王京、吴建平等参加座谈。会上，龚克介绍了学校的总体学科布局及信息学院实体化的新构架。李武强详细介绍了科技部在"863计划"等方面的规划、设想和操作，着重强调了以操作系统为核心的中国自主软件体系建设，并希望清华大学重视CPU项目研发的竞争，进一步加强与企业界的合作。

5月27日 经2002—2003学年度第四次院务会议讨论通过，任命李军担任未来信息技术研究中心（FIT中心）主任（代）。

6月

6月3日 经2002—2003学年度第五次院务会议讨论决定，任命王京担任无线与移动通信技术研究中心主任，龚克担任数字电视技术研究中心主任，汪东升担任微处理器与片上系统技术研究中心主任。

6月11日 经2002—2003学年度第十五次校务会议讨论通过，李军入选清华大学"百人计划"。

6月12日 常务副校长何建坤在工字厅东厅主持会议，研讨落实校务会精神，进一步促进信息学院改革，加速信研院建设。副校长岑章志、校长助理张凤昌，以及校财务处、校人事处、信息学院、信研院的有关负责人参加了会议。会议听取了信研院近期的工作情况汇报，主要就信研院建设和发展过程中在人员编制、人才引进、职称聘任和人员待遇等方面的现状、困难及措施进行了逐项讨论，并提出了具体的实施方案。

6月17日 经2002—2003学年度第七次院务会议讨论决定，任命吉吟东担任院长助理兼办公室主任。

6月18日 常务副院长李军参加了清华大学相关单位就数字电视机卡分离方案向信息产业部相关领导的汇报。电子产品管理司司长张琪、副司长萧华及相关处领导听取了信研院数字电视技术研究中心副主任王兴军的汇报，并与参加会议的永新同方副总裁卢增祥及清华同方的代表等讨论了技术、产业方面的相关问题。张琪希望清华大学在数字电视技术攻关和产业发展中急国家之所急，充分发挥清华综合优势，尽快取得关键技术的突破和试点工程的成功。

7月

7月8日 在校长办公室、网络中心、计算中心和赛尔网络有限公司的大力支持下，信研院网站开通试运行。

7月8日 为了适应信研院作为清华大学在信息领域的技术创新基地、人才引进渠道和产业发展源头的需要，根据信研院科研工作人员的工作特点，结合国家、北京市、清华大学有关文件规定和信研院具体情况，经2002—2003学年度第九次院务会讨论通过，决定自2003年7月1日起，在信研院内部取消清华大学教师寒、暑假制度，试行工作人员年休假制度，院务会议讨论通过了《信研院休假制度管理办法（试行）》。

7月15日 微处理器与片上系统技术研究中心自主研发的32位CPU（THUMP）在TSMC流片。作为国家"863计划"重点项目"32位高性能嵌入式CPU研发"的重要成果，这款高性能、低功耗CPU与MIPS 32位嵌入式处理器主流产品MIPS 4Kc完全兼容，同时支持DSP、多媒体信息处理、网络信息处理、SIMD等类型的指令。

7月21日 国光电器股份有限公司与清华大学（信息学院）签订了合作协议。双方本着友好合作、互惠互利、优势互补、共同发展的"双赢"原则，充分利用清华大学在数字媒体技术领域的技术特点和研发力量，结合国光电器股份有限公司的资金、生产和国内外市场的优势，经学校批准，联合成立"清华大学（信息学院）数字媒体研究所"，依托信研院管理。

7月22日 信研院2002—2003学年度第十次院务会议讨论通过《信研院合同制人员聘任及管理办法（试行）》。

8月

8月25日 中华大学校友会大陆参访团一行20人访问了信研院，并在清华大学中央主楼407会议室听取了FIT中心智能家居实验室杨士元教授在智能家居领域的研发报告。常务副院长李军、院长助理吉吟东会见代表团主要成员，双方就合作前景进行了探讨。

9月

9月10日 为庆祝教师节，信研院全体教职员工于晚上7时30分在中央主楼11层接待厅召开了轻松、活跃的茶话会。校党委书记陈希，信息学院院长李衍达院士，校长助理张凤昌，信息学院副院长李艳和、邓丽曼、贾培发等出席了此次活动。副校长兼信研院代院长龚克，信息学院副院长兼信研院副院长李军、王京，院长助理吉吟东等到会祝贺。夜晚的主楼，灯火辉煌，气氛祥和，来自信研院各技术研究中心的负责人、研究骨干首次欢聚一堂。学校和学院领导分别向信研院的教职员工致以教师节和中秋节的问候，并对信研院的发展提出殷切期望，鼓励信研院创业队伍要面向解决国家重大需求，发挥信息学院学科综合优势，利用信研院的良好机制，为推动国民经济和国防建设的发展，开创一番可以载入共和国史册的宏伟事业。

9月11日 北京清华工业开发研究院（北研院）副院长滕人杰、院长助理卢春和访问信研院，与相关技术研究中心负责人进行了项目座谈。常务副院长李军介绍了信研院的发展现状及各技术中心目前开展的主要项目。滕人杰介绍了北研院的宗旨、功能、项目类型及与清华大学相关的高新技术产业化项目，并分别以电动汽车、智能交通等项目为例，分析了项目申请的特点与体制，同时还结合北京市"二四八"工程发展规划，介绍了北京市政府10项重点项目、12个重点领域及24个相关领域。滕人杰希望北研院能与信研院建立广泛合作，解决北京地区发展中急需的科技问题。信研院到会人员对相关项目和领域展现了浓厚的兴趣，并表示未来将更加主动地为推动首都科技进步和经济发展服务。

9月15日 微处理器与片上系统技术研究中心承担的"863"重点项目"32位高性能嵌入式CPU研发"取得阶段性成果，其中两种型号的CPU芯片THUMP105和THUMP107流片成功。这两款CPU芯片采用0.18 μm 1P6M CMOS工艺和128 pin PQFP封装方式，总线频率为66~133 MHz。另外，中心自主研发的系统主板也已调试成功。

9月24日 AMD公司CTO Fred Weber访问微处理器与片上系统技术研究中心，并作了题为《AMD 64位处理器面向未来运算》的学术报告。会后，双方就微处理器设计、高性能计算等方面进行了认真讨论。Fred Weber是AMD第八代Opteron 64位处理器的总设计师，也是64位计算的重要倡导者。

9月25日 PMC-Sierra公司副总裁Thomas Sun一行6人访问微处理器与片上系统技术研究中心，听取了微处理器和网络计算机研发的介绍，并观看了系统演示。信息学院与信研院有关领导参加了会谈，双方初步达成进一步合作的意向。

10月

10月10日 副校长龚克到微处理器与片上系统技术研究中心（CPU中心）调研。龚克首先询问了几名生病师生的状况，并代表学校对大家的辛勤工作表示最诚挚的感谢，随后观看了清华大学自主研发的CPU芯片、主板、网络计算机的演示，并与项目研发人员进行了座谈。龚克对于CPU研制的突出成绩表示了热烈的祝贺。他说，CPU中心的工作和成就再次证明了"有志者事竟成"的古训，但"行百里者半九十"，CPU研发之路仍任重而道远，他鼓励师生以胜不骄、败不馁的精神继续奋斗。龚克还提出，要进行必要的技术鉴定，确认指标，总结经验，找出不足和进一步努力的方向，争取更大的成功。

10月14日 信息学院学术委员会主任张钹院士及信息学院领导张凤昌、刘祖照、李艳和、贾培发、王京、李军等参观微处理器与片上系统技术研究中心，听取了中心负责人关于项目研发情况的介绍，并与中心部分师生座谈，对清华自主研发的32位CPU及其在网络计算机上的成功应用给予了充分肯定。

10月14日 2003—2004学年度第四次院务会议讨论通过《申报信研院科研系列正高级专业技术职务资格的必要条件（试行）》《申报信研院科研系列副高级专业技术职务资格的必要条件（试行）》《信研院院聘高级专业技术资格评聘工作程序的若干规定（试行）》。

10月18日 常务副院长李军、数字电视技术研究中心副主任董弘应清华科技园（江西）之邀赴江西考察数字电视发展，向江西省广播电视局、信息产业厅领导介绍了信研院及相关单位以数字电视地面传输标准DMB-T为主的研究和开发情况，交流数字电视发展情况，并就进一步开展省校具体合作的项目和方式进行了讨论。参加考察的还有一些企业单位，其中凌迅科技有限公司、科泰电源股份有限公司、亿品创新科技有限公司、矽正电子技术有限公司等是信研院的合作企业。江西省原省长胡振鹏接见了清华一行。

10月21日 经2003—2004学年度第五次院务会议讨论决定，任命杨维康担任操作系统与中间件技术研究中心主任，邢春晓担任WEB与软件技术研究中心主任。

10月25日 信研院工作汇报会在中央主楼接待厅隆重召开。教育部高等教育司（高教司）司长张尧学、科学技术部（科技部）高新技术司（高新司）副司长许倞、信息产业部（信产部）电子信息产品管理司副司长肖华、广播电视总局（广电总局）副总工杜百川、发展改革委员会（发改委）高技术产业司（高技司）处长邢小江、总参谋部（总参）通信部科技局副局长董尤心、北京市科学技术委员会（科委）副主任俞慈声、北京市互联网信息办公室（信息办）副主任李洪作为嘉宾参加了会议。清华大学校长顾秉林院士，副校长胡东成、龚克，校党委副书记庄丽君，校长助理张凤昌，信研院指导委员会委员，校内有关部、处主要领导及众多合作企业负责人等近200人听取了信研院的第一次工作汇报。

会议由信研院常务副院长李军主持，代院长龚克向来宾介绍了信研院的概况。信研院的5个新建技术研究中心，即数字电视技术研究中心、无线与移动通信技术研究中心、微处理器与片上系统技术研究中心、操作系统与中间件技术研究中心、WEB与软件技术研究中心，分别介绍了各自中心的重点研究方向、项目和成果。

微软亚洲研究院院长、清华大学客座教授张亚勤对信研院的成立表示祝贺，并充分肯定了信研院的发展方向。张尧学、许倞分别对工作汇报会给予高度评价，并鼓励清华大学在科技创新方面继续发挥国内领先优势，为国家信息化建设服务。顾秉林院士鼓励信研院要坚定信息领域的改革方向，克服各种困难，实现改革目标，并勉励信研院"集聚一流人才、追求学科交叉、秉承优良传统、发挥后发优势"。信研院各技术研究中心均在会场演示了各自的在研核心项目。

会后，龚克与部分部委办领导、指导委员会成员及信息学院和信研院领导召开座谈会，进一步征求对信研院发展的意见与建议，并观看了数字电视移动演示。

11月

11月13日 "十一五""863"重大科技专项中期检查工作在中国科学院计算技术研究所（中科院计算所）举行，中国工程院的多名专家对清华大学、北京大学、中科院计算所和中芯微系统有限公司4家单位的CPU项目执行情况进行了考察和调研。信研院微处理器与片上系统技术研究中心介绍了项目的研发情况、应用现状和未来发展规划，并做了现场演示。

12月

12月1日 荷兰皇家飞利浦（飞利浦）公司研发部（Philips Research）资深副总裁 Terry Doyle 等一行来访，常务副院长李军会见来宾，并介绍了信研院总体情况。双方探讨了落实清华大学与飞利浦公司签署意向书的相关事宜。来宾还与数字电视技术研究中心副主任董弘会见，并参观了无线与移动通信技术研究中心。

12月2日 郑方担任院长助理。

12月12日 经信息学院党委2003—2004学年度第二次会议讨论，批准成立信研院党支部，决定由吉吟东、郑方、汪东升、邢春晓、粟欣组成第一届支部委员会，任命吉吟东担任党支部书记，郑方担任党支部副书记。

12月16日 2003—2004学年度第六次院务会议讨论通过《信研院合同制人员聘任及管理办法（试行）的实施细则》。

12月19日 常务副院长李军会见了 Fabless Semiconductor Association 亚太执行总监王智立。双方互相通报情况，讨论了合作的前景。

12月21日 校友会举办IT校友会联谊活动。常务副院长李军到会介绍了信研院总体情况，院长助理郑方、相关研究中心负责人杨维康、邢春晓、窦新玉、钱振宇等到会。

12月24日 2003—2004学年度第十次院务会议通报，经请示校工会，同意在信研院成立部门工会，信息学院机关作为工会小组，挂靠信研院工会，选举工作年内进行。

12月30日 信研院进行第一届部门工会委员选举工作，经党委推荐和各中心提名推选出7名候选人，经全院75名工会会员无记名投票，王娜、郑方、刘志、赵黎、韩明当选第一届工会委员会委员，郑方任工会主席，韩明任工会副主席。

12月30日 2003—2004学年度第十一次院务会议讨论通过与微电子

所共同成立电子封装技术研究中心,由微电子所代管,任命窦新玉担任中心主任。

12月 信研院专业技术职务聘任工作顺利完成。正高级专业技术职务聘任人员为:许希斌(院聘)、邢春晓(院聘),副高级专业技术职务聘任人员为:李兆麟、薛永林、粟欣、鞠大鹏(院聘)、肖立民(院聘)。

本年 博士后进站3人,出站0人,年底在站3人。

本年 共有教职员工85人,其中事业编制27人,博士后3人,非事业编制55人。事业编制中具有正高级专业技术职务的4人,副高级专业技术职务的10人。共有6个技术研究中心,4个联合研发机构。本年新成立技术研究中心6个为:无线与移动通信技术研究中心、数字电视技术研究中心、微处理器与片上系统技术研究中心、操作系统与中间件技术研究中心、WEB与软件技术研究中心、未来信息技术研究中心(FIT中心);新建联合机构3个为:清华大学(信研院)—北京永新视博数字电视技术有限公司数字互动技术联合研究所、清华大学(信息学院,依托信研院管理)—国光电器股份有限公司数字媒体研究所、清华大学(信研院)—深圳博康科技发展有限公司智能交通系统技术中心,依托单位转入联合机构1个:清华大学(信研院)—中国华录集团有限公司中国华录信息技术研究所。

新任干部名单如下。

院务会:院长龚克(代),常务副院长李军,副院长王京、吴建平,院长助理兼办公室主任吉吟东,院长助理郑方。

党支部:书记吉吟东,副书记郑方。

部门工会:主席郑方,副主席韩明。

中心主任:FIT中心主任李军(代)、无线与移动通信技术研究中心主任王京(兼)、数字电视技术研究中心主任龚克(兼)、微处理器与片上系统技术研究中心主任汪东升、操作系统与中间件技术研究中心主任杨维康、WEB与软件技术研究中心主任邢春晓、电子封装技术研究中心主任窦新玉。

新增正高级专业技术职务人员:李军、王兴军、许希斌(院聘)、邢春晓(院聘)。

新增副高级专业技术职务人员：梁利平、李兆麟、薛永林、粟欣、鞠大鹏（院聘）、肖立民（院聘）。

新聘客座研究员6人，名单如下。

人才引进情况。清华大学"百人计划"：李军；海外人才：梁利平、王兴军。

校内调入：电子工程系9人（王京、许希斌、赵明、粟欣、薛永林、周春晖、韩明、肖立民、阳辉），计算机科学与技术系9人（汪东升、王小鸽、邢春晓、张悠慧、鞠大鹏、廖云涛、赵黎、戴桂兰、李兆麟），自动化系5人（吉吟东、卢增祥、路海明、吴君鸣、刘志）；接收应届毕业生1人：黄春梅。

本年申请专利13项。

本院共有短期出国出境1人次，共有来自美国、加拿大等5个国家和地区的50个代表团组及个人前来讲学、参观和洽谈，共签署了两个合作协议和项目。

2004 年

1 月

1月9日 清华大学电子封装技术研究中心成立大会暨首届学术研讨会在清华大学甲所召开。国家发改委、信产部、科技部及相关学会和行业协会有关领导莅临会议，来自内地、香港和美国的高校及业界50余名学者、专家就电子封装技术和产业的发展问题进行了交流和探讨。副校长龚克在会上发表讲话，科研院、信息学院和北京清华工业开发研究院领导参加了成立会。学校领导顾秉林、陈希、庄丽君会见了电子封装技术研究中心和E-PACK团队成员，并殷切希望电子封装技术研究中心以只争朝夕的精神，在人才培养和前沿研究等方面做出突出贡献。

1月13日 信研院召开工会成立大会暨2003年工作总结会，信研院教职员工共70多人参加了会议。会议由院长助理郑方主持，信息学院党委书记贾培发、副院长李艳和、副书记邓俊辉应邀出席了会议。贾培发首先代表学校工会公布了信研院工会选举的结果，宣布信研院工会成立并代表学院预祝信研院工会充分发挥工会组织的各项职能，调动教职工投身工作的热情，维护教职工的合法权益，促进管理与决策的民主化与科学化。常务副院长李军代表院务会作了信研院2003年工作总结。副院长王京就学校"211""985"二期启动，2004年国家相关研究计划项目、基金申请，以及国家中长期规划和"十一五"规划作了介绍。院长助理吉吟东就信研院进驻信息科学技术大楼等行政、人事、财务事项作了说明。信研院各单位分组进行了工作总结和2004年工作计划的讨论。

2月

2月10日 信研院在中央主楼816室召开了2003—2004学年度第十二次院务会。会议由常务副院长李军主持,院长助理吉吟东、郑方参加了会议。会上讨论了逐步建立健全信研院所属各中心工作评价体系的相关问题,提出了各中心制订2004年工作计划的要求,形成了加快网站建设、健全中心主任例会制度、调整附加津贴分配比例的决定。

2月18日 信研院微处理器与片上系统技术研究中心牵头研制的32位微处理器THUMP107通过专家鉴定,是目前国内拥有自主知识产权的微处理器中工作频率最高的芯片,而且该成果可以以软核、硬核和CPU芯片形式应用于SoC和嵌入式系统开发。由张效祥院士、沈绪榜院士、倪光南院士,以及国家"863计划"超大规模集成电路重大专项专家组组长严晓浪教授等专家组成的鉴定委员会一致认为,THUMP107 CPU总体设计技术达到国际先进,国内领先水平,其中采用面向对象建模方法实现的软硬件协同设计与验证平台,以及片上联合调试技术具有重要创新。THUMP107 CPU与国际主流嵌入式CPU兼容,具有很好的应用推广前景。副校长龚克到会并致欢迎词。

2月24日 信研院在中央主楼816会议室召开了2003—2004学年度第十三次院务会。会议由常务副院长李军主持,代院长龚克,副院长王京、吴建平,院长助理吉吟东、郑方,以及各技术中心主任参加了会议。会上部署了近期工作,具体讨论了工作指标和计划、新楼规划、附件津贴和信息化建设几个问题,并对重大项目立项进行了筹划。

2月26—27日 信研院与学校产业部门硅谷清华企业家组织TEG共同发起的IC考察团一行20余人赴上海、苏州拜会了浦东新区政府和苏州工业园区,访问了上海科技京城、集成电路研发中心和苏州集成电路设计中心,参观了和舰、展讯、科泰、鼎芯、清华晶芯和海尔微电子等企业,并与创投界、校友会分别聚会。常务副院长李军及信研院相关中心负责人窦新玉、陈大同、武平、陈榕参加了考察团活动。

2004年

3月

3月2日 信研院在中央主楼816会议室召开了2003—2004学年度第十四次院务会。会议由代院长龚克主持，副院长李军、王京、院长助理吉吟东、郑方参加了会议，数字电视中心副主任王兴军、WEB与软件中心主任邢春晓、信息学院人事助理姜朝欣参加了部分议程。会上听取了数字电视技术研究中心接收应届毕业生情况汇报，讨论了合同到期人员续聘、聘请指导委员会委员和客座研究员等事宜，并讨论了信息科学技术大楼使用情况的分配预案。

3月2日 信研院在中央主楼816会议室召开了信息化平台建设工作会议。会议由院办副主任黄春梅主持，副院长吉吟东、郑方、院办及各技术研究中心相关负责人参加了会议。吉吟东介绍了信研院信息化平台建设的指导思想和基本原则，指出信息化平台建设是信研院今年工作的重点之一。会上布置了该项工作的进程安排，明确以WEB与软件技术研究中心为信息化平台软件工程的开发方；邢春晓作为项目负责人，负责软件工程具体实施；黄春梅作为院信息化建设工作的召集人，负责协调工作。

3月2—3日 信研院召开院办质量管理体系建设工作会议。会议明确了院办要结合信研院的工作特点，面向全体师生和科研人员，提供高效的、即时性的、人性化的、程序化的全面服务工作，并提出了院办工作要突出"服务"理念，注重"服务质量"，讲究工作方法，鼓励创新精神努力做到"顾客"零投诉，工作零重大失误。为此，院办将开展质量管理体系的建设工作。

3月9日 信研院在中央主楼816会议室召开了2003—2004学年度第十五次院务会。会议由常务副院长李军主持，副院长王京、吴建平，院长助理吉吟东、郑方参加了会议。会议主要讨论了根据学校布置的"985"二期规划进行项目组织和新建中心争取硕士研究生名额事宜。

3月9日 信研院2003—2004学年度第十六次院务会议讨论修订了《信研院合同制人员聘任及管理办法》《信研院合同制人员聘任及管理办法的实施细则》。

3月10日 信研院党支部在中央主楼816会议室召开了留学归国人

员座谈会，会议由党支部副书记郑方主持，信息学院副院长李艳和、校人才交流办主任朱斌、信研院党支部书记吉吟东出席了会议。常务副院长李军首先转达了代院长龚克对留学归国人员的诚挚问候。李艳和和朱斌分别表示要将信研院归国人员的意见反馈给学校，帮助留学回国人员解决生活上的困难，鼓励归国人员拧成一股绳，渡过信研院起步阶段的难关，在学校的科研体制改革和机制创新中勇于探索、大胆实践，做出一番事业。

3月11日 信研院党支部在中央主楼818会议室召开2003—2004学年度第二次支委会。吉吟东、汪东升、邢春晓、粟欣参加了会议。会上传达了学校党委2004年工作精神，根据各支委的分工讨论了信研院党支部工作计划，确定落实党支部部分具体工作。

3月12日 瑞萨四通集成电路（北京）有限公司总经理尾方照明一行5人访问信研院电子封装技术研究中心，信息学院副院长李艳和会见了来访客人。李艳和向客人介绍了信息学院及电子封装技术研究中心的基本情况，中心主任窦新玉等向客人介绍了中心的目标与研究情况。瑞萨四通公司制造管理部部长户根义守介绍了公司的情况。双方就将来的合作进行了诚挚的交流。尾方照明一行还参观了微电子所亚微米生产线。

3月16日和18日 信研院召开"985二期"重大项目建议研讨会，会议由院长助理郑方主持。常务副院长李军出席了16日的会议，并就学校关于"985二期"的立项安排及支持强度等事宜作了说明，对信研院如何找到自己的切入点提出了建议。参加会议的有信研院各中心负责人、相关教师及由各中心邀请的计算机系、微电子所等系（所）的相关教师。会议分为新一代网络操作系统的研究及其应用开发与教学实验平台建设、嵌入式高性能CPU、语音识别和语言理解、电子政务、SIP（system in package）封装5个专题。各中心负责人及计算机系语音中心代表分别介绍了本单位关于"985二期"立项的设想和已有的工作基础。与会教师围绕以上五个专题进行了充分的讨论，一致认为应整合信研院所有学科的研发力量，优势互补，形成一个有影响力的项目，争取学校的支持。

3月19日 常务副院长李军随副校长龚克赴上海，与北京大学副校长林建平、柯杨及北京大学信息学院院长何新贵等一同与副区长尚玉英等浦东新区领导会谈，落实"清华大学信息学院微电子研发中心"和"北京大学浦东微电子研究院"的建设和发展工作。双方领导就设立项目推动领导小组、提前划拨开办费、安排临时用房、早日启动项目等问题达成了一致意见，并讨论了法人注册、地铁建站及劳动人事等方面的问题。清华大学微电子所学术委员会主任陈弘毅及北京大学微电子学院领导参加了会谈。会谈前，龚克、李军、陈弘毅参观 SEMICON China 2004 会展并会见了 ASML 公司高管；会谈后，龚克一行在张江科技园和集电港领导陪同下，与北京大学浦东微电子研究院负责人一起考察了两校的规划用地。

3月22日 信研院电子封装技术研究中心在微电子所 308 教室举办了学术报告会。美国 Skyworks 公司郭一帆、Dow Chemical 公司杨京俊分别以 "Packaging Technologies in RF Front End Module Applications" 和 "Advanced Electronic Materials in Dow Chemical" 为题作了报告。

3月23日 信研院在中央主楼 816 会议室召开了 2003—2004 学年度第十六次院务会。会议由院长助理吉吟东主持，副院长李军、王京、吴建平、院长助理郑方参加了会议。会议通过了无线移动与通信技术研究中心接收应届毕业生李云洲的决定，修订了《信研院合同制人员聘任及管理办法》及其实施细则，通报了信息科学技术大楼使用分配情况，并讨论了国家工程中心人员编制转入信研院等事宜。

4月

4月1日 信研院党支部在中央主楼 816 会议室召开了 2003—2004 学年度第三次支委会。会议由党支部书记吉吟东主持，主要学习了 2004 年校组织部、宣传部、统战部和纪检工作要点；学习了《北京市普通高等学校党建和思想正式工作基本标准（试行）》及其检查参考手册；结合学习内容，研讨了党支部 4 月工作计划。

4月3日 由清华大学牵头，联合国内 21 家数字电视相关企业和单位组成的数字电视机卡分离机顶盒项目产学研联合体在深圳召开了第一次工作会议。会议由信研院数字电视技术研究中心副主任王兴军主持，信息产业部处长白为民到会讲话。与会代表听取了用于机卡分离数字电视接收机的芯片方案介绍，讨论了项目的分工与实施计划，通过了项目实施方案和可行性报告，并决定成立项目领导小组，对各企业的工作任务进行了初步的划分。与会者一致认为，机卡分离是我国数字电视规模市场启动的必由之路，而本联合体推出的兼容 USB2.0 并具有自主知识产权的 UTI 大卡方案在成本、性能、保密性和扩展性上具有明显优势。

4月6日 信研院在中央主楼 816 会议室召开了 2003—2004 学年度第十七次院务会。会议由常务副院长李军主持，副院长吴建平，院长助理吉吟东、郑方参加了会议。会议通过了电子封装技术研究中心接收应届毕业生王海宁的决定，通报了季度运营情况，讨论了校庆活动安排，并酝酿了领导班子调整事宜。

4月8日 信研院党支部在中央主楼 816 会议室召开了 2003—2004 学年度第四次支委会及信研院工会第一次会议，支部委员郑方、汪东升，以及工会委员韩明、赵黎、刘志、王娜参加了会议。会议由党支部副书记兼工会主席郑方主持，主要讨论了党支部与工会近期联合开展活动，进行组织建设相关事宜。

4月13日 信研院在中央主楼 816 会议室召开了 2003—2004 学年度第十八次院务会。会议由常务副院长李军主持，副院长王京，院长助理吉吟东、郑方参加了会议。会议讨论了数字电视技术研究中心接收应届毕业生的事宜，通报了信息科学技术大楼使用分配方案和入驻事宜，布置了校庆活动相关工作。

4月15日 Intel 公司 Stephen Pawlowski 一行访问了信研院微处理器与片上系统技术研究中心，听取了中心的介绍，并观看了系统演示。

4月15日 清华大学在北京清华工业开发研究院向北京市副市长范伯元等汇报了电子政务研究中心建设方案，继续教育学院院长胡东成、信研院常务副院长李军、WEB 与软件技术研究中心主任邢春晓参加了会议。主要汇报和讨论的内容包括我国电子政务实施面临的主要问题，清华大学电子政务研究的基础，电子政务研究中心的定位和目标，电子政务研究中心的组织结构和运行模式，对北京电子政务建设的几点建议，以及研究中心近期工作重点和所需条件等。

4月15日 信研院党支部在中央主楼 816 会议室召开了 2003—2004

学年度第四次支委会。会议由支部书记吉吟东主持，副书记郑方，委员汪东升、邢春晓、栗欣到会。会议主要通报了国家实验室和信研院建设的相关情况，讨论了工会工作，汇报了各党小组的组织生活情况。

4月19日 高铁中心铁路信息服务研究所学术委员会主任陈双向信研院部分师生作了题为《分布式因特网服务器（DIS）研究和开发》的报告，报告内容包括现有WEB的局限性，数字经济的挑战和需求，DIS的定义和技术框架，作为中间件的DIS产品和应用领域，DIS的解决案例和优势等。报告会由WEB与软件技术研究中心主任邢春晓主持，与会师生与陈双进行了广泛和深入的交流，为今后开展进一步的课题研究和开发合作奠定了良好的基础。

4月23日 清华大学与Nufront International Management，Inc.签订合同，正式委托信研院无线与移动通信技术研究中心配合、辅助该公司共同研制与开发适用于ATSC、DVB及中国数字电视标准的"软件化数字电视接收系统"，并将应用于各国的台式计算机、笔记本电脑和手机等平台。

4月24—25日 清华大学迎来九十三周年校庆，信研院在新建的信息科学技术大楼开展了系列庆祝活动，接待各界来宾及返校校友。整洁明亮的大厅里，布满了信研院各技术研究中心、工程中心的宣传展板，大厅两侧分设展台，各技术中心对主要科研成果进行了现场演示。

4月26日 经2003—2004学年度第十五次校务会议讨论通过，任命李星、吉吟东、郑方为信研院副院长；王京、吴建平不再担任副院长职务。

4月26日 日本NICT研究中心张弘刚访问信研院，作了题为"*Is Ultra Wideband a Promise for Ubiquitous Society?——Current Activities and Perspective*"的讲座，信研院师生和电子系、微电子所的部分学生听取了讲座。副院长王京主持了此次活动，清华大学（信研院）—中国华录集团有限公司中国华录信息技术研究所所长陆建华、无线移动与通信技术研究中心副主任许希斌、电子系副主任牛志升等与张弘刚进行了座谈。

4月27日 信息学院副院长王京、信息学院副院长兼信研院常务副院长李军在上海与复旦大学信息学院和微电子研究院领导会谈，讨论在数字电视地面传输技术研发等方面的合作。数字电视技术研究中心首席科学家杨林在座。

4月27日 信息学院副院长兼信研院常务副院长李军在上海会见浦东张江集团公司、张江集成电路产业区开发有限公司负责人，共同商定"清华大学信息学院上海微电子中心"的设计招标初步方案。

4月下旬至5月上旬 清华大学（信研院）—中国华录集团有限公司中国华录信息技术研究所先后与北京清华华环电子股份有限公司、神州亿品科技（北京）有限公司和实达网络科技有限公司就蜂窝无线局域网移动多媒体通信系统技术合作事宜进行了谈判。日前，部分合作内容已经启动。

5月

5月11日 信研院2003—2004学年度第十九次院务会议讨论通过《信研院科研管理办法》。

5月13日 信研院工会召开会议，主要讨论了工会近期活动安排，进行组织建设等相关事宜。会上介绍了院工会4月和校工会沟通研讨的总体情况，指出要尽快建立起工会组织，落实企业编制人员和合同制人员会员问题，围绕工会的主要职能开展丰富多彩的活动。信研院可发挥人员队伍年轻、容易交流沟通的优势，促进工作的开展。

5月13日 信研院工会召开第二次会议，工会委员郑方、韩明、赵黎、刘志、王娜参加会议。会议由工会主席郑方主持，主要讨论了党支部与工会近期联合开展活动，进行组织建设相关的事宜。

5月18日 清华大学与企业报表应用领域的全球领先厂商安讯公司（Actuate Corporation）签署了合作备忘录，确定双方联手开展商务智能软件的研发工作。副校长康克军、科研院副院长高策理、信息学院副院长兼信研院常务副院长李军、信研院副院长郑方及WEB与软件技术研究中心主任邢春晓出席了签字仪式；安讯公司总裁兼CEO Pete Cittadini一行4人出席了签字仪式。根据双方达成的意向，安讯公司将提供400万元人民币用于信研院的商务智能软件课题研究，并将为清华大学的优秀学子提供赴安讯公司美国总部实习的机会；清华大学将选拔优秀在校学生和教授与安讯公司的研发人员共同组建一支世界一流的软件研发团队，对该领域的热点问题进行分析研究，撰写并发表课题研究论文。双方还将共同设计有关商务智能软件开发的课程。

5月19日 信研院与联想研究院在联想研究院会议室联合召开了无线通信技术研讨会，常务副院长李军、副院长郑方及信研院相关直属单位负责人出席了研讨会。联想研究院技术中心主任侯紫峰介绍了无线业务及关联应用，信研院无线移动与通信技术研究中心、操作系统与中间件技术研究中心、数字电视技术研究中心、华录信息技术研究所负责人分别介绍了相关领域的研究进展。与会代表就相关专题进行了充分的研讨，并探讨了双方可能合作的领域。双方一致认为，两个单位的科研力量可以优势互补，共同在无线通信领域开展合作研究。

5月20日 信研院常务副院长、"北大、清华微电子项目协调推进工作小组"副组长李军接待了来自清华上海微电子中心大楼设计中标单位德国AS&P公司的客人。"北大、清华微电子项目筹建小组"成员，以及我校建筑设计研究院总工程师刘彦生、微电子学研究所（微电子所）教授王水弟参加了接待，代表使用方向设计方介绍需求和提出建议，并希望设计方能在上海微电子中心的建筑设计上体现清华文化、彰显清华风格。会前，清华大学建筑学院周荣向客人介绍了清华大学的建筑传统和风格，并与刘彦生一起陪同客人参观了清华校内建筑。会后，李军、刘彦生陪同客人参观了微电子所超净间。

5月24—26日 无线与移动通信技术研究中心组织软件工作组在华北大酒店封闭论证全软件数字接收机项目，会议由粟欣副研究员主持。

5月25日 经2003—2004学年度第二十次院务会议讨论决定，同意国家实验室筹备组的任命，与国家实验室共同组建业务办公室，暂称"国家实验室筹备组办公室"，由肖立民担任办公室主任，黄春梅担任办公室副主任。

5月26日 清华大学与美国PMC-Sierra公司签署了合作备忘录，委托信研院微处理器与片上系统技术研究中心开展开源网络计算平台应用研究工作。副校长张凤昌、科研院副院长张华堂、信息学院副院长兼信研院常务副院长李军、信研院副院长郑方、信研院微处理器与片上系统技术研究中心主任汪东升及该中心相关教师出席了签字仪式；PMC-Sierra公司首席执行官（CEO）Bob Bailey 一行 13 人出席了签字仪式。根据双方达成的意向，微处理器与片上系统技术研究中心将完成"小虎"网络计算平台及基于"小虎"网络计算平台的应用软件开发；开展基于 MIPS 微处理器的开发，包括用于 ASSP 和 SoC 的设计和测试的开放平台工具；并基于上述平台开发研究生课程。

5月27日 微处理器与片上系统技术研究中心与 PMC-Sierra、MIPS、ATI 等公司联合在北京喜来登长城饭店召开了创导开源网络平台国际企业峰会。峰会上展示的清华大学研发的"小虎"网络计算机受到了普遍好评。中心主任汪东升教授在峰会上作了主题报告，介绍了产品的鲜明特点和应用前景。清华大学提出和倡导的基于服务的网络终端（Internet based terminal，IBT）概念受到普遍关注和重视。

5月27日 无线与移动通信技术研究中心主任王京会见 UT 斯达康公司副总裁兼首席技术官（CTO）黄晓庆和 3G 战略与合作部高级总监王琼，探讨今后在 3G 标准中 TDD 技术方面的合作，包括多用户检测技术在 TD-SCDMA 系统中的应用等。

截至5月底 信研院所有技术研究中心及 FIT 中心各联合研究所、联合研究中心均已完成入驻信息科学技术大楼的签约工作。5月30日，信研院办公室迁入信息科学技术大楼办公。

6月

6月1日 清华大学（信研院）—中国华录集团有限公司中国华录信息技术研究所所长陆建华向副校长康克军专题汇报了蜂窝无线互联网项目的开发和进展情况。康克军对这一项目的开展给予了充分肯定，并表示学校将尽可能给予支持，同时希望研究所能积极争取外部的资金，共同将此项目的产业化工作做好。

6月1日 信研院在信息科学技术大楼贵宾厅召开了 2003—2004 学年度第二十一次院务会扩大会议。会议由常务副院长李军主持，副院长李星、吉吟东、郑方及各直属单位负责人参加了会议。会上强调了信研院科研合同管理办法的过程实施，布置了 2004 年度申报电子信息产业发展基金项目的相关工作，并通报了新楼入驻后的注意事项。

2004年

6月2日 清华大学（信息学院）—国光电器股份有限公司数字媒体研究所所长吉吟东与广州国光电器股份有限公司董事长周海昌在信息科学技术大楼贵宾室就新产品的研发事宜召开了会议。参加会议的有副所长张旭旭，副所长张郑，教师杨士元、朱善君、孙新亚，以及部分研究生。会议就产品研发展开了讨论，并参观了研究所及微处理器与片上系统技术研究中心。

6月3日 清华大学（信研院）—中国华录集团有限公司中国华录信息技术研究所与北京华录北方电子有限公司签订了传真服务器技术转让合同，这标志着研究所新开发的多路传真服务器即将投放市场。

6月4日 联想研究院副主任于璐等一行3人来到清华大学，与清华大学（信研院）—中国华录集团有限公司中国华录信息技术研究所副所长傅建勋、高工马成等就蜂窝无线互联网移动多媒体通信系统的技术方案和双方的合作方式进行了初步交流。双方初步达成合作开发手机的意向，将由联想研究院负责开发软硬件平台，研究所负责开发应用软件。

6月7日 信研院与航天航空学院在电子工程系（电子系）会议室联合组织了GPS研讨会。会议由航天航空学院副院长陆建华主持，斯坦福大学罗鸣、Andrew Barrows、张君林分别作了题为"*Stanford GPS Research*""*From Stanford to Silicon Valley:'Highway-in-the-Sky'and Nav3D*""*GPS Receiver Design and Development*"的主题报告。来自航天航空学院和信研院的50余名师生听取了报告，并就相关问题进行了充分的交流和研讨。会后，来宾参观了信息科学技术大楼。

6月7日 信研院在信息科学技术大楼会议室召开了宣传与信息化建设工作会议。会议由黄春梅主持，常务副院长李军、副院长吉吟东，以及院办和各直属单位的相关负责人参加了会议。李军强调了宣传工作的重要性，他指出，信研院已进入成长阶段，需要加大宣传力度，让学校各单位及校外各相关部门更好地了解信研院工作的进展情况。信研院的发展要为创建世界一流大学服务，面向信息产业和国家利益重大需求，在宣传工作中要体现出机制创新带来的变化，要动员更多的人参与和关心信研院的发展。信研院内部要注意维护信研院形象，通过相关宣传活动进行工作交流，施行过程中规范化、有水准。吉吟东副院长强调各中心要高度重视信研院的宣传工作，信息化平台作为信研院的重要宣传窗口，要建立多渠道的信息来源，信息通报做到及时、准确，信息内容要体现出层次性、规范性和维护性。院办将逐步制定相关体系文件，将这项工作纳入制度化管理。

6月7日 信研院在信息科学技术大楼组织党政工领导班子和各技术研究中心主任学习会，结合研究院工作实际，学习胡锦涛同志今年在两院院士大会上的讲话及2003年年底在全国人才工作会议上的讲话。与会干部一致认为，两个讲话充分体现了国家对教育、科技的重视，贯穿着以人为本、统筹协调、可持续发展的精神。讲话中对信息科技的强调和对科技人员的厚望，使大家备受鼓舞并深感身负重任。代院长龚克希望大家重视学习，在信研院今后工作中，加强班子、文化、渠道窗口、制度等方面的建设，及时沟通思想，强调合作与集成，争取各方支持，摸索适合信研院的、以育人为本的现代科研院所制度。

6月7日 根据中国网通集团南方通信公司副总裁杨宇航要求中国网通产品研发与测试中心加强与清华大学（信研院）—中国华录集团有限公司中国华录信息技术研究所合作的指示，中国网通高工陈一飞与华录研究所副所长傅建勋沟通了彼此的工作计划，决定进一步加强日常交流，协调双方的工作。

6月8日 应美国Rohm and Hass公司CTO Gary Calabrese的邀请，电子封装技术研究中心主任窦新玉赴纽约长岛访问了该公司的电子材料分公司，并参观了其封装技术实验室。双方互相介绍了各自的研究方向和能力，并初步达成了合作的意向。

6月9日 微处理器与片上系统技术研究中心李兆麟、张悠慧等在信息科学技术大楼3层会议室接待了美国明导公司（Mentor Graphics）资深客户代表詹研一行3人。双方就SoC验证等方面的合作达成了初步共识。

6月9日 信息学院副院长李军、微电子所学术委员会主任陈弘毅等一行3人前往上海，落实清华上海微电子中心（以下简称中心）相关事宜。在沪期间，李军等与中心驻上海筹备人员拜访了上海张江集成电路产业区开发有限公司，落实了中心办公室和银行账户等实际问题，探讨解决因无法人地位而带来的项目申请方面的困难。李军主持召集了中心筹备人员会议，落实了工作分工，布置了近期工作。中心筹备人员前往复旦大学，了解有关复旦微分析项目的进展情况，双方就有关问题进行了交流，在机制探索、协调发展等方面达成一致。李军拜访浦东新区政府，通报了中心筹备和建设进展情况，就中心长远发展目标、运行机制、二期建设等一系列问题交换了意见。

6月10日 上海微电子中心筹备人员拜访浦东科技局，与科技局领导协商约定，在中心奠基之际，由清华大学和浦东新区政府联合举办清华科研成果推介会。推介会由浦东科技局出面召集上海市相关科技产业部门和相关企业，介绍地方政策和研发需求，由中心依托信息学院征集项目、组织教授介绍科研成果和知识产权，更快地推动将技术创新转化为经济效益。随后，中心筹备人员参观了上海集成电路研发中心、留学归国人员创业的科园公司，并回访了中心建筑设计方德国 AS&P 公司。

6月15日 信研院在信息科学技术大楼 3-328 会议室召开了 2003—2004 学年度第二十二次院务会。会议由常务副院长李军主持，副院长李星、吉吟东、郑方参加了会议，与会人员交流了院内重点科研方向，布置了 FIT 中心年度项目征集工作，通报了上海微电子中心建设情况及项目征集安排，并提出了年度业绩考核初步想法。

6月17日 由信研院组织的信息安全科研讨论会在信息科学技术大楼 3-327 会议室召开。会议由信研院副院长李星主持，信研院常务副院长李军及自动化系、计算机科学与技术系（计算机系）、电子系、微电子所、信息网络工程研究中心（网络中心）和软件学院的相关教师兼职人员等近 20 人参加了研讨会。李星副院长提出，此次会议以申请国家发改委信息安全项目为契机，召集信息学院与信息安全相关的研究组，形成合力对外联合申请项目。会上，各研究组分别介绍了与信息安全相关的科研成果及设想。李星副院长还介绍了"211 工程"重点学科建设项目"网络安全与信息安全研究支持平台"的进展情况。

6月21日 信息产业部集成电路 IP 核标准工作组第三次会议在山东省威海市召开，会上通过了接收信研院微处理器与片上系统技术研究中心为新会员单位。集成电路 IP 核标准是一项重要标准，对推动我国集成电路的发展具有重要的意义。李兆麟代表微处理器与片上系统技术研究中心参加了会议。

6月21日 信研院在信息科学技术大楼会议室组织召开信息科学技术大楼入驻工作会议。会议由副院长吉吟东主持，各直属单位负责人、大楼管委会和院办相关人员参加了会议。会上通报了大楼入驻检查情况，讨论了入驻管理的相关问题，确定了临时人员门禁卡申领手续，建立了投诉服务热线。

6月22日 微处理器与片上系统技术研究中心教师梁利平、张悠慧接待了 MIPS 公司市场业务部副总裁 Russ Bell、亚洲区业务副总裁 Jams Mac Hale、业务部总监 Mark E. Pittman 和大中华区总经理 Amos Lu 一行。梁利平介绍了中心的研究现状和未来的发展方向，张悠慧介绍了中心的研究成果并作了演示。双方就 MIPS 处理器的推广培训事宜达成了初步共识。

6月22日 信研院党支部书记郑方，微处理器与片上系统技术研究中心张悠慧等接待了中芝软件系统（上海）有限公司总经理水野诚一、副董事长悙山康之与北川幸夫一行。来宾介绍了中芝软件系统有限公司的组织结构与研发重点，希望合作开展嵌入式软件系统的设计开发。郑方介绍了信研院的研究现状和未来方向，张悠慧介绍了中心的研究成果并作了演示。

6月22日 电子封装技术研究中心在信息科学技术大楼接待厅举办了以《封装和板装技术发展趋势及其对供应链的影响》为题的学术报告会，主讲人是美国硅谷 FLEXTRONICS 公司的先进工艺部主管 Dongkai Shangguan（上官东恺）。

6月24日 由 SUN 公司免费提供的一台 Sun Fire 220V 服务器、两台 SunRay 100 网络计算机终端及相应的系统软件和应用软件等设备在微处理器与片上系统技术研究中心正式落户。此项合作由清华大学信研院和 Sun 公司中国工程研究院共同促成。

6月24日 中国数字图书馆有限责任公司与信研院技术交流会在信息科学技术大楼 3-327 会议室召开。会议由信研院副院长郑方主持，参加会议的有中国数字图书馆有限责任公司技术发展部负责人杨滨、技术发展部项目经理董明楷、数字图书馆推广事业部总经理袁彪、数字图书馆推广事业部总经理助理王建宙，清华大学信研院副院长郑方、智能技术与系统国家重点实验室孙茂松、徐明星、WEB与软件技术研究中心主任邢春晓，以及北京得意音通技术有限责任公司研发副总裁宋战江。

7月

7月1日 信研院在信息科学技术大楼3-327会议室组织召开了科技档案管理工作会议。会议由郑方副院长主持，各直属单位的科技档案管理人员参加了会议。会上，郑方传达了6月25日学校科技档案工作会议精神，并对落实学校要求做了部署：要求各直属单位要重视科技档案管理工作，派专人负责档案管理；项目归档要求全面、完整，包括过程管理中的全部文件及结题后的档案（包括专利申请、申报奖项、成果转化等）；如果有涉密项目，要按照清华大学保密工作规章制度执行；要求与会的科技档案管理人员向本单位全体教师传达本次会议内容，认真学习相关文件，切实抓好档案管理工作。

7月6日 信息产业部产品司副司长肖华一行4人前来信研院数字电视技术研究中心进行调研，并检查了中心承担的电子信息产业基金机卡分离项目的进展情况。常务副院长李军参加接待，数字电视技术研究中心副主任王兴军和技术负责人薛永林介绍了机卡分离项目科研情况并进行了相关演示。肖华等对机卡分离项目的进行情况表示满意，并对数字电视技术研究中心承担的机卡分离项目的有关技术方案给予了肯定。

7月6日 信研院在信息科学技术大楼3-328会议室召开了2003—2004学年度第二十三次院务会。会议由常务副院长李军主持，副院长吉吟东、郑方、院办副主任黄春梅参加了会议，信息学院人事干部姜朝欣参与了会议的人事议程相关工作。会上讨论了合同即将到期人员的续聘、解聘事宜，无线与移动通信技术研究中心机构设置建议，以及年度业绩考核相关事宜，确立了各直属单位网站建设的指导原则。

7月8日 常务副院长李军在信息科学技术大楼1-315会议室和WEB与软件技术研究中心骨干人员开展座谈。会议由中心主任邢春晓主持，周立柱、张素琴、王克宏、李娟子、白晓颖、戴桂兰、郭涑伟等参加会议。

与会人员围绕中心发展方向、队伍建设、中长期规划和科研项目组织进行了广泛、深入的讨论和交流，从可持续发展的角度为中心提出了许多建设性的建议和策略。李军表示，信研院将全力支持中心集中资源发展 WEB 信息处理、海量媒体管理和软件测试三大研发方向，同时建议中心能尽快壮大人员队伍，提炼出能代表中心特色和水平的核心技术，并通过加强与企业合作，加速核心技术的成果转化。通过这次座谈会，中心的各位老师增进了对信研院发展方向和一些具体情况的了解，进一步明确了中心发展的目标和方向。

7月8日　信研院与中国数字图书馆有限责任公司经过友好协商和技术探讨，签署了战略合作协议，将充分融合双方的资源和技术优势，通过合作实现强强联手，在平等互利的基础上建立战略合作伙伴关系。

7月12日　WEB 与软件技术研究中心举办题为"An One-Pass Aggregation Algorithm with the Optimal Buffer Size in Multidimensional OLAP"的学术报告，主讲人是韩国科学和工程院院士、KAIST 教授黄奎永。报告对数据库领域中数据的热点问题，特别是数据仓库、数据挖掘、XML 数据库等展开了深入的讨论和交流，为中韩之间的进一步合作打下了良好的基础。

7月13日　信研院在信息科学技术大楼 3-328 会议室召开了 2003—2004 学年度第二十四次院务会。会议由常务副院长李军主持，副院长李星、吉吟东参加了会议。会议通报了 2004 年上半年运营情况，讨论通过了无线与移动通信中心干部任命，讨论通过了薛一波院聘职称事宜。

7月14日　常务副院长李军与北京清华工业开发研究院（简称北研院）副院长滕人杰、汽车系学术委员会主任连晓珉等，在北研院与市发改委高技术产业发展处副处长金军座谈，了解北京市汽车电子发展思路和专项要求，商讨清华相关学科整合力量，争取重大项目，发挥主力作用。在前期多方努力的基础上，信研院将协助信息学院申报 3 个北京市汽车电子专项，其中一项由信研院相关研究中心牵头。

7月16日　信息学院院务会讨论通过《关于落实信研院副高级职称以上人员学科归属的报告》，信研院分别请微电子学研究所、计算机科学与技术系、电子工程系讨论决定了信研院副高级职称以上教师的学科归属问题。

7月16日　信息科学技术大楼2004年暑期防火安全保卫工作会议召开。会上讲解了《信息科学技术大楼消防安全管理规定（试行）》的要点和逐级落实消防安全保卫责任人的情况，提出了暑期防火安全保卫工作的要求，进行了相关案例分析，普及了灭火和防火常识，介绍信息科学技术大楼的《灭火和应急疏散预案》。会议由信研院副院长吉吟东主持，信息学院副院长李艳和、保卫部副部长王世明、防火科科长石溪泉到会并讲话，信息科学技术大楼的各级安全责任人和安全员共60余人参加了会议。

7月17日　解放军总参谋部通信部（现为解放军总参谋部信息化部）办公厅主任张建仓、参谋赵国际在校科研院副院长张华堂的陪同下，参观了信研院微处理器与片上系统技术研究中心和操作系统与中间件技术研究中心。副院长吉吟东接待了来访客人，双方就有关议题进行了座谈。

7月21日　常务副院长李军在信息科学技术大楼接待CEC研究院常务副院长潘爱华，通报了北京市汽车电子专项和信息学科相关力量整合、申报准备情况。双方决定合作申报并吸引企业共同申报2项。CEC科技部和CEC研究院科技管理部的领导，以及华旗、金蜂新天地的负责人事后多次来清华洽谈合作细节，准备项目建议书。

7月21日　针对我校远程和网络教育，教务处处长胡和平、教务处副处长张佐、注册中心主任郭大勇与WEB与软件技术研究中心的师生展开了交流和讨论。信研院常务副院长李军主持了会议，WEB与软件技术研究中心主任邢春晓、教师赵黎分别作了"面向网络教育的海量数字资源管理平台"和"大规模流媒体直播平台"的介绍。教务处的领导对WEB与软件技术研究中心的工作给予了肯定，并对数字资源管理和媒体直播在学校教务系统，特别是在网络课程方面的应用提出了期望。李军在总结时指出：要用高科技解决学校教务系统的实际需求，在深入分析学校教务系统需求的基础上，提出有针对性的解决方案；要充分考虑学校教务工作对支持系统的长期需求，所提出的支持系统要具备扩展性、发展性，并提供长期的技术支持，以适应教务工作的变化。

7月21—22日 瑞萨半导体管理（中国）有限公司的董事长兼总裁小仓节生率全球第三大半导体厂商瑞萨株式会社日本总部、瑞萨半导体管理（中国）、瑞萨科技（北京）主管一行与数字电视技术研究中心就有关数字电视芯片合作事宜进行了会谈。信息学院副院长牛志升、信研院常务副院长李军、校国际合作与交流处马军及数字电视技术研究中心副主任王兴军和技术负责人薛永林等参加了会议。

7月23日 微处理器与片上系统技术研究中心李兆麟、梁利平等在信息科学技术大楼三层会议室与美国明导公司（Mentor Graphics）亚太区技术经理李新基及资深客户经理詹研等进行了会谈。李兆麟介绍了中心研究现状，来宾介绍了明导公司 VStation Simulator 等产品的技术细节。双方就合作方式等作了进一步的探讨。

7月27日 信研院在信息科学技术大楼3-327会议室召开了2003—2004学年度第二十五次院务会扩大会。会议由常务副院长李军主持，副院长李星、吉吟东及各技术中心和研究所负责人出席了会议。会上进行了年度业绩考核总结，讨论了下一个学年度业绩考核要求，通报了近期主要工作，并征求了各技术中心和研究所对院工作的建议和意见。

7月28日 中国联合网络通信集团有限公司（中国网通）在北京翠宫饭店召开了宽带无线技术论坛筹备会，通信及IT领域的十多个企业和高等院校的代表出席了会议。网通公司副总裁杨宇航首先致辞，阐述了组织宽带无线技术论坛的目的和意义，从当前通信及IT行业的现状、下一步发展趋势、面临的机遇、技术要做哪些准备，以及如何付诸行动等方面进行了生动的论述。清华大学（信研院）—中国华录集团有限公司中国华录信息技术研究所副所长傅建勋作了主题发言，向与会代表介绍了清华—华录研究所对宽带无线通信系统和移动多媒体通信系统发展前景的看法，在蜂窝无线局域网移动多媒体通信系统方面已经取得的成果和开发出的产品，以及在寻求合作方面的考虑等。

7月30日 MIPS公司大中华地区技术总监王聪贤等一行2人访问微处理器与片上系统技术研究中心，并观看了系统演示。双方就项目合作、培训等诸多问题进行了讨论。

7月 微处理器与片上系统技术研究中心与炬易达科技有限公司（Torch Dynamics Technologics, Inc.）进行开发合作洽谈，并签订了合作意向书。

8月

8月6日 电子封装技术研究中心主任窦新玉、技术骨干周朝雁等在信息科学技术大楼一层贵宾室接待了韩国三星半导体（中国）研究开发有限公司 IPT 中心主任李泰求和三星电子有限公司人事部总经理李汉官等。窦新玉介绍了中心研究现状，李泰求介绍了三星半导体在中国的研发战略和现状。双方对技术研发和人才培训等方面可能合作的领域和方式进行了探讨。

8月11日 清华控股总裁宋军、副总裁邓华及清华科技园董事长梅萌、总裁徐井宏等清华控股和科技园各级领导一行 30 余人到信研院参观访问。常务副院长李军、副院长吉吟东接待了来宾。李军在信息科学技术大楼一层小报告厅向来宾介绍了信研院的概况，并对清华控股和科技园以往对信研院的支持表示感谢，希望今后能继续得到支持。随后，来宾参观了操作系统和中间件技术研究中心、微处理器与片上系统技术研究中心、WEB 与软件技术研究中心和数字电视技术研究中心。各中心介绍了相关研发情况，并作了成果演示。

8月12日 美国麻省理工学院媒体实验室主任尼古拉斯·尼葛洛庞帝（Nicholas Negroponte）访问了信研院微处理器与片上系统技术中心，与郑纬民、汪东升等进行了会谈。尼葛洛庞帝教授此行的目的是商谈合作开发 100 美元笔记本电脑，该类型笔记本主要针对较贫困地区的信息化普及需求，基于新型的电脑显示设备，提供一种廉价、节能、功能较完整的便携式电脑。中心人员介绍了中心的部分成果，包括已经完成的网络计算机的软硬件展示。随后双方就合作事宜进行了洽谈。

8月13日 信研院在信息科学技术大楼 4-411 会议室召开了 2003—2004 学年度第二十六次院务会。会议由常务副院长李军主持，副院长李星、吉吟东参加了会议。会上通过了无线中心干部免职和数字电视中心人才引进事宜；通报了数字电视、CPU 项目重大情况和电子政务、汽车电子项目筹备情况；通报了学科归属情况；讨论了"985"准备情况和直读研究生招生等近期重点工作；确定了推荐清华大学优秀教师奖事宜。

8月18日　无线与移动通信技术研究中心主任王京、副主任周世东等一行5人出席了与上海电子部第50研究所合作项目的方案评审会，并通过该项目的方案论证。

8月19日　日本瑞萨（RENESAS）科技公司日本用户电路设计部部长Miyake Norio、瑞萨北京公司董事长小山真一郎、瑞萨北京公司总经理古贺幸雄等一行5人访问了微处理器与片上系统技术研究中心，梁利平和李兆麟负责接待。双方介绍各自的技术优势，并就可能合作的技术领域进行了磋商。

8月24日　无线与移动通信技术研究中心主任王京出席了由韩国三星公司主持的4G国际论坛，并在会上应邀作了题为"Novel Techniques for B3G — Braking Through Conventional Concepts"的报告。

8月23—25日　无线与移动通信技术研究中心副主任粟欣代表中国863 B3G研究组织（FuTURE）和会员单位清华大学，出席了中国通信标准化协会（CCSA）无线通信技术工作委员会（TC5）在香山饭店召开的第四次全体会议，并当选为新成立的第六工作组（WG6）副组长，正式参与中国通信标准化协会在B3G领域中的全国性标准化组织工作。第二十届中央候补委员、中央网络安全和信息化委员会办公室副主任、国家互联网信息办公室副主任、全国妇联副主席曹淑敏等出席了本次会议。

8月25日　信研院党支部在信息科学技术大楼3-327会议室召开2004—2005学年度第一次支委会扩大会议。支部委员吉吟东、郑方、汪东升、邢春晓及操作系统中心主任杨维康、数字电视中心副主任王兴军参加了会议。会上讨论了信研院近期组织发展工作，并对目前教职员工的思想动态进行了研讨。

8月26日　SUN公司高级工程师Hideya Kawahara在信息科学技术大楼1-312会议室进行了一场题为"Inventing Future of Desktop Environment and What I Learned from It"的讲座并进行了精彩的演示。Kawahara是开放源代码项目Project Looking Glass的创始人，该项目的目标是把3D动画功能应用于下一代桌面和手持设备上。讲座由副院长郑方主持，来自信息学院不同系（所）的 20 余名学生听取讲座并参与问答。讲座后，学生们还自己动手操作了演示系统，并与 Kawahara 进行了交流和讨论。

8月27日 科技部高新司司长冯记春、副处长尉迟坚应教育部高教司司长张尧学的邀请，在校科研院副院长高策理、信息学院党委书记贾培发的陪同下，来信研院视察工作，副院长吉吟东、郑方接待了来访的领导。清华信息科学与技术国家实验室筹备组组长王京、信息学院副院长牛志升、航天航空学院副院长陆建华及信研院所属中心负责人杨维康、汪东升、杨知行、王兴军等参加了接待。

9月

9月3日 无线与移动通信技术研究中心主任王京接待了来访的安捷伦科技软件有限公司无线通信技术研究部经理陈忆元、殷晓钢等。安捷伦公司将清华大学作为世界范围内重点合作的六所大学之一，将从 2005—2008 年向清华大学捐赠价值 100 万美元的无线通信测量仪表；结合捐赠，双方将进一步探讨在无线通信测量和 MIMO 等方面的合作。

9月6—8日 在北京世纪金源大饭店召开了主题为"数字图书馆——促进知识的有效利用"的第二届中国数字图书馆国际会议。本次会议共邀请了 30 余位世界著名的数字图书馆专家作大会发言，共有 200 余位国内数字图书馆、数字博物馆、数字档案馆建设者与研究者参与了本次会议。信研院 WEB 与软件技术研究中心主任邢春晓作为特邀专家作了题为《海量数字资源管理系统的设计与实现》的报告。这次会议为业界专家提供了一个相互交流的平台，同时也为我国数字图书馆建设者提供了一个借鉴国内外先进经验与技术的机会。

9月7日 信研院 2004—2005 学年度第一次院务会议讨论通过《信研院研究生名额分配办法》。

9月10日 美国纽约州立大学石溪分校电子与计算机工程系教授 Yuanyuan Yang 访问操作系统与中间件技术研究中心，并作了题为 *Recent Development in Multicast Switching Networks* 的学术报告。来自信息学院相关系（所）的老师和同学听取了报告。报告会后，Yang 教授还参观了计算机系的相关研究所和清华校园。

9月10日　信研院办公室组织各直属单位行政秘书在信息科学技术大楼1-415会议室进行了业务培训。结合信研院网站和内部办公网的投入使用，办公室各岗位负责人分别介绍了信研院整体概况、合同制人员管理、科研管理、财务与设备管理等相关规章制度和办事流程。培训过程中，双方就一些日常办公中遇到的问题进行了充分的交流。

9月14日　校友邓锋在参加为母校捐赠1000万元人民币的仪式后，应邀在信研院作了题为《信息安全产业发展和技术热点》的讲座，并与信息学院近60位师生就信息安全相关产业和技术问题展开座谈。

9月17日　美国肯塔基大学计算科学中心副主任Craig C. Douglas访问操作系统与中间件技术研究中心，并作了题为"Dynamic Data-Driven Application Simulations Computer Science and Mechanical Engineering"的学术报告，来自信息学院相关系（所）的师生听取了报告。操作系统与中间件技术研究中心副主任陈榕向来宾介绍了中心在操作系统方面的研究成果，双方交流了对操作系统发展方向的看法。

9月20日　清华大学（信息学院）—国光电器股份有限公司数字媒体研究所所长吉吟东与广州国光电器股份有限公司总经理助理、国光数字媒体研究所副所长张郑就纯音控制与检测系统技术的开发召开了会议。会议就该项技术开发合同中的各项指标和经费预算展开了热烈的讨论，并基本达成一致。参加会议的有教师朱善君、孙新亚及部分研究生。

9月20日　信研院2004—2005学年度第二次院务会议讨论通过《信研院经费管理办法》。

9月22日　信研院召开了2005级研究生招生安排工作会议，常务副院长李军、副院长郑方和各直属单位主管研究生工作的负责人参加了会议。会议由郑方主持，他首先通报了学校和信息学院关于本次研究生招生工作的总体安排，之后向各直属单位下达了研究生招生指标，对研究生招生工作作了具体部署并提出要求。

9月22日　无线与移动通信技术研究中心主任王京教授参加了信息产业部在北京国宏宾馆召开的第三代移动通信技术试验专家组第三十一次工作会议。会议对北京、上海和广州等地的CDMA2000和WCDMA技术外场测试进行了总结,为 3G 移动通信的运营在技术上做好了准备。

9月23日 操作系统与中间件技术研究中心接待了来自新西兰奥克兰大学的访问团。访问团成员之一、奥克兰大学电子与计算机工程系主任作了题为"*Heterogeneous Embedded Systems——Challenges and Solutions*"的学术报告,并介绍了奥克兰大学的情况,来自自动化系、计算机系和信研院的师生听取了报告。访问团还参观了信研院微处理器与片上系统技术研究中心及计算机系的有关实验室,对清华大学在 CPU、嵌入式操作系统、嵌入式系统应用等方面的工作给予了很高的评价,并提出了开展合作的意向和建议。

9月23日 信研院在信息科学技术大楼二层多功能厅召开了 2005 级研究生招生推介会,近 80 位同学和直属单位主管招生的负责人参加了会议。郑方副院长向同学们介绍了信研院基本概况,公布了信研院今年从信息学院各系(所、院)招收研究生的名额及信研院各二级学科招生的名额情况。会后,信研院各直属单位开放实验室供学生参观,并安排中心教师与同学见面。

9月23日 应李衍达院士的邀请,美国国家工程院院士、美国艺术和科学院院士陈世卿在信息科学技术大楼 1-415 会议室进行了一场题为《发展实时协作式超级刀片计算机,提高我国高科技水平》的讲座,来自校内的 60 余名师生听取了讲座。讲座前,姚期智院士、李衍达院士、信研院常务副院长李军、国家实验室筹备组平台建设负责人孙茂松教授、信研院微处理器与片上系统技术研究中心主任汪东升教授等与陈世卿一行在贵宾厅进行了简短的座谈交流。

9月23日 作为信息产业部"十一五"规划和"2010 年长远规划"专家组专家,无线与移动通信术研究中心主任王京教授参加了"高技术产业发展十一五专项规划"发展重点咨询研究会议中的无线移动通信专题规划会。该"专项规划"是由发改委组织、中国工程院牵头、中国科学院协助组织两院院士及专家开展的高技术产业"十一五"发展重点的咨询研究。王京教授参加的无线移动通信专题涉及内容包括无线传输技术和网络、无线业务应用等,具体重点项目有 3G 及其增强技术、宽带无线接入技术

（WLAN、WiMAX 等）、短距离无线通信技术（UWB、RF-ID 等）和无线移动通信新业务等。

9月27—30日 无线与移动通信技术研究中心主任王京应邀访问日本恒河公司，参观了恒河公司在东京的实验室，双方探讨了在清华大学建立联合测试中心的可能性、可行性和操作办法。

10月

10月7日 在室内试验系统成功运行3个多月的基础上，清华大学（信研院）—中国华录集团有限公司中国华录信息技术研究所室外互联网移动通信试验系统在清华大学建成并一次调试成功。近20天来，来访的业内同仁和投资方对研究所试验网的基本功能和通信效果进行了确认，反映良好。研究所将按计划逐步开展各项目的试验测试。

10月10日 美国麻省理工学院多媒体实验室主任尼葛洛庞帝在国家教育部相关官员的陪同下，再次参观访问了信研院微处理器与片上系统技术研究中心。校科研院副院长高策理、中心主任汪东升和中心首席科学家郑纬民接待了来宾。尼葛洛庞帝教授一行与清华大学进一步商讨合作开发100美元笔记本电脑事宜，介绍了麻省理工学院在 LCos 显示器技术上所做的工作，并与我校相关人员讨论了开发中的技术难点。

10月12日 信研院在信息科学技术大楼3-327会议室召开了2004—2005学年度第三次院务会。会议由常务副院长李军主持，副院长李星、郑方参加了会议。会上通报了2004年研究生招生工作情况，讨论了2004年职称聘任相关事宜和信研院院长岗位职责。

10月13日 美国微软公司全球副总裁 Steven Sinofsky、微软亚洲研究院院长沈向洋一行访问了筹建中的清华信息国家实验室和信研院。信研院副院长郑方陪同信息学院副院长李艳和、国家实验室筹备组组长王京接待了来宾，并向来宾介绍了信研院整体科研及企业合作情况，对双方可能合作的科研方向进行了深入探讨。郑方随后陪同客人参观了微处理器与片上系统技术研究中心、数字电视技术研究中心、无线与移动通信技术研究中心、操作系统与中间件技术研究中心和语音识别处理项目。

10月13日 澳大利亚国家信息与通信技术研究中心（National Centre

of Excellence for research in Information and Communication Technologies，NICTA）的教授 Gernot Heiser 访问了操作系统与中间件技术研究中心，并作了题为"*Embedded Systems Research at National ICT Australia*"的学术报告。来自信研院、自动化系、计算机系和软件学院的师生听取了报告。会后，与会者就操作系统的研究方向和具体的技术进行了交流。

10月15日 美国食品药品监督管理局（Food and Drug Adminstration，FDA）官员 Joseph Famulare、Erik Henrikson 访问了信研院。副院长郑方接待了来宾并介绍了信研院整体科研情况，双方深入探讨了在药物电子化监督管理、射频识别（radio frequency identification，RFID）技术的研发及其应用、药品出口与药品生产质量管理规范等领域进行项目合作及学术交流的机会。信研院清华永新数字互动研究所所长卢增祥、WEB 与软件技术研究中心副主任钱振宇，以及微电子所从事相关领域科研工作的师生参加了会谈。

10月18日 TCL 研究院院长张勤、TCL 企管部副部长马松林访问信研院，常务副院长李军、微处理器与片上系统技术研究中心主任汪东升、操作系统与中间件技术研究中心主任杨维康和数字电视技术研究中心副主任王兴军接待来了来宾。李军报告了信研院整体情况，并重点介绍了各技术研究中心承担的重大科研项目，以及与企业合作的模式等；来宾介绍了 TCL 的基本情况和 TCL 研究院的定位，并表示希望和清华大学在人才培养、科研项目合作及国家重点科研项目产业化等方面开展合作交流。随后，张勤一行先后参观了数字电视技术研究中心、操作系统与中间件技术研究中心和微处理器与片上系统技术研究中心。会前，李衍达院士、信息学院副院长邓丽曼与来宾进行了交流，介绍了信息学院的总体情况。

10月19日 由清华大学研制的 DMB-T 数字多媒体/电视地面传输系统在中央电视塔成功播出，郊区覆盖半径可达 70 km，在城区能够实现完全覆盖，接收效果明显优于欧洲 DVB-T 标准。中央电视塔播放的成功，充分证明清华大学研制的数字多媒体/电视地面传输系统具有良好的性能，为我国数字电视地面广播事业做出了重要的贡献。

10月19日 万利达公司董事长吴惠天一行在北京清华工业开发研究

院副院长滕人杰的陪同下访问了信研院。常务副院长李军接待来宾并介绍了信研院整体科研及企业合作情况。随后，吴董事长一行参观了操作系统与中间件技术研究中心、微处理器与片上系统技术研究中心、数字电视技术研究中心和清华—华录信息技术研究所，并与各直属单位负责人进行了交流，就双方可能合作的科研方向和技术问题进行了探讨。

10月19日 信研院在信息科学技术大楼3-327会议室召开了2004—2005学年度第四次院务会。会议由常务副院长李军主持，副院长李星、吉吟东参加了会议。会上通报了蓝旗营、大石桥特批住宅的申报情况，讨论确定了2004年职称聘任推荐人员名单。

10月13—20日 无线与移动通信技术研究中心副主任粟欣作为中国代表团成员参加了国际电信联盟ITU-R WP8F第十四次会议。来自全世界20多个国家和地区的300多名代表参加了此次会议。中国代表团由信产部科技司、中国通信标准化协会（China Communications Standards Association，CCSA）、信产部电信研究院上海通信管理局、国内知名通信运营公司、通信制造公司和科研机构等单位代表组成。

10月20日 在学校近期开展的"扶贫济困送温暖捐赠月"和"宣传周"的活动中，信研院响应学校"关注灾区、关爱灾民、捐赠一日工资、奉献一片爱心"的号召，一天之内全院共收到捐款资金3214元，棉服棉被数件，向灾区人民尽一分力，献一片爱心。

10月22日 广州国光电器股份有限公司总经理助理张郑一行3人与清华大学（信息学院）—国光电器股份有限公司数字媒体研究所的教师和部分参与相关项目研究的学生，就新产品研发的进展情况展开了交流，重点讨论了无线音箱和扬声器异音检测系统的研发情况。

10月25日 Philips系统实验室首席科学家Stuart Buttfield等一行4人访问了数字电视技术研究中心，中心首席科学家杨林、副主任杨知行等接待了客人。杨林介绍了清华大学在数字电视地面传输技术等方面的研究进展和产业化成果，双方就DMB-T系统的核心技术特点、发展方向等进行了研讨，并探讨了进一步合作的可能性。随后，来宾乘坐测试车观看了DMB-T系统地面无线接收现场演示，并对DMB-T的性能给予了很高评价。

2004 年

10 月 25 日 Toshiba 半导体事业部总工佐藤哞一郎等一行 4 人访问了数字电视技术研究中心，中心首席科学家杨林、副主任杨知行、信道传输研究室主任潘长勇等接待了来宾。杨林介绍了清华大学在数字电视地面传输技术等方面的研究进展和产业化成果，佐藤哞一郎介绍了东芝最新的 MPEG 解码芯片组及其应用情况，双方探讨了进一步合作的可能性。随后，来宾乘坐测试车观看了 DMB-T 系统地面无线接收现场演示，并对 DMB-T 的性能给予了高度评价。

10 月 26—27 日 日本的 ALGOSOFT 公司总经理冈崎邦明和 PLANET 公司开发本部部长山本秀幸、资深工程师有藤武访问操作系统与中间件技术研究中心，与中心技术人员进行了深入的交流与探讨。

10 月 27 日 信研院在信息科学技术大楼 1-415 会议室召开了院科研工作会。会议由主管科研的副院长郑方主持，各直属单位科研管理负责人、"863" 项目负责人，以及院办负责成果推广的相关老师参加了会议。

10 月末 信研院与北京天地融科技有限公司共同创建成立了清华—天地融应用电子系统研究所，致力于高科技电子产品的研发和产业化。该研究所的主要科研方向为车载卫星导航（GPS）系统、智能 IC 卡及系统和石油零售管理控制测量系统等，涉及的学科领域包括卫星导航、无线通信、操作系统控制与测量等方面，自动化系和信研院相关技术研究中心的师生已在开展相关研究和开发工作。

11 月

11 月 1 日 荷兰 Delft 技术大学院长 Katwijk 和微电子系主任 Beenakker 在微电子所领导的陪同下访问了信研院。常务副院长李军接待了来宾并介绍了信研院的基本情况，双方在研究院与教学单位及工业企业的关系等方面进行了探讨和交流。随后，客人参观了微处理器与片上系统技术研究中心和数字电视技术研究中心。

11 月 2 日 信研院在信息科学技术大楼 4-311 会议室召开了 2004—2005 学年度第五次院务会。会议由常务副院长李军主持，副院长李星、吉吟东、郑方参加了会议。会上讨论了无线移动通信中心合同到期人员续聘事宜和 WEB 与软件中心聘请客座研究员事宜，通报了信研院直属单位组织机构状况，确定了工作汇报会及指导委员会会议日程。

11月2—3日 日本夏普株式会社、Sonic Powered株式会社的主要业务领导与技术人员八田先生等一行3人访问了操作系统与中间件技术研究中心。双方就手机电子书、3D游戏引擎等方面的技术进行了详细交流，讨论了技术合作的可行性，以及合作事宜。

11月6日 清华大学（信研院）—中国华录集团有限公司中国华录信息技术研究所与网通宽带网络有限责任公司就高品质微蜂窝无线局域网系统开发项目网络应用分项目委托研究开发事宜在信息科学技术大楼1-415会议室举行签约仪式。签约仪式由常务副院长李军主持，副校长康克军和网通宽带网络有限责任公司执行董事宁琪在协议上签字。出席签字仪式的还有：网通宽带网络有限责任公司技术总监唐晖，中国华录集团有限公司董事长王松山，Intel通信技术中国实验室总监朱文武，信息学院副院长李艳和，信研院副院长郑方和华录研究所的有关领导。

11月8日 经2003—2004学年度第十三次校务会议讨论通过，原自动化系转入信研院的教师姚丹亚被授予"2003年先进工作者"光荣称号。经校工会第17届常务委员会第十五次会议讨论通过，原自动化系转入信研院的教师刘志被授予"2003校级优秀工会积极分子"光荣称号。

11月8日 麻省理工学院媒体实验室教授Joseph Jacobson应微处理器与片上系统技术研究中心邀请在信息科学技术大楼1-312会议室作了题为《关于构建百美元笔记本电脑的电子墨水、电子纸张和其他先进显示技术》的报告，来自信研院、计算机系、化工系的部分师生听取了报告。Jacobson教授详细介绍了印刷电子技术，这种技术使用电子墨水或者半导体墨水之类的智能材料，以高速印制方式来制造显示器，并介绍了使用折叠式投影光学和固相照明技术相集成的投影式微显解决方案。与会师生一致认为报告的主题有趣且实用，让他们了解了显示技术的最新前沿动态，并在会后与Jacobson教授就有关问题进行了热烈的讨论。

11月9日 华登国际投资集团美国、新加坡和北京、上海、香港、台北等国家和地区分支机构负责人、华登国际投资及咨询委员会负责人一行18人访问信研院。常务副院长李军和数字电视技术研究中心首席科学家杨林、副主任王兴军接待了来宾。李军介绍了信研院的整体情况。随后，来宾参观了数字电视技术研究中心地面传输方案和机卡分离项目，就相关产业前景、技术路线和合作领域进行了探讨。

11月9日 信研院在信息科学技术大楼4-311会议室召开了2004—2005学年度第六次院务会。会议由常务副院长李军主持，副院长李星、吉吟东、郑方参加了会议。会上讨论了WEB与软件中心聘请客座研究院事宜，明确了人事管理岗位情况，讨论了成立应用信息架构研究设计工作组事宜，讨论了工作汇报会汇报内容。

11月16日 信研院在信息科学技术大楼1-415会议室召开了2004—2005学年度第七次院务会。会议由常务副院长李军主持，副院长李星、吉吟东、郑方参加了会议，数字电视中心首席科学家杨林、无线与移动通信中心主任王京、WEB与软件研究中心主任邢春晓、操作系统与中间件技术研究中心主任杨维康，以及微处理器与片上系统技术研究中心梁利平参加了部分议程。会上审查、讨论了工作汇报会汇报内容，通过了成立应用信息架构研究设计工作组事宜，通报了近期科研工作进展，讨论确定了联合办公室岗位职责。

11月17日 英飞凌科技亚太私人有限公司技术总监Claus Muschallik等一行4人访问了数字电视技术研究中心，中心首席科学家杨林、副主任杨知行、信道传输研究室主任潘长勇等接待了来宾。

11月17日 信研院党支部在信息科学技术大楼4-311会议室召开2004—2005学年度第二次支部委员会会议。支部委员吉吟东、郑方、汪东升、邢春晓、粟欣全部到会。会上学习了教育部部长和科技部部长在视察清华信息科学与技术国家实验室筹备工作时的讲话，布置了支部理论学习全体会的工作，进一步落实了组织建设工作，安排了合同制人员思想情况调研工作。

11月18日 信研院在信息科学技术大楼1-415会议室召开了2004—2005学年度第八次院务会。会议由代院长龚克主持，常务副院长李军、副院长李星、吉吟东、郑方参加了会议，前任副院长王京、吴建平出席了会议。会议结合工作汇报会汇报内容，重点讨论了未来发展规划。

信息技术研究院大事记
(2003—2019)

11月20日 信研院工作汇报会及第二次指导委员会会议在信息科学技术大楼召开。教育部、信息产业部和北京市发改委、科委、信息办及海淀区、朝阳区等相关单位的有关领导，副校长龚克、康克军及相关部处和院系的负责人出席了会议。康克军在致辞中代表学校感谢到会领导、专家对学校工作的支持，并希望大家对学校各项工作，特别是对信研院建设提出中肯意见，以利不断改进工作、推进改革。在实现学校创建世界一流大学目标的进程中，信息学科建设是重中之重，任务艰巨。国家实验室的建设是一个难得的机遇，但也要求我们以只争朝夕的精神加快机制和体制的改革，探索出一套适应新形势的路子，既要站到科学研究的前沿，也要服务于产业发展和国家利益的重大需求。副校长、信研院代院长龚克汇报了信研院一年来的整体发展情况。龚克表示，信研院的发展始终坚持明确一个目标、二个面向、三个作用的目标与定位，紧紧围绕清华建设世界一流大学的战略目标，瞄准国际先进水平，针对国家发展需要，充分发挥清华的综合学科优势，整合资源，引进人才，形成团队，以为国家建设发展服务、为科学技术进步服务、为学科建设和人才培养服务为目标；面向国家利益需求、产业进步需要，在国家的信息化建设中承担战略性、前沿性、前瞻性的重大项目，创造对经济发展、社会进步和国家安全有重要作用的研发成果；发挥作为技术创新基地、人才引进渠道和产业发展源头的作用，积极探索人事、项目、知识产权等方面的有效管理机制，形成能够协作攻关的跨学科创新团队，建设开放的、国际化的研究平台和环境。经过一年多的探索和努力，信研院取得了积极的成果。在未来几年的工作中，信研院将进一步凝练方向、整合力量、推进改革、锻炼队伍、理顺关系，为信息学院改革和国家实验室的建设做出努力，为工程研究体系建设做出贡献。我院无线与移动通信技术研究中心主任王京、数字电视技术研究中心首席科学家杨林、数字电视技术研究中心副主任王兴军、WEB与软件中心主任邢春晓分别汇报了多种无线移动通信技术、数字电视地面传输技术、数字电视机卡分离技术和电子政务关键技术等项目所取得的成果。教育部科技发展中心主任李志民代表到会嘉宾讲话，对我院所取得的成绩予以肯定。微软亚洲研究院院长沈向洋为会议发来了贺信。

随后，我院第二次指导委员会会议在信息科学技术大楼召开。会议由清华大学副校长、信研院代院长龚克主持，指导委员会主任李衍达院士、委员李志坚院士、吴佑寿院士、张钹院士、陈信祥博士，以及信息产业部电子产品司集成电路处处长关白玉、微软亚洲研究院副院长洪小文、微软亚洲工程院副院长张益肇、联想研究院副院长侯紫峰、海淀区副区长于军、信研院常务副院长李军、副院长李星、吉吟东参加了会议。参会人员对信研院一年来的工作和取得的阶段性成果给予了肯定，并就今后的定位及发展方向问题展开了深入讨论。委员们希望信研院加强战略研究和谋划，坚持促进学科交叉集成，在探索研究、开发和产品化产业化之间的关系和理顺相应研发机制方面下更大功夫，并在区域创新方面争取资源、做好示范。会后委员们参观了数字电视中心、微处理器中心等。

11月24日　操作系统与中间件技术研究中心主任杨维康、副主任陈榕访问了诺基亚（中国）投资有限公司，介绍了嵌入式操作系统 Elastos 的设计思想、技术路线，以及在智能手机、数字电视等领域的应用情况，并与该公司的 CTO Jari Vaario 进行了技术交流，讨论下一代智能手机的软件平台技术及未来的发展方向，并决定今后加强技术交流，探讨深层合作的可能性。

11月24日　中国通信标准化协会 B3G 工作组第四次会议在北京友谊宾馆召开。无线与移动通信技术研究中心副主任粟欣参加并主持了该工作组的专题讨论，来自国内外著名通信企业和科研单位的40多名会员代表和观察员出席了会议。会议通报了中国代表团参加国际电联 ITU-R WP8F 第十四次会议情况，以及中国 863 B3G 项目 FuTURE 组织成员与日本数家著名通信企业和科研单位联合召开"中日未来移动通信技术研讨会"的情况，讨论并修订了《中国 B3G 愿景规划的研究》和《未来通信网络架构模型展望》报告。

11月25日　应用信息架构（AIA）工作组第一次工作会议在信息科学技术大楼 4-416 会议室召开，会议由 AIA 工作组副组长郑方主持，AIA 工作组首席专家、信息学院学术委员会主任张钹院士，AIA 工作组组长、信息学院党委书记、副院长贾培发，AIA 工作组副组长宋屹东，组员丁晓玲、朱莉参加了会议。会议宣布工作组工作正式启动，通报了目前各项工作的进展情况，讨论和安排了下一步工作重点。

11月24—25日 操作系统与中间件技术研究中心在信息科学技术大楼举办了"2004和欣技术研讨会"。与会人员包括操作系统与中间件技术研究中心师生员工、清华大学计算机系和信研院部分教师、北京大学计算机系部分教师以及其他院校部分教师和企业同行。会议由操作系统与中间件技术研究中心副主任王小鸽主持，中心主任杨维康、上海科泰世纪科技有限公司副总裁吴季风发表了讲话。中心副主任、上海科泰世纪科技有限公司CEO陈榕、中心项目主管韩庚瑞，以及参与和欣2.0研发的主要技术员工共10余人作了相关的技术报告。和欣操作系统是具有我国自主知识产权的下一代网络操作系统，会议对和欣2.0的系统架构、网络服务、构件技术等进行了研讨。

11月26日 操作系统与中间件技术研究中心主任杨维康、副主任陈榕等人与NEC中国研究院开展了技术交流活动。NEC中国有限公司副总裁杜军、NEC中国研究院院长薛敏禹、NEC通讯（中国）有限公司负责人卢雷参加了此次活动。NEC方面高度赞赏Elastos操作系统的理念，认为这是面向网络应用的下一代操作系统体系结构。

11月30日 副院长郑方邀请北京市自然科学基金委员会信息和材料领域项目主管冠奕访问信研院并在信息科学技术大楼1-315会议室作了题为《北京市自然科学基金委信息领域总体布局》的报告，介绍了北京市自然科学基金的定位，通报了资助项目的结构、指导思想、项目评审原则和立项依据等。信研院及信息学院各系多名教师参加了此次报告。

12月

12月2—3日 微处理器与片上系统技术研究中心与Synopsys公司共同举行了题为"面向先进的SOC设计流程"的技术研讨会。会议由微处理器与片上系统技术研究中心李兆麟主持，中心和微电子所的师生及Synopsys公司的有关技术人员参加了此次会议。会议期间，双方就目前世界先进的SC设计流程进行了深入探讨，并对今后的技术合作方式进行了交流。

12月3日 AAMA 亚杰商会（Asian American Multitechnology Association）Stan Wang 先生、Ricky Lei 先生等一行 12 人在清华科技园技术资产经营有限公司总经理薛军等人的陪同下访问了信研院。数字电视技术研究中心潘长勇、王兴军分别介绍了 DMB-T 地面传输标准相及机卡分离相关技术，双方广泛探讨了在该项目合作方面的诸多机会。随后，AAMA 来宾观看了数字电视技术研究中心相关技术的演示。

12月3日 上海市闸北区区长尹弘一行 4 人在清华科技园技术资产经营有限公司总经理薛军等人的陪同下访问了信研院。操作系统与中间件技术研究中心副主任陈榕和数字电视技术研究中心相关负责人向来宾介绍了相关领域的技术。双方广泛探讨了信研院和上海市合作的机会与前景。

12月7日 北京市海淀科技园区企业发展部部长孟涵参观访问了信研院。副院长郑方介绍了信研院的基本情况，同时就汽车电子相关新技术及信研院在该领域的相关工作作了详细的介绍。随后，孟涵参观了操作系统与中间件技术研究中心、微处理器与片上系统技术研究中心、WEB 与软件技术研究中心、数字电视技术研究中心和智能交通研究中心，相关单位的负责人向来宾介绍了各自领域的研发情况。

12月7日 信研院在信息科技大楼 1-415 会议室召开了 2004—2005 学年度第九次院务会。会议由常务副院长李军主持，副院长李星、吉吟东、郑方参加了会议。会上通报了科研项目进展情况，讨论了资源调节费收支事宜，布置了述职汇报等年终相关工作。

12月9日 经 2004—2005 学年度第六次校务会议讨论通过，任命李军为信研院院长，龚克不再兼任信研院代院长职务。

12月9日 信研院党支部在信息科学技术大楼 1-315 会议室组织了理论学习和民主生活会。会议由宣传委员汪东升主持，信研院共 17 名党员参加了民主生活会。

12月9日 日本夏普株式会社与 PrimeWorks 株式会社一行 4 人访问了操作系统与中间件技术研究中心。信研院副院长郑方、操作系统与中间件技术研究中心主任杨维康、副主任陈榕等与来宾进行了交流。郑方介绍了信研院的总体情况，杨维康介绍了中心 Elastos 操作系统的研发现状和产业化成果。来宾参观了中心的成果演示后，就面向手机的 3D 游戏引擎技术、各种增值服务软件方面的合作进行了友好交流。

12月12日 受清华大学邀请，中国银行业监督管理委员会（银监会）副主席、著名书法家唐双宁先生在信息科学技术大楼举办了个人书法作品展览，并作了专场书法艺术讲座。讲座由清华大学美术学院副院长刘巨德主持，副校长胡东成代表学校发表了讲话，强调此类活动对营造清华大学的人文环境和提高学生的综合素质很有益处。文化部副部长赵维绥、最高人民检察院常务副检察长张耕到场参加了讲座，并参观了展览。参加此次活动的还有相关部委及各大金融机构的领导，清华大学美术学院的师生，以及清华大学书法协会的会员等。信研院副院长郑方陪同客人参观并介绍了信研院的发展情况。为表示对清华大学的感谢，唐双宁向清华大学赠送了由其书写的"水木清华"和"自强不息、厚德载物"两幅狂草作品，胡东成代表清华大学接受了赠品并表示感谢。

12月13日 根据校党委组织部 2004 年度各单位党政正副职干部考核工作安排，信研院校管干部在信息科学技术大楼 1-315 会议室进行了述职汇报，各直属单位副主任（副所长）以上负责人、全院事业编制和企业编制人员及部分合同制人员代表共 30 余人听取了汇报。校管干部围绕着学校建设世界一流大学的目标，结合各自在科研体制改革和机制创新方面各自承担的工作，以思想交流的方式，分别汇报了工作思路和做法，并分析了工作中存在问题和不足，提出了具体改进之处。党委组织部副部长陈基和听取了述职汇报。与会人员当场对校管干部进行了民主测评。

12月13日 科技部副部长马颂德、副司长李武强在清华大学副校长康克军及信研院常务副院长李军、副院长郑方的陪同下，视察了信研院微处理器与片上系统技术研究中心，观看了 100 美元笔记本电脑原型样机的演示，并就 100 美元笔记本电脑研发事宜与麻省理工学院（MIT）教授尼葛洛庞帝召开了会议。会上，双方进行了热烈的讨论，微处理器与片上系统技术研究中心的郑纬民、李兆麟等参加了会议。会后，马颂德指示有关人员与教育部、信息产业部的相关人员就 100 美元笔记本电脑研发事宜进行更加详细的磋商。

2004 年

12月16日 在信息科学技术大楼 3-327 会议室召开了 2004 年信息科学技术大楼管理工作汇报会。会议由大楼管理委员会主任李艳和主持，管委会成员贾培发、吉吟东等人参加了会议，入驻大楼各研究部及中心代表出席了会议。会上汇报了 2004 年大楼管理工作，通报了 2005 年大楼资源调节费缴纳办法，讨论了大楼运行相关问题，对大楼管理小组成员进行了评议。

12月17日 Toshiba 半导体事业部在信息科学技术大楼 1-101 会议室举办了数字电视半导体技术讲座，东芝半导体公司首席总工程师佐藤哖一郎、东芝半导体公司系统技术总工程师吉用茂、东芝（中国）有限公司副总裁兼研究开发中心所长雷海涛出席了讲座并介绍了东芝半导体公司的发展及其相关产品线。随后，东芝半导体公司的技术人员就数字电视概论（数字电视动向播放方式等）、用于数字 tuner 的 RFIC、用于数字电视的 LSI（Seine、Donau）、用于数字电视的软件/电路板等内容进行了介绍。最后，相关技术人员对东芝 MPEG-2 解码芯片功能进行了演示。国际合作与交流处副处长周远强、科研院海外项目部主任马军、数字电视技术研究中心主任杨知行等相关领导出席了会议，40 余名师生参加了讲座。

12月21日 信研院在信息科学技术大楼 4-210 会议室召开了 2004—2005 学年度第十次院务会。会议由院长李军主持，副院长李星、吉吟东、郑方参加了会议。会上讨论确定了 2004 年院聘职称事宜，对年度先进集体和先进个人进行了投票评选，讨论了 2005 年财务预算的工作。

12月22日 信研院工会召开第三次会议，工会委员郑方、韩明、赵黎、刘志、王娜参加会议。会议由工会主席郑方主持，他介绍了工会一年来的总体工作情况，肯定了工会在过去一年中的工作成果，也指出了在工作中存在的不足，希望工会能够在即将到来的一年中能够取得更好的成绩。工会委员结合各自分工，分别介绍了相关的工作情况，并经会议讨论布置了下一阶段的工作。

12月24日 和欣 2.0 操作系统的总设计师、上海科泰世纪科技有限公司开发部主管苏翼鹏先生，应信研院操作系统与中间件技术研究中心的邀请，在信息科学技术大楼 4-502 会议室作了《鸟瞰地球——"和欣 2.0"

操作系统概览》的技术报告。操作系统与中间件技术研究中心的师生员工及 Sun 公司王维汉参加了会议。报告阐述了我国自主知识产权的和欣操作系统 2.0 版本的设计架构。与会人员就此操作系统的内核设计、命名服务等技术问题及其实现方法进行了热烈讨论。

12月24日　微软亚洲研究院副院长洪小文在微软亚洲研究院语音组主任 Frank Soong、研究员周健来的陪同下，来信研院作了题为《为什么人们关注文本和语音处理技术》的学术报告。信息学院相关领域的师生参加了报告会。会上，洪小文和与会人员就诸多学术问题进行了深入探讨。会后，信息学院副院长牛志升、清华信息科学技术国家实验室筹备组组长王京、信研院副院长郑方、计算机系副系主任朱小燕与来宾就加强微软亚洲研究院和清华大学的合作进行了深入讨论，双方就联合实验室、学术交流、学生实践等具体交换了意见。

12月29日　应信研院副院长郑方邀请，中国社会科学院语言研究所研究员曹剑芬在信息科学技术大楼作了题为《韵律信息及其在言语识别和理解方面的作用》的专题学术讲座。来自信息学院相关领域的师生参加了技术交流会。

12月　信研院专业技术职务聘任工作顺利完成。正高级专业技术职务聘任人员为：郑方、赵明（院聘）、王小鸽（院聘），副高级专业技术职务聘任人员为：肖立民、鞠大鹏、阳辉、路海明（院聘）、戴桂兰（院聘）、张悠慧（院聘），晋升中二级职员：黄春梅，晋升助理研究员：孟琳。

本年　博士后进站 3 人，出站 0 人，年底在站 5 人。

本年　本院共有教职员工 140 人，其中事业编制 32 人，博士后 5 人，非事业编制 103 人。事业编制中具有正高级专业技术职务 5 人，副高级专业技术职务 17 人。教师 9 人在学科所属院系积极承担了 11 门课程的教学工作。

共有 7 个技术研究中心，7 个联合研发机构。其中本年新成立技术研究中心 1 个：电子封装技术研究中心，新建联合机构 3 个：清华大学（信研院）—天津七一二通信广播有限公司应用通信系统研究所、清华大学（信研院）—北京天地融科技有限公司应用电子系统研究所、清华大学（信研院）—北京数字太和科技有限责任公司数字电视机卡分离研究所。另有原依托在信息学院的国家计算机集成制造系统工程技术研究中心、国家企业信息化应用支撑软件工程技术研究中心、教育部计算机网络技术研究中心。

新任干部名单如下。

院务会：院长李军，副院长李星、吉吟东、郑方。

国家实验室筹备组办公室：主任肖立民，副主任黄春梅。

新增正高级专业技术职务人员：郑方、杨维康（院聘）、薛一波（院聘）、赵明（院聘）、王小鸽（院聘）。

新增副高级专业技术职务人员：杨维康、薛一波、肖立民、鞠大鹏、阳辉、路海明（院聘）、戴桂兰（院聘）、张悠慧（院聘）。

新聘兼职研究员3人。

人才引进情况。海外人才：杨维康。国内人才：薛一波。校内调入：计算机科学与技术系1人（郑方）、自动化系2人（孙新亚、姚丹亚）。接收应届毕业生：李云洲。

本年科技成果鉴定2项，1项为国内领先水平。授权专利17项。获得计算机软件著作权登记12项。获得国家级奖励1项，其中国家科技进步发明奖二等奖1项。

本院共有来自美国、日本等8个国家和地区的51个代表团组及个人前来讲学、参观和洽谈，共签署了10个合作协议和项目。

2005 年

1月

1月4—8日 信研院积极响应北京市青春奥运志愿者服务团向全社会发出的倡议,在全院范围内组织教职工为印度洋海啸受灾地区捐款,奉献爱心,共捐款总计3506元人民币。

1月9日 副校长康克军在院长李军陪同下访问了信研院合作企业科泰世纪和展讯公司,分别听取了科泰世纪首席执行官(CEO)兼首席技术官(CTO)、信研院操作系统与中间件技术研究中心副主任陈榕和展讯CTO、信研院无线与移动通信中心首席科学家陈大同的汇报,并与公司中校友座谈,参观了公司产品演示。

1月11日 信研院在信息科学技术大楼4-412会议室召开了2004—2005学年度第十一次院务会。会议由院长李军主持,副院长吉吟东、郑方参加了会议。会上讨论确定了2004—2005学年秋季学期期末各项相关工作。

1月11日 院长李军访问了浙江清华长三角研究院,拜访了该院院长周海梦,并与浙江研究院总部所在地嘉兴市秀城区区长魏建明洽谈在电子政务等方面的合作事宜。李军还走访了嘉兴科技城及浙江研究院平湖和嘉善院区,听取了嘉兴科技城管委会主任孙旭阳的科技城规划介绍,并探讨了在数字电视和低成本计算设备等方面的合作可能。

1月14日 信息科学技术大楼管委会召开了楼内各单位做好确保寒假期间安全防范工作的会议,会议由管委会委员、信研院副院长吉吟东主持,物业负责人、楼管小组负责人及楼内各单位消防安全责任人出席了会议。会上通报了学校寒假安全工作安排,并再次强调信息大楼的四级责任制消防安全制度；布置了寒假期间需要重点做好的三防工作：防火、防盗、防冻。大楼管理小组负责人陈慧君布置了近期安全检查工作。

1月20日 北京市科委委员、发展计划处处长李石柱应邀访问信研院，并在信息科学技术大楼1-415会议室举行了报告会。李石柱在报告中详细介绍了北京市科委的总体工作思路、北京市科委2005年的工作重点、北京市"248"重大创新工程，并就清华大学如何有效参与北京市科委的科研工作计划等问题与参会人员进行了讨论。

1月20日 信研院党支部在信息科学技术大楼1-415会议室召开支部组织生活会。布置了《中共中央关于在全党开展以实践"三个代表"重要思想为主要内容的保持共产党员先进性教育活动的意见》要点，并组织全体党员认真学习。随后，收看了中宣部理论局副局长张国祚于2004年12月2日在我校作的关于学习"三个代表"重要思想的辅导报告的录像。

1月21日 清华大学—瑞萨集成电路设计研究所签字仪式在甲所举行。信息产业部（信产部）、清华大学、信息学院、信研院相关领导，以及来自日本瑞萨公司的嘉宾参加了仪式。会上，副校长康克军、信产部副司长肖华、瑞萨公司董事稻吉秀夫分别致辞。

1月21日 由吉吟东副院长带队一行7人访问了浙江清华长三角研究院，与浙江清华长三角研究院、嘉兴市科技局、信产局、秀城区、嘉兴科技城管委会等相关领导，以及嘉兴市企业的代表一起进行了技术交流。双方就共同关心的合作项目进行了热烈的讨论。会后，吉吟东与参加浙江清华长三角研究院理事会的浙江省科技厅厅长蒋泰维会面，介绍了信研院重大项目的研发情况，并就数字电视相关项目的发展进行了交流。

1月22日 由信研院数字电视技术研究中心主导研发的、我国第一块拥有完整自主知识产权并完全在内地设计、制造的数字电视专用芯片"中视一号"，在上海通过了由教育部主持、中国工程院和中国科学院七位院士参与的技术鉴定。

1月25日 经2004—2005学年度第十二次院务会议讨论决定，任命宋健为信研院院长助理。

1月26日 信研院召开年终总结会。会议由院工会主席郑方主持，

信息技术研究院大事记
（2003—2019）

信息学院机关工会小组和信研院100余人参加了会议，信息学院部分领导应邀参加。会上，院长李军代表院务会对信研院2004年度的工作进行了全面的总结，并对2005年的工作重点进行了部署。学院和信研院领导向校（提名）、院先进集体和先进个人、校（提名）和院工会先进个人、科研专利成果奖先进个人颁奖。各项获奖人员的代表介绍了相关科研经验。

1月28日 浙江清华长三角研究院、浙江省嘉兴市秀城区、浙江省嘉兴科技城管委会领导应邀来信研院考察、访问，并与信息学院及信研院领导座谈。会上，宾客双方分别介绍各自情况，并对今后科研合作的方式进行了探讨。会后，来宾参观了信研院数字电视技术研究中心、微处理器与片上系统技术研究中心、操作系统与中间件技术研究中心，以及国家实验室集群计算机、华录研究所移动IP电话项目等。

2月

2月1日 北京市科学技术委员会（科委）在信息科学技术大楼1-315会议室举行了数字电视技术与产业发展研讨会。北京市副市长范伯元及北京市科委、北京市发展和改革委员会（发改委）、北京市工业促进局（工促局）和中关村科技园区管理委员会（管委会）等部门的主要领导，与数字电视产业链相关的十多家北京市企业的主要负责人，以及部分兄弟院校和科研单位的专家共50余人参加了研讨会。到会的还有副校长康克军、北京清华工业研究院院长戴猷元、信息学院副院长李艳和、信息学院副院长兼信研院院长李军及信研院数字电视技术研究中心等信息专业相关单位的专家。

2月4日 国家边海防信息化建设某项目介绍会在信研院举行。会议由清华—天通广应用通信系统研究所主办，总参边防局、总装通信局等单位的主要领导和天津通广集团董事长王宝、航天长峰公司副总经理曾爱军、清华大学信研院院长李军及信研院无线与移动通信技术研究中心副主任许希斌、清华—天通广应用通信系统研究所副所长毕建民等参加了本次会议，并参观了无线与移动通信技术研究中心和清华—天通广应用通信系统研究所的研究环境和相关成果演示。

2月23日 信研院办公室在2004年支持和配合学校大型活动中表现

突出，荣获清华大学党委办公室和校长办公室颁发的荣誉证书。

2月25日 "清华大学—三星电子多媒体终端合作研发"项目续签仪式在信息科学技术大楼举行。仪式上，数字电视技术研究中心副主任杨知行回顾了2004年双方项目合作的情况，并对2005年的合作内容进行了详细的介绍。三星电子总经理洪成杓介绍了三星公司数字电视的一些情况，并表示很高兴与清华大学合作，对今后进一步的合作寄予了希望。

3月

3月1日 信研院在信息科学技术大楼4-311会议室召开了2004—2005学年度第十三次院务会。会议由院长李军主持，副院长李星、吉吟东、郑方及院长助理宋健参加了会议。会上讨论了合同到期人员续聘事宜，就信研院发展战略规划进行了务虚探讨，通报了信息学院财务管理办法。

3月3日 信研院院长李军、副院长吉吟东、院长助理宋健和部分技术研究中心负责人一行10余人应邀访问河北清华发展研究院，参观了东方大学城、河北清华发展研究院和廊坊开发区，听取了校务委员会副主任、院长郑燕康和开发区负责人的介绍，并探讨了在产业化、科研和培训等方面合作的各种可能性。

3月3日 以"数字化医院"为主题的学术研讨会在解放军总医院召开，本次会议共邀请了20余位国内外著名的医院现代化和信息化专家致辞并发言。信研院院长李军、WEB与软件技术研究中心主任邢春晓作为特邀专家参加了本次研讨会。邢春晓作了题为《面向数字医院的海量数据管理与应用研究》的报告，介绍了清华大学相关院、系和中心在数字医院方面的研究进展和应用推广情况。

3月4日 信研院清华—天通广应用通信系统研究所在信息科学技术大楼组织召开了"北斗一号"用户机技术鉴定会。评审委员会委员一致认为该用户机设备功能完善、工作稳定可靠，主要技术指标达到了"北斗一号"实用型手持用户机、实用型车载用户机研制技术要求。

3月9日 信研院在信息科学技术大楼4-415会议室召开了2004—2005学年度第十四次院务会扩大会议。会议由院长李军主持，副院长李星、吉吟东、院长助理宋健及各直属单位负责人参加了本次会议。会上传达了全校党政中层干部会的精神，就信研院发展战略规划进行了讨论，通报了学校和信息学院经济管理办法的变动情况，布置了院质量服务体系建设工作。

3月10日 在校长办公室和科技开发部的组织和院长李军的陪同下，由无锡市市长带队的"无锡市百家企业科技行"活动团队来到信研院，并参观了部分技术研究中心和联合研究所。双方进行了友好的交流，表达了进一步合作的意向。

3月15日 信研院2004—2005学年度第十五次院务会议讨论通过《清华大学信研院公共经费使用管理办法（试行）》。

3月15日 国家实验室和信研院的联合办公室召开基于公共管理与服务的质量管理体系建设动员会。会议由副院长吉吟东主持，联合办公室所有人员参加了会议。会议明确提出2005年是信研院质量年，要结合国家实验室公共管理与服务平台的建设，以机关工作人员为核心，逐步融入各直属单位的行政秘书，形成公共管理与服务团队，建立相应的质量管理体系，配合科研体制创新，进一步使我们的工作制度化、程序化和规范化。

3月16日 WEB与软件技术研究中心和操作系统与中间件技术研究中心的教师接待了来自法国电信公司的客人。Pierre Rolin介绍了法国电信公司概况、业务分类、研发布局等，Thierry Coupaye作了题为《分布式软件结构与系统》的报告，介绍了该项目的目标、方向和进展。WEB与软件技术研究中心教师杨吉江、操作系统与中间件技术研究中心教师王维汉分别作了"软件架构与电子商务""操作系统及中间件"等研究项目的报告，双方就以上题目进行了深入讨论。

3月16日 飞利浦半导体CTO Penning de Vries Rene一行5人访问信研院，参观了数字电视技术研究中心，并与中心部分人员进行了交流。中心首席科学家杨林介绍了数字电视DMB-T的技术进展情况，并且针对DMB-T主要技术特点与DVB-T/H的区别进行了说明。来宾对研究现状十分感兴趣，并表示希望利用飞利浦已有的经验与数字电视研究中心进行更广泛的研发合作。

3月17—19日 "北京市电子政务总体框架和顶层设计高级研修班"

在清华信息科学技术大楼举行。本届研修班由北京市信息化促进中心和清华大学信息学院联合主办，来自北京市的近 60 位高级信息主管参与其中。研修班聘请了电子政务方面的多名专家、学者对此领域进行了生动、深入的讲授。信息学院特聘专家焦宝文、信研院 WEB 与软件技术研究中心主任邢春晓分别对各自在该领域的研究成果作了详细介绍，受到了与会学员的一致好评。

3月22日　信研院在信息科学技术大楼 4-415 会议室召开了 2004—2005 学年度第十六次院务会。会议由院长李军主持，副院长李星、吉吟东及院长助理宋健参加了本次会议。会上通报了近期项目进展、研究生招生、财务政策调整等情况，讨论了挂靠工程中心进人问题和信研院培训工作问题。

3月29日　信研院党支部在信息科学技术大楼 4-415 会议室召开了 2004—2005 学年度第三次支委会。支部委员吉吟东、郑方、汪东升、邢春晓、粟欣全部到会。会上通报并学习了校党委 2005 年的工作要点，通报了国家实验室建设和信息学院财务制度改革的情况，以及信研院质量管理体系工作的进展，讨论了 2005 年上半年支部工作计划。

4月

4月4日　校务会议经讨论，通过了清华大学 2004 年度先进集体、先进工作者、学术新人奖等的表彰名单。其中，信研院无线与移动通信技术研究中心主任王京被评为校先进工作者。

4月5日　信研院在信息科学技术大楼 4-415 会议室召开了 2004—2005 学年度第十七次院务会。会议由院长李军主持，副院长李星、吉吟东及院长助理宋健参加了本次会议。会上听取了 WEB 与软件技术研究中心的工作汇报，通报了春季普硕招生的相关情况，讨论了校庆安排。

4月6日　副院长吉吟东应邀访问了中国铁路通信信号集团北京全路通信信号研究设计院，与研究设计院院长张海丰、总工程师张苑、副院长宋晓风和黄卫中会谈。双方就我国高速铁路发展中铁路通信信号改造等问题进行了讨论，并就两院进一步的合作模式进行了探讨。

4月7日　万利达集团有限公司董事长吴惠天访问数字电视技术研究

中心，中心教师薛永林接待了客人，并陪同参观了中心的实验室。会谈中，吴惠天介绍了万利达集团目前的发展情况，薛永林针对数字电视终端研发、机卡分离技术及 HDTV 的前景进行了详细介绍，双方都表达了进一步合作的意向。

4月8日　齐齐哈尔市政府代表团来信研院参观访问，副院长吉吟东及部分技术研究中心负责人在信息科学技术大楼 1-315 会议室接待了客人。来宾希望与信研院作进一步沟通，探讨合作的可能。会后，客人们参观了信研院微处理器与片上系统技术研究中心、操作系统与中间件技术研究中心和国家实验室平台部。

4月17—20日　由清华大学和中国计算机学会联合承办的第十届"DASFAA 2005 国际会议"在友谊宾馆顺利召开，并取得了圆满成功。信研院 WEB 与软件技术研究中心的首席科学家周立柱、中心主任邢春晓分别作为大会程序委员会主席和财务主席出席了此次会议。

4月19日　信研院在信息科学技术大楼 4-415 会议室召开了 2004—2005 学年度第十八次院务会。会议由院长李军主持，副院长李星、吉吟东、郑方及院长助理宋健参加了本次会议。会上听取了微处理器与片上系统技术研究中心的工作汇报，讨论了合同到期人员续聘和人才引进事宜，通报了汽车电子项目进展，确定了信研院规划的编制工作计划。

4月20日　我校原正处级以上离退休干部一行 40 余人在离退休处的组织下来到信息科学技术大楼，参观了国家实验室和信研院。信研院副院长吉吟东向离退休干部介绍了国家实验室的建设情况和信研院发展情况。随后，离退休干部一行观看了国家实验室和信研院的科研项目展板介绍，并参观了部分中心。

4月20日　作为江苏国际技术转移中心依托单位和运作载体的江苏矽太信息科技有限公司董事长张锡军一行访问信研院，副院长郑方接待了客人。自 3 月 10 日"无锡市百家企业科技行"活动中双方表达合作意向后，双方对具体合作模式多次进行了探讨。此次，张锡军率决策层领导专程来信研院确定合作方向并细化合作模式。

4月21日　院长李军应自动化系学生邀请，在清华大学东阶梯教室参加了"四年大学程十年人生路——与李军学长面对面"的活动。会上，李军结合学生时期的成长经历和十几年的工作经历畅谈了人生感言，鼓励同学们珍惜时间、珍惜机遇、自主创新、自强不息，并与同学们进行了互动交流，会场气氛融洽、热烈。

4月23日 伴随清华大学94周岁生日，由1980级"零友"同学会和信研院共同举办的"前沿信息技术的发展趋势"论坛在信息科学技术大楼多功能厅召开。论坛由院长李军主持，清华大学国际合作交流处处长贺克斌到会致欢迎词。6位来自海外的1980级杰出校友分别从各自不同的视角对信息科学技术的发展、挑战和未来进行了解析和前瞻。副校长龚克与会并致闭幕词，他感谢"零友"们送来的这份特别的校庆礼物，对本次论坛形式的互动交流给予高度评价，并希望广大校友一如既往地支持学校的建设。

4月25日 信研院在信息科学技术大楼4-415会议室召开了2004—2005学年度第十九次院务会。会议由院长李军主持，副院长李星、吉吟东、郑方及院长助理宋健参加了本次会议。会上重点讨论了学科规划工作，通报了三居室周转房工作安排和本科生毕业设计中期考核事宜。

5月

5月10日 信研院在信息科学技术大楼4-415会议室召开了2004—2005学年度第二十次院务会。会议由副院长吉吟东主持，副院长李星、郑方参加了本次会议。会上由电子封装中心汇报了工作情况，通报了院机关考核的情况，讨论通过了《清华大学信研院合同制人员薪酬待遇的实施规范（试行）》。

5月11日 Juniper网络公司董事长兼CEO Scott Kriens、战略副总裁邓锋、大中国区副总裁Eric Yu、亚太地区研究与教育部经理Mark Williams、中国区销售经理Yang Qi和对外交流部经理Ross Inglis一行6人到访清华大学。副校长康克军、信息学院副院长兼信研院院长李军等在主楼324会议室会见了来宾。随后，Scott Kriens在主楼接待厅作了题为"*Worldwide Progress*"的演讲，为到场的百余位师生讲解了计算机和网络业的发展，分析了市场现状、行业对策、方略选择，向将来有兴趣从事IT的同学们提出了建议,并回答了有关公司定位、与包括竞争对手在内的多方合作、IPv6前景等方面的问题。

5月16日 美国康奈尔大学教授童朗应邀来信研院与部分师生进行了有关传感器网络和家庭网络的座谈。会上,王京介绍了国家实验室和信研院的建设情况。童朗作了题为"*Channel and QoS Adaptive Multimedia Wireless Ad Hoc Network*"的报告,讲述了有关该项目和其他相关课题的进展、挑战、研究方法、测试手段等。与会者还就传感器网络的应用范围、技术难点、市场前景及如何从理论研究上创新等方面展开了热烈的讨论。

5月16日 斯洛伐克科技代表团一行4人访问清华大学。来宾包括中斯科技合作委员会斯方主席彼德·马格多伦,斯洛伐克教育部科技司国际科技合作处处长安娜·斯塔洛娃,斯洛伐克教育部对华合作高级官员、委员会秘书索尼亚·斯特拉科娃。中方参加接待的有科技部国际合作司吴东、续超前,清华大学科研院海外项目部主任马军,信研院副院长郑方等。会谈在信息科学技术大楼1-315会议室举行,随后客人们参观了WEB与软件、操作系统与中间件、微处理器与片上系统三个技术研究中心,并观看了信研院和国家实验室展板。

5月17日 在清华大学企业合作委员会信息办副主任刘云琴的陪同下,河南省发展和改革委员会高技术产业处张文刚副处长一行访问信研院,副院长郑方接待了客人,介绍了信研院的基本情况,并重点介绍了数字电视、汽车电子、IPv6等技术。双方就合作模式进行了有益的探讨,来宾随后参观了信研院相关的研究中心。

5月17—18日 信研院院长李军随同校长顾秉林院士等一行7人先后访问美国加州大学伯克利分校和斯坦福大学。在加州大学伯克利分校,顾秉林一行拜访了校长Robert Birgeneau,并签署了两校合作框架等三项协议;会见了主管大学关系的副校长Donald McQuade,EECS系主任和商学院院长;参观了合成生物学实验室、图书馆、商学院,并顺访了劳伦斯伯克利(Lawrence–Berkeley)国家实验室;最后,访问了工学院,听取院长Richard Newton介绍,并交流了双方对信息、生物等技术发展和教育战略的看法。

5月18日 伟清创新科技（北京）公司董事会主席林垂宙一行3人访问信研院。会谈后，来宾分别参观了信研院微处理器与片上系统技术研究中心、操作系统与中间件技术研究中心，以及智能技术与系统国家重点实验室和自动化系智能交通实验室、汽车电子实验室等。

5月20日 信研院院长李军随同校长顾秉林院士等一行6人先后访问硅谷上市企业OmniVision和Google。在OmniVision，顾秉林一行会见了公司总裁CEO Shaw Hong，听取了公司资深工程副总裁、校友何新平所做的公司介绍，并参观了公司产品陈列和演示。在Google，顾秉林一行与公司CEO Eric Schmidt、创始人及技术总裁Sergey Brin、副总裁David Drummond等会谈，了解Google的总体情况和战略，并交换了清华大学在学生培养、科研开发等多个方面与Google中国发展合作的可能性。

5月23日 副院长郑方带队一行5人应邀访问江苏国际技术转移中心。早前无锡市市长带队的"无锡市百家企业科技行"活动和江苏国际技术转移中心来宾曾相继来访信研院，此次回访就一些具体的合作项目进行了详细讨论，并分别签署了合作协议。

5月24日 信研院在信息科学技术大楼4-415会议室召开了2004—2005学年度第二十一次院务会。会议由院长李军主持，副院长李星、吉吟东、郑方，院长助理宋健参加了本次会议。会上讨论了数字电视中心合同到期人员续聘事宜，讨论通过了数字电视中心聘请客座研究员事宜，通报了学科规划进展情况，结合本年度业绩考核初算情况通报了科研现状，讨论了在职人员出国进修事宜，通报了与江苏省科技部门合作的情况。

5月24日 FSA亚太区主任Jeremy Wang访问信研院，在信息科学技术大楼1-415会议室举办会员服务介绍会，讲解如何利用FSA所提供的服务及工具。院长李军到会欢迎，来自微处理器与片上系统技术研究中心、计算机系、微电子所的部分教师和研究生参加了介绍会。与会者们就FSA如何能更好地帮助师生了解行业动态、增加到企业实践机会等方面进行了讨论。

5月24—25日 第八届科技博览会高新企业发展前沿论坛在北京举行，本次科技博览会的主题是"科学发展观和可持续发展"。信研院WEB

与软件技术研究中心杨吉江副教授参加了在昆仑饭店举行的电子信息产业主题子论坛：数字化、网络化，并应邀发表了题为《加强总体设计，推动电子政务建设》的专题报告。

5月25日　美国得州大学电子与计算机工程系教授 Yale N. Patt 等3人访问信研院微处理器与片上系统技术研究中心，作了题为 "The Microprocessor in the Year 2015: Issues, challenges, potential avenues to solutions" 的精彩报告。随行的 Intel 专家 Ronny Ronen 作了题为 "Everything you always wanted to know about SCALABILITY and where afraid to ask" 的学术报告。信息学院40余师生参加了此次报告会。

5月26日　北京市政府召开北京市科学技术奖励大会暨北京科技工作会议。信研院与电子系等单位共同支持的"地面数字多媒体/电视广播传输系统"项目获得2004年度北京市科学技术奖一等奖。

5月26日　河北廊坊开发区管委会常务副主任贾国强、管委会副主任马兴旺等开发区领导一行19人参观信研院。副校长兼信息学院院长龚克，信息学院党委书记兼副院长贾培发、副院长李艳和、牛志升，国家实验室副主任王京等欢迎来宾。院长李军在信息科学技术大楼1-415会议室接待了来访客人，并向客人介绍了信息学院、国家实验室和信研院的基本情况。会后，来访开发区和河北院领导共同参观了信研院数字电视、无线与移动通信技术研究中心。

5月27日　北美华人半导体协会（NACSA）代表团一行6人访问信研院。院长李军到会欢迎并介绍了信研院的发展情况和与企业的合作方式，表示信研院非常愿意与海外公司，尤其是初创公司合作，因为他们通常面向的是最前沿或者下一代的高新技术，特别适合与学校的教学、科研相结合。来访的 NACSA 会员都已经或有意来国内创办公司，此行的主要目的是加深了解和寻求合作机会。会谈后代表团参观了数字电视和微处理器与片上系统技术研究中心，双方都对进一步联络洽谈表示了浓厚兴趣。

5月30日　国际网络安全组织（Telecom Security Task Force，TSTF）技术主任 Emmanuel Gadaix 及随行人员访问信研院。信息学院副院长牛志升、信研院院长李军、副院长李星等会见了来宾。会谈中，Emmanuel 简要介绍了 TSTF 及其相关企业和技术，着重讲述了监听技术（interception technology）、伪冒监控（fraud management）、7号信令安全（SS7 security）和网络语音（voice over IP）等有关电信及互联网络中的安全问题、技术方案和实用工具。李军简略介绍了信息学院和信研院有关情况后，客人们参观了网络中心和无线与移动通信技术研究中心，对中国网络技术的发展和应用，以及清华的研发水平和规模表示惊讶和赞叹。

5月31日 信研院在信息科学技术大楼 4-415 会议室召开了 2004—2005 学年度第二十二次院务会。会议由院长李军主持，副院长李星、吉吟东、郑方，院长助理宋健参加了本次会议。会上，操作系统与中间件技术研究中心汇报了工作情况，讨论了 2005 年科研目标实现事宜。

6月

6月2日 由清华大学信息学院上海微电子中心和浦东科技局联合举办的"清华大学微电子项目研发成果推介会"在浦东张江大厦举行。推介会由浦东科技局局长朱旭东主持，浦东新区副区长尚玉英和清华大学副校长龚克到会致辞。来自清华大学微电子所、电子工程系及信研院的 20 余名项目负责人携带共 14 个适于产业化的微电子、集成电路科研成果在会上进行了介绍。6月3日，清华上海微电子中心组织参加"清华大学微电子项目研发成果推介会"活动的项目负责人一行，参观了上海宏力半导体制造有限公司、展讯通信（上海）有限公司和优特半导体（上海）有限公司等业内知名企业，探讨了校企合作的技术方向、合作方式等问题。

6月7日 信研院在信息科学技术大楼 4-415 会议室召开了 2004—2005 学年度第二十三次院务会。会议由院长李军主持，副院长吉吟东、郑方，院长助理宋健参加了本次会议。会上，无线移动通信中心汇报了工作情况，通报了年度科研预警机制谈话情况，讨论了人事相关事宜，讨论了 WEB 与软件技术研究中心申请引进张勇事宜。

6月13日 副校长龚克在信息科学技术大楼 1-415 会议室会见南通市政协副主席李界元、南通市崇川区委书记李雪峰，并出席了信研院与南通市清之华园科技发展公司的合作意向书签字仪式。双方计划在网络游戏平台开发和基地建设等方面开展合作。

6月15日 部分来参加英特尔公司战略投资部北京全球CEO峰会的与会CEO一行60余人到清华大学进行访问。国际处副处长夏广志在信息科学技术大楼多功能厅主持了介绍会，研究生院副院长高红、科研院海外项目部主任马军、信息学院副院长牛志升分别作了有关教学、科研和信息学院概况的报告。客人们随后参观了信研院数字电视、操作系统与中间件、微处理器与片上系统、WEB与软件四个技术研究中心。

6月15日 浙江省桐乡市委书记陈越强、市长费建文一行5人，以及桐乡市部分企业代表来信研院洽谈合作。校科研院科技开发部、校科研院机构办领导及信研院院长李军等接待了来访客人。洽谈会后，来访客人一行在杨林陪同下参观了数字电视技术研究中心及高清移动试验车。双方经过3个多小时的会谈，就科研合作达成共识并愉快地签署了联合开发意向书。

6月16日 苏州市委副书记、市长阎立及副市长赵俊生等苏州市党政代表团及苏州市电子信息方面企业领导一行40余人来访，信研院院长李军、副院长吉吟东、郑方分别在信息科学技术大楼1-315和1-415会议室接待了苏州市党政代表团及苏州市企业领导。代表们还参观了国家实验室计算机科学与人工智能研究部、信研院数字电视技术研究中心及无线与移动通信技术研究中心等相关技术成果。

6月15日 新加坡德加拉集团北京创新组来访信研院，并就通信、电子、多媒体等消费电子领域的新技术与新产品，与部分技术研究中心教师进行了座谈与交流。双方讨论的内容涵盖了无线通信、数字电视及高清晰度电视、汽车电子等领域，并对视频音频技术、OCR技术表示了浓厚的兴趣。

6月30日 受WEB与软件技术研究中心邀请，国立爱尔兰大学（高尔威）常务副校长、计算机集成制造研究所主任、爱尔兰国家工程院院士J. Browne在信息科学技术大楼1-312会议室作了题为"*Extended Enterprise Operations*"的学术报告。

7月

7月6日 摩托罗拉（中国电子）产品与技术市场部总经理兼摩托罗拉中国研究院院长庄靖、市场及策略业务拓展部总监关双志等一行4人访问信研院。院长李军、院长助理宋健接待了客人并详细介绍了信研院概况及校企合作模式。

7月7日 信研院在信息科学技术大楼4-415会议室召开应届毕业研究生座谈会，部分在本院进行毕业设计的应届毕业研究生应邀参加了座谈。院长李军、院长助理宋健等出席了座谈会，征求了学生对毕业论文工作、科研环境及学术交流等方面的意见，并就学生今后专业发展等议题进行了广泛而热烈的交流。

7月8日 信研院党支部按照校党委的具体安排和要求，在信息科学技术大楼1-315会议室召开期末第一次支部全体党员组织生活会。会上，传达了学校《关于过好期末组织生活的通知》的精神，部署了信研院党支部期末集中安排两次组织生活会的具体学习和讨论内容，提出了在第二批保持共产党员先进性教育活动中坚持签到和缺席补课等具体要求。最后，全体党员收看了中联部副部长张志军同志辅导报告的录像。

7月11日 中国空间技术研究院院长袁家军一行15人，在清华大学校办主任王岩、科研院副院长张华堂等陪同下来信研院参观访问。来宾参观了信研院微处理器与片上系统技术研究中心和操作系统与中间件技术研究中心。之后，信息学院副院长牛志升与信研院副院长郑方参加了中国空间技术研究院与清华大学的座谈会和合作协议签约仪式。

7月12日 信研院党支部在信息科学技术大楼1-515会议室召开期末第二次支部全体党员组织生活会。会上，全体党员认真学习了7月1日《人民日报》社论"始终走在时代的前列——庆祝中国共产党成立84周年"等材料。并根据"第二批保持共产党员先进性教育活动指导意见"中提出的八项具体要求和七项需要注意的问题，结合信研院成立两年来取得的成绩和快速发展过程中存在的问题，有针对性地明确了学习中的具体要求。

7月12日 信研院数字电视技术研究中心客座研究员黄晓非在信息科学技术大楼1-415会议室作了题为"关于最优化理论及其应用"的学术报告。

7月20日 美国投资基金Cypress Group总裁William L. Spiegel一行7人，在清华创业投资公司总裁杨宏儒等陪同下，来信研院进行参观访问。

院长李军接待了来访客人，数字电视技术研究中心副主任王兴军、电子封装技术研究中心主任窦新玉、信息学院院长助理乌力吉陪同参加了接待。

7月20日 信研院与北京全路通信信号研究设计院在信息科学技术大楼1-315会议室召开信息技术研讨会。讨论会后，通号院一行参观了信研院数字电视技术研究中心、微处理器与片上系统技术研究中心、网络中心以及公共平台集群计算机系统。

7月21日 美国EMC公司全球技术解决方案及合作业务发展总监Peter Manning和大中华技术解决方案中心总监陈陵陪一行，在威视数据系统公司总经理李泓等陪同下来信研院访问。双方探讨了可能的合作方式，客人还参观了国家实验室平台部高性能计算机房。

7月22日 东芝公司技术负责人一行3人来访，并在信研院举行"清华大学—东芝高清晰度地面数字电视接收机"项目合同交换仪式。

8月

8月2日 中国银行业监督管理委员会信息中心与信研院应用信息架构工作组在信息科学技术大楼1-315会议室举行了题为《中国银行业信息系统建设的发展趋势以及信息技术在金融管理服务中的作用》的研讨会，会议由信研院副院长郑方主持。郑方介绍了应用信息架构工作组的各位成员以及工作组的运行情况，介绍了信息学院和信研院的基本情况，强调了信研院在承担大项目、大工程，以及对国家重大建设方案提供决策建议、标准制定和技术支持等方面所具有的优势。银监会信息中心主任佟建民对正在立项的银行业金融机构监督管理信息系统进行了详细的介绍，对国内外的典型银行系统及风险模型进行了深入的分析。应用信息架构工作组首席科学家张钹院士介绍了信息学院和信研院相关的研究基础和开发能力，对双方可能的合作点进行了归纳和总结。与会人员针对网络和网格等平台建设、风险分析和预警、信息安全、人机交互、中文信息处理等在银监会银行业金融机构监督管理信息系统中有需求的技术和应用进行了讨论。

8月3日 美国Arasor通讯科技公司总裁、南加州大学工学院理事会科研委员会主席曹小帆，在伊利诺伊理工大学教授王自惠的陪同下来信研院访问。双方对于在WiMAX和UWB等方面的合作表示了极大兴趣。

8月6日　清华大学党委副书记杨振斌、信息学院副院长李艳和、科技开发部主任金勤献和信研院数字电视技术研究中心副主任董弘等一行5人在秦皇岛市参加河北省移动数字电视开播仪式。

8月8日　清华大学科技开发部主任金勤献、紫光信业CEO钟栗铎及信研院院长李军与新闻出版署副署长柳斌杰进行了会谈。大家就加强新闻出版署信息化进行了坦诚交流，讨论了在金版工程项目及新闻出版署"十一五规划"中进行合作的可能性。

8月16—18日　信息产业部和财政部在京联合举办电子信息产业发展基金"十五"成果汇报展示会，从软件、集成电路、计算机、通信、数字视听、基础元器件和信息技术推广应用共7个方面，全面回顾和展示了5年来该基金取得的成就。信研院数字电视技术研究中心与合作企业在会上汇报并演示了机卡分离数字机顶盒USB方案及其成果，并被评为"电子信息产业发展基金优秀项目"。

8月20日　根据学校统一安排，信息学院保持共产党员先进性教育活动领导小组成员和教工党支部书记进行了集中学习和讨论。与会人员首先认真学习了学校布置的学习内容，并着重对保持共产党员先进性教育活动的工作方案和准备阶段的文件进行了深入研究。

8月22日　奥林匹克运动会组织委员会（奥组委）技术部张继伟、文化活动部李北在清华大学科研院王志强、唐亚平的陪同下到信研院考察工作。数字电视技术研究中心杨知行介绍了清华高清数字电视方案，科研院王治强表达了我校希望承担奥运项目的愿望，并请奥组委相信清华大学的科研实力。

8月23日　信研院在信息科学技术大楼4-415会议室召开了2005—2006学年度第一次院务会。会议由院长李军主持，副院长吉吟东、郑方，院长助理宋健参加了本次会议。会上讨论了合同到期人员续聘、青年公寓分配等具体工作，通过了数字电视技术中心干部调整方案，讨论和安排了近期工作。

8月23日　信研院在信息科学技术大楼4-415会议室召开了党支部2005—2006学年度第一次支委会，支部委员全部到会。会上，传达了校党委关于清华大学保持共产党员先进性教育活动准备阶段的工作方案和信息学院党委先进性教育活动领导小组的要求，讨论了参加本次活动的支部党员摸底情况，部署了支部在准备阶段的具体工作方案，并落实了责任人。

8月25日 在新闻出版署办公厅副主任段桂鉴的带领下，出版署科技司及其直属的中国出版科学研究所有关领导来到清华科技园听取信研院相关领域的技术介绍。来访人员对信研院技术实力表示出极大兴趣，不仅希望我方能提供相关项目，也急切希望我方能及时介入出版署的"十一五规划"中去，为下一步合作打下基础。

8月25日 根据学校保持共产党员先进型教育活动的总体部署和信息学院党委准备阶段的工作要求，信研院全体党员在信息科学技术大楼1-415会议室召开了信研院保持共产党员先进性教育活动准备阶段工作动员会。会上传达了学校先进性教育活动的总体要求，部署了准备阶段的具体工作，并结合信研院的具体情况进行了动员。

8月31日 在北京西客站贵宾室，铁道部副部长胡亚东与清华大学副校长康克军共同听取了清华大学（信研院）—神州亿品媒体信息技术研究所做的"铁路站车综合无线网络系统"项目成果汇报，并观看了现场演示。该系统的建立将使铁路旅客无论在车站候车还是在旅行途中，都能够享受交互式公共信息服务。该项目的产业化推广应用将极大地提升铁路旅客信息化服务水准，成为铁路信息化实现跨越式发展的重要标志之一。

9月

9月1日 信研院党支部在信息科学技术大楼4-415会议室召开2005—2006学年度第二次支委会。支部委员吉吟东、郑方、汪东升、邢春晓、粟欣参加了会议。会上讨论了先进性教育活动的工作计划，对问题进行了初步汇总和分析，并布置了支部宣传网站的工作内容。

9月1日 信研院2006年研究生招生推介会在信息科学技术大楼多功能厅举行。院长助理宋健主持了推介会并在会上介绍了信研院的整体情况，各直属单位的相关教师介绍了本中心（研究所）的情况。来自电子系、计算机系、自动化系的近160名同学参加了推介会，会后同学们就各自感兴趣的问题与教师进行沟通咨询。

2005 年

9月7日 由校科研院孙富春、院长助理李贵涛带队,信研院教师杨维康、汪东升和赵黎,及精密仪器与机械学系的相关教师一行应邀访问了中国空间技术研究院(航天五院),航天五院院长助理李明和有关部门的20余人参加接待。与会专家就嵌入式系统、多媒体技术、虚拟现实等方向作了专题报告。

9月12日 乌拉圭最大的电信公司ANTEL总裁Maria Simson女士等一行4人访问清华大学,信息学院副院长牛志升、信研院院长助理兼数字电视技术研究中心副主任宋健等在信息科学技术大楼4-302会议室接待了来宾。双方希望将来ANTEL、乌拉圭大学、华为、清华能够四方联手,加强交流合作。

9月13日 信研院在信息科学技术大楼4-415会议室召开了2005—2006学年度第二次院务会。会议由院长李军主持,副院长吉吟东、郑方,院长助理宋健参加了本次会议。会上传达了学校中层干部会议精神,安排了研究生招生工作,讨论了先进性教育准备阶段提出的问题,通报了职称聘任工作安排,确定了年度FIT支持项目。

9月13日 副校长康克军在工字厅会见铁道部信息化领导小组办公室主任马均培所率铁道部信息办、运输局、研究院等单位领导一行7人,科研院副院长嵇世山,项目部主任王治强,信研院院长李军,清华—亿品媒体信息技术研究所所长陆建华,副所长邵晓风、陈熙鹏等到会。会上,陆建华汇报了"站车客服宽带多媒体信息系统"项目的目标、进展和计划。双方经过讨论确定了近期工作安排和时间表。

9月13日 信研院党支部在信息科学技术大楼4-415会议室召开2005—2006学年度第三次支委会。支部委员吉吟东、郑方、汪东升、邢春晓到会。会上学习了清先发【2005】6号文件,讨论确定了支部先进性教育工作计划,讨论了支部准备阶段征求的意见,讨论了先进性教育网站制作相关事宜。

9月15日 美国Sun公司杰出工程师Liang Chen(陈良宗)在信息科学技术大楼1-312会议室作了题为"*The Trend of Parallel Computing and Software Development*"的学术报告。微处理器与片上系统技术研究中心主任汪东升出席报告会,并在会后陪同 Liang Chen 参观了微处理器与片上系统技术研究中心。

9月15日 清华大学召开全校教工党员、离退休党员保持共产党员先进性教育活动动员大会。全校 6000 多名教工党员和离退休人员中的党员参加了大会。信研院支部全体党员 34 人,应出席 34 人,实到 33 人,参会比例达到 97%。

9月16日 信研院各直属单位科研工作研讨会在信息科学技术大楼 1-315 会议室举行。与会教师对信研院的发展提出很多建设性意见和建议,并就各中心及研究所之间的合作与交流展开了热烈的讨论。

9月22日 信研院在信息科学技术大楼 4-415 会议室召开了 2005—2006 学年度第三次院务会。会议由院长李军主持,副院长吉吟东、郑方、院长助理宋健参加了本次会议。会上讨论了研究生名额分配,通报、讨论了信研院科研讨论会中提出的问题,通报了近期科研项目进展情况。

10月

10月7日 信研院党支部在信息科学技术大楼 4-415 会议室召开 2005—2006 学年度第四次支委会。支部委员吉吟东、郑方、汪东升、邢春晓、粟欣参加了会议。会上进行了集中学习,结合清华大学教职工党员行为规范进行了讨论,并对保先活动第一阶段的后续工作进行了安排部署。

10月8日 为配合党员先进性教育,围绕"党员先进性的具体要求"学习讨论专题,信研院党支部组织全体党员参观了清华大学校史馆,回顾我校优秀传统,汲取总结党员先进性具体要求与践行途径,增强时代使命感。此次参观是信研院先进性教育学习活动中重要的一课。

10月13日 信研院在信息科学技术大楼 1-312 会议室举办了第一次午餐学术沙龙活动。操作系统与中间件技术研究中心主任杨维康作了题为《机会与挑战:无所不在的嵌入式操作系统》的主题报告。会场气氛融洽,大家就各自研究领域互相开拓思路,畅所欲言。

10月14日 在信息科学技术大楼 1-315 会议室,信研院支部全体党员在前期集中学习的基础上以《如何体现党员先进性》为题召开新时期党员行为要求专题讨论会。

10月17日 国家实验室—信研院联合办公室召开了办公室本学年度业绩考核总结会,会上通报了办公室本学年度业绩考核结果,平均成绩为4.08分(满分5分)。在总结中,副院长吉吟东充分肯定了办公室的成绩,并提出希望。联合办公室成员结合工作实际也发表了对考核结果的意见和建议。

10月18日 信研院在信息科学技术大楼4-415会议室召开了2005—2006学年度第四次院务会。会议由院长李军主持,副院长吉吟东、郑方参加了本次会议。会上确定了2005年专业技术职务聘任院系推荐名单,重申了院聘客座研究员聘任的基本原则和程序,进行了年度考核优秀人员评选,通报了公共服务质量体系建设工作进展,讨论了年度工作汇报会计划方案,总结了研究生招生工作,交流、探讨了联合研发机构的管理与发展。

10月19日 北京市信息办主任朱炎、北京信息安全评测中心主任孟亚平访问信研院。双方就灾备恢复、电子政务等方面的进一步工作及多方位深入合作交换了意见。会见后朱炎一行参观了信研院有关中心、清华—威视数据安全研究所和国家实验室高性能计算平台。

10月20日 信研院年度考核工作顺利完成。自9月15日信研院人事工作会布置了年度考核的相关工作后,全体教职工认真总结完成各项考核工作,信研院参加年度考核的教职工全部通过了考核。评选出向学校推荐的考核优秀人员分别为:黄春梅、路海明、孙新亚、张悠慧。

10月22日 信研院党支部在信息科学技术大楼4-413会议室召开2005—2006学年度第五次支委会。支部委员吉吟东、郑方、汪东升、邢春晓、粟欣参加了会议。会上首先总结了先进性教育活动第一阶段的主要工作,讨论了第二阶段的工作计划,并将第二阶段四个环节的工作进行了分工和部署。

10月24日 信研院支部全体党员召开了先进性教育第一阶段总结和第二阶段动员会。会上首先对先进性教育第一阶段的整体学习情况作了总结。信研院党支部在第一阶段先进性教育活动中共有28名党员参加,组织了10余次学习活动。大家排除困难保证学习,思想认识得到提高,政治信念更加坚定。之后,结合学校要求布置了先进性教育活动第二阶段的工作。

10月25日 为了进一步落实《建立健全教育、制度、监督并重的惩治和预防腐败体系实施纲要》文件的精神，结合保持共产党员先进性教育活动第二阶段广泛征求群众意见的要求，信研院召开财务管理工作研讨会。会议传达了学校财务处最近出台的几个文件的要点，介绍了信研院在财务管理方面制度化、程序化和规范化建设方面的思路，强调了作为财务第三级管理的各直属单位建立相关制度进行文明管理的重要性，重申了信研院科研经费分配制度相关规定。

10月25日 Vodafone 公司研发主管 Bert van den Bos 等一行 3 人访问信研院。双方围绕可能的合作方式、知识产权、科技成果产品化和学生项目等进行了交流。来宾们认为 Vodafone 和信研院在技术上相当匹配，表示会进一步商洽，希望双方能建立长期合作关系。

10月26日 Freescale 公司中国区总经理殷刚率领多个部门主管一行 9 人来到信研院，在信息科学技术大楼 1-415 会议室举办技术交流会。Freescale 重视在中国的发展及其与高校的关系，希望能和清华大学及信息学院建立更广泛、密切的合作。

10月27日 信研院在信息科学技术大楼 1-312 会议室举办了第二次午餐学术沙龙活动。无线与移动通信技术研究中心副主任许希斌作了题为《无线移动通信的演进和远景》的主题报告。参会教师就虚拟基站、手机信号等多项技术问题进行了热烈的讨论。

10月29日 信研院党支部组织全体党员和工会会员奔赴革命圣地西柏坡参观了西柏坡中共中央旧址和西柏坡陈列展览馆。在先进性教育活动进入分析评议阶段，通过参观和学习，教职员工对"两个务必"有了进一步深刻的认识。

11月

11月1日 信研院在信息科学技术大楼 4-415 会议室召开了 2005—2006 学年度第五次院务会。会议由院长李军主持，副院长吉吟东、郑方、院长助理宋健及数字电视技术研究中心领导班子成员杨林、杨知行、王兴军、兰军参加了会议。院务会通报了班子调整前征求群众意见的情况，对班子调整后中心管理与发展提出了要求，并就中心在"十一五"期间的规划等问题与数字电视中心干部进行座谈。

11月1日 为了进一步落实学校人事工作研讨会的相关会议精神，结合保持共产党员先进性教育活动第二阶段广泛征求群众意见的要求，信研院召开人事工作研讨会。会议介绍了信研院在人事管理工作方面的主要思路及人事制度，并就部分制度征求了意见。

11月2日 北京得意音通技术有限责任公司语言组主任、国际商业发展经理 Michael Brasser 在信息科学技术大楼 1-315 会议室作了题为《如何用英语撰写技术论文》的辅导报告。

11月4日 信研院在信息科学技术大楼 4-415 会议室召开了 2005—2006 学年度第六次院务会。会议由院长李军主持，副院长吉吟东、郑方，院长助理宋健参加了本次会议。会上通过了合同到期人员续聘事宜，反馈了支部先进性教育活动征求的对院务会意见，讨论了信研院"985"二期预启动方案，确定了工作汇报会工作计划。

11月8日 信研院 2005—2006 学年度第七次院务会议讨论通过《清华大学信研院年休假制度管理办法（修订）》《清华大学信研院非事业编制人员薪酬待遇的实施规范（试行）》《清华大学信研院非事业编制人员考勤管理规定（试行）》。

11月10日 信研院第三次学术沙龙活动在信息科学技术大楼 1-312 会议室举行。数字电视技术研究中心主任杨知行教授作了题为《数字电视地面传输技术的发展及应用》的主题报告。

11月10日 信研院在信息科学技术大楼 4-415 会议室召开了"985工程"二期（"十一五"预启动）项目方案预研讨会。大家结合"十一五"规划精神、学校"985工程"二期要求及各中心研发方向，提出了一些设想和建议。郑方副院长表示：为支持院内中心争取"十一五"规划国家重大、重点项目，决定设立"种子基金"用于项目的酝酿、立项、申请和预研，鼓励团队创新。

11月11日 复旦大学科技处副处长李高平、项目办主任张英来信研院访问。双方就在科研体制改革中科研、人事、财务等方面如何进行制度建设进行了讨论，并围绕在学校办研究院的思路、联合研发机构在科研成果推广的转化中的作用等相关议题进行了深入的探讨。

11月15日 信研院在信息科学技术大楼4-415会议室召开了2005—2006学年度第八次院务会。会议由院长李军主持，副院长李星、吉吟东，院长助理宋健参加了本次会议。会上讨论了部分客座/兼职研究员的聘任事宜；通过了两个技术研究中心干部的任命申请。

11月18—19日 联合办公室进行了为期两天的质量管理体系培训，信研院院务会成员及联合办公室全体成员参加了此次培训活动。此次培训重点围绕质量文件的撰写，明确了质量文件的结构框架和覆盖范围，明确了各岗位工作流程间的衔接与关联。在专家指导下，各岗位助理与主管领导共同交流讨论，逐一完善了各项管理工作的规范与流程。

11月20日 副院长郑方率队赴嘉兴参加由我校长三角研究院支持举办的"长三角一体化与信息产业发展论坛"，当晚与南湖区领导和企业负责人座谈，并在11月21日上午参观了当地一些企业。

11月24日 信研院第四次学术沙龙在信息科学技术大楼1-312会议室举行，微处理器与片上系统技术研究中心主任汪东升作了题为《未来的计算与通信平台》的主题报告，他针对技术和市场发展需求，介绍了未来计算机技术与应用发展。

11月26日 信研院在信息科学技术大楼多功能厅召开工作汇报会及第三次指导委员会会议，科技部、教育部、信息产业部、北京市科委、北京市信息办等相关单位的领导，以及清华大学相关部、处和院系的负责人出席了会议。副校长龚克到会并在致辞中对信研院的工作给予了高度评价，并提出热切希望。院长李军汇报了信研院一年来的整体发展情况。他说，信息技术研究院将以清华大学建设为世界一流大学为己任，工作取得了长足进展，面向需求、团队创新的优势开始凸显，2005年在科研工作、队伍建设、人才培养、合作交流及文化建设等方面均取得了优异成绩，在改革科研体制、构建项目平台、促进人才流动、创造文化氛围、探索学科归属和完善运行机制等方面继续做出积极探索和有益尝试。信研院与国内外企业建立良好的合作关系，目前已有13个横向联合机构，与合作企业本着自愿合作、互惠互利、共同发展的原则，将高校的人才、技术优势与企业的产品、市场优势充分发挥出来，推动科研成果尽快转化。李军还介绍道，"十一五"是我国发展的重要战略机遇期，信研院针对国家发展需要，设立了"种子基金"，用于纵向项目的酝酿、立项、申请和预研，鼓励团队创新，力争在国家的信息化建设中努力承担战略性、前沿性、前瞻性的重大项目，积极投身"十一五"建设，为国家建设发展服务，为科学技术进步服务。会上，史元春代表计算机系、信研院操作系统与中间件技术研究中心和国家实验室普适计算研究部、汪东升代表信研院微处理器与片上系统技术研究中心、许希斌代表信研院无线与移动通信技术研究中心和数字电视技术研究中心、陆建华代表清华大学—神州亿品媒体信息处理技术研究所、王生进代表信研院汽车电子实验室以《面向普适计算的构件化基础软件平台及典型应用构件库》《清华微处理器与SoC技术研究进展与展望》《无线宽带通信技术及应用》《铁路站车综合信息服务系统研究进展与发展设想》，以及《发挥自主创新优势，推进汽车电子进程》为题报告了信研院"十一五"期间第一批重点支持项目的情况。在随后召开的第三次指导委员会会议上，部分嘉宾和到会委员们对信研院的发展提出了中肯的意见和殷切的希望。嘉宾们还参观了信研院开放日中各技术研究中心和部分联合研究所准备的成果展示和演示。

11月26日 微软亚洲研究院院长沈向洋在信息科学技术大楼1-315会议室作了题为"*Betting on the Future*"的信研院开放日主题演讲。报告回顾了微软研究院对其公司乃至整个软件工业的贡献和冲击，分析了软件产业、微软公司及其研究院目前面临的挑战和正在拓展的方向，讲述了微软研究院的历史、发展和未来。会后，主持演讲的院长李军向沈向洋颁发了"清华大学信研院第二届指导委员会"聘书。

11月30日 贝尔实验室基础科学研究院（中国）执行总监黄大威博士在信息科学技术大楼1-415会议室作了题为《贝尔实验室的过去、现在和未来》的演讲。黄博士追溯历史并分析了贝尔实验室面临的挑战，阐述了它"不断更新创新过程"的策略和"以多学科的综合研究实力来解决意义重大的复杂技术问题"的方法。会后，主持演讲的院长李军向黄大威颁发了"清华大学信研院第二届指导委员会"聘书。

12 月

12月1日 信研院在信息科学技术大楼4-415会议室召开了2005—2006学年度第九次院务会。会议由院长李军主持，副院长李星、吉吟东、郑方、院长助理宋健参加了本次会议。作为先进性教育中的第二次民主生活会，院务会结合支部反馈的意见，详细讨论、形成了院行政班子先进性教育活动中的整改方案，并拟面向全体党员和群众征求意见。

12月1日 Conexant公司DSL副总裁Ehud Langberg等一行3人访问信研院，双方围绕可能的合作方式、知识产权等进行了交流。会后来宾们参观了数字电视和无线与移动通信技术研究中心。

12月2日 信研院党支部在信息科学技术大楼4-415会议室召开2005—2006学年度第六次支委会。支部委员吉吟东、汪东升、邢春晓、粟欣参加了会议。支委会根据先进性教育活动第三阶段的计划和要求，对院务会和党支部的反馈意见，进行了详细的讨论，形成了党支部先进性教育活动中的整改方案，并将于近日面向全体党员和群众征求意见。

12月8日 信研院在信息科学技术大楼1-312会议室进行了本学期第五次午餐学术沙龙。WEB与软件技术研究中心主任邢春晓作了题为《数字图书馆研发与展望》的主题报告。

12月7日 信研院数字电视技术研究中心在信息科学技术大楼召开了全体人员会议。副校长、数字电视技术研究中心主任龚克，中心顾问吴佑寿院士，院长李军，国家实验室副主任王京及中心相关负责人出席了会议。会议由中心常务副主任杨林老师主持，明确了中心发展目标与路线，并对中心具体工作作了详细的部署。

12月9日 加拿大PMC-Sierra公司CTO Robert Yung与中国区总经理Tom Sun访问信研院微处理器与片上系统技术研究中心。双方就合作项目"Applied Research into Programmable and Re-configurable Video Codecs"的进展和前景进行了深入探讨，并就进一步加深合作交换了意见。

12月9日 由院长李军、副院长吉吟东带队，部分技术研究中心主要负责人及信息学院上海微电子中心负责人一行11人前往清华大学深圳研究生院和深圳清华大学研究院参观学习。10日上午，赴校友毛先海创办的德生公司参观了部分收音机、MP3生产线，对典型消费类电子产品的生产过程特别是工艺技术方面进行了深入了解。10日下午，前往珠海，顺访了清华（珠海）科技园、珠海民营科技园等单位，并与当地相关领导探讨了"封装技术产业化"的发展问题。

12月13日 信研院2005—2006学年度第十次院务会议讨论通过《清华大学信研院校企联合研发机构管理办法》。

12月14日 信研院按照公共服务质量管理体系的要求，在信息科学技术大楼1-415会议室召开会议，正式启动2005年年鉴工作。院长李军在会上强调了年鉴工作的重要性，要求各单位各司其职、协同配合，按时完成年鉴，提高其参考使用价值。会上征求了大家对年鉴工作进度与年鉴提纲的意见，还就接待活动、发表论文、兼职人员等项目的统计问题进行了讨论。

12月15日 美国Arasor公司总裁兼CEO曹小帆（Simon Cao）来到信研院，在信息科学技术大楼多功能厅作了题为《开创以人为本光电技术与产业新纪元》的演讲。曹小帆介绍了光电子业的背景和现状，描绘了该行业的发展趋势，并着重讲述了正在呈现的光电子新应用。

12月20日 信研院在信息科学技术大楼4-415会议室召开了2005—2006学年度第十一次院务会。会议由院长李军主持，副院长李星、吉吟东、郑方参加了本次会议，会上通报、讨论了人才引进事宜，确定了种子基金支持项目。会后召开了院务会扩大会议，各技术研究负责人参加了会议。

12月22日 信研院在信息科学技术大楼1-312会议室进行了本学期第六次午餐学术沙龙。数字电视技术研究中心副主任王兴军作了题为《UTI数字电视机卡分离技术介绍》的主题报告。

12月27日 信研院党支部全体党员在信息科学技术大楼1-315会议室召开保持党员先进性教育活动总结会和预备党员周兰顺的转正会。会上，对党支部在此次先进性教育活动中的工作进行了全面总结，明确了"长期受教育，永葆先进性"的长效工作机制是今后工作重点。随后，召开了信研院数字电视技术研究中心预备党员周兰顺的转正会。

12月底 在党中央号召下，全市开展了为广西和安徽灾区、贫困地区募集过冬物品"温暖行动"。信研院广大教职工积极响应学校的号召，捐款捐物，共捐献各种棉衣、棉被、毛毯、毛衣共70余件，另有一些捐款，以帮助灾区、贫困地区群众顺利过冬。

12月 信研院专业技术职务聘任工作顺利完成。正高级专业技术职务聘任人员为：许希斌、姚丹亚（院聘），副高级专业技术职务聘任人员为：张悠慧、路海明、赵黎（院聘），中一级职员：黄春梅。

本年 博士后进站5人，出站0人，年底在站8人。

本年 信研院共毕业研究生25人。

本年 本院共有教职员工145人，其中事业编制35人，博士后8人，非事业编制102人。事业编制中具有正高级专业技术职务7人，副高级专业技术职务22人。本科生40人在信研院进行了毕业设计工作。教师11人在学科所属院系积极承担了16门课程的教学工作。

共有7个技术研究中心，13个联合研发机构，1个自主批建机构。其中本年新建自主批建机构1个：清华大学网络行为研究所；新建联合机构6个：清华大学—瑞萨集成电路设计研究所、清华大学（信研院）—北京威视数据系统有限公司数据安全研究所、清华大学（信研院）—北京得意升技术有限公司声纹处理联合实验室、清华大学（信研院）—神州亿品科技有限公司媒体信息技术研究所、清华大学（信研院）—上海市信息化委员会和上海联风维纳电子技术有限公司清华大学多媒体传输芯片技术研究所、清华大学（信研院）—北京新奥新媒体研究中心有限公司新媒体研究中心。

新任干部名单如下。

院务会：院长助理宋健。

新增正高级专业技术职务人员：宋健、许希斌、姚丹亚（院聘）。

新增副高级专业技术职务人员：杨吉江、张勇、张悠慧、路海明、赵黎（院聘）。

新聘兼职研究员5人。

人才引进情况。海外人才：宋健、杨吉江、张勇。校内调入：计算机科学与技术系1人（唐瑞春）。

本年申请专利33项,授权专利9项。获得计算机软件著作权登记2项。获得国家级奖励1项、省部级奖励2项。其中国家技术发明奖二等奖1项;北京市科学技术奖一等奖1项,中国专利金奖1项。

本院共组织学术沙龙6次,举办学术报告15场。共计接待33批来访客人。派出教师、科研人员22人次出访美国、英国等12个国家和地区。

2006 年

1月

1月7日 信研院8位博士后及其合作导师与院人事助理阚淑文一起参加了计算机系博士后迎新春联谊活动，其中两位博士后高凤荣、陈志成积极参与了本次活动的筹备工作。

1月9日 全国科学技术大会在人民大会堂隆重召开，会上公布了2005年度国家科学技术奖励授奖项目共321项，清华大学共有9项优秀科技成果获得国家科学技术奖励。其中，电子系教授、信研院数字电视技术研究中心首席科学家杨知行等完成的"时域同步正交频分复用数字传输技术（TDS-OFDM）"项目获国家技术发明奖二等奖。

1月16日 由河北省人民政府信息化工作办公室副主任段润宝带队，河北省政府、企业相关代表共25人在校科技开发部的陪同下，参观访问了信研院，院长李军、副院长郑方及院长助理宋建参加了接待。

1月17日 信研院在信息科学技术大楼多功能厅召开了2005年工作总结会。院长李军代表院务会作了2005年工作总结。会上颁发了先进集体与先进个人奖、科研专利成果奖、教学优秀个人奖及优秀毕业设计指导教师奖等年度奖项。信息学院副院长贾培发、副校长兼信息国家实验室主任龚克先后代表信息学院和国家实验室致辞，对信研院的工作给予了肯定并提出希望。

1月17日 信研院工会春节联欢会在留学生餐厅举行。信研院工会由信息学院机关、国家实验室及信研院3个单位的会员组成。信息学院副院长贾培发、李艳和，部分兄弟系的领导和国家实验室一些研究部的领导参加了联欢会。工会主席郑方从组织建设、体育活动、文艺活动、文化建设等方面对工会一年来的工作进行了简单的总结，并对工会积极分子进行了表彰。

1月19日　国家实验室—信研院联合办公室在信息科学技术大楼4-415会议室召开年终工作总结会。会上总结了2005年办公室各项工作的进展，并与主管领导讨论了工作中需要协调和解决的问题。院领导肯定了大家的工作并提出希望。会后，与会人员对办公室成员进行了考核评分。

1月23日　北京军区将军粟戎生等一行10人来访信研院。校科研院副院长张华堂、信研院院长李军、无线与移动通信技术研究中心主任王京、数字电视技术研究中心首席科学家杨知行及中心副主任兰军接待了客人。

1月19日　"Eclipse中国2006国际高峰论坛"在清华大学信息科学技术大楼举行。李军作为信息学院副院长致辞，欢迎各国与会来宾。来自政府部门、知名IT企业、高校和科研机构、新闻媒体等各方面的专家学者共200余人参加了论坛。

1月17日和20日　联合办公室聘请专业咨询师在信息科学技术大楼1-415会议室组织了基于公共服务的ISO 9000质量管理体系培训，信研院联合办公室成员、各直属单位秘书及信息学院办公室部分成员参加了培训。

1月底　信研院—神州亿品媒体信息技术研究所在春运大客流到来之际完成北京西站进站大厅的巨型视频显示屏升级换代工作。研究所在两周时间内完成了包括拆卸原有设备和附属建筑在内的设备采购、安装施工、节目制作、播放效果调试等一系列重要步骤，并于19日成功开通播放。

2月

2月28日　青岛市广电局副局长孙朝辉、网络中心主任徐朝辉等一行5人来访信研院。副院长吉吟东、数字电视技术研究中心副主任王兴军接待了来访的客人。双方就青岛市将与信研院全面推进数字电视方面的合作展开了广泛而深入的讨论。

3月

3月1日　河北省发改委副主任宋晓瑛一行在校科技开发部有关人员

的陪同下访问信研院。副院长吉吟东在信息科学技术大楼 1-415 会议室接待了来访的客人。

3月4日 国家自然科学基金委信息科学部一处处长张兆田、项目主任熊小芸在信息科学技术大楼 1-415 会议室就国家自然科学基金项目的申请进行了讲解和说明，并回答了参会教师所提出的问题。

3月7日 信研院组织召开了 2006 年第二次人才引进、应届毕业生招聘的专家评审会，共有 8 名应届毕业生和博士后人员参加了此次竞聘。

3月7日 信研院在信息科学技术大楼 1-315 会议室召开了教学学术碰头会。会议由院长助理宋健主持，来自各直属单位的教学负责人参加了会议。

3月7日 经 2005—2006 学年度第十六次院务会议讨论通过，任命史元春为操作系统与中间件技术研究中心主任（兼，计算机科学与技术系）。

3月11日 青岛市人民政府、清华大学在信息科学技术大楼举行关于加强全面合作协议暨数字电视领域全面合作框架协议的签约仪式。副校长龚克和副市长王修林分别代表清华大学和青岛市签署了关于加强市校全面合作的协议，信研院院长李军和青岛市广电局副局长孙朝晖分别代表信研院和青岛市有线电视网络中心签署了在数字电视领域全面合作的意向书。

3月14日 Motorola 公司战略总裁 Richard Nottenburg 等一行 5 人访问信研院，副校长龚克、信研院院长李军、无线与移动通信技术研究中心主任王京、数字电视技术研究中心常务副主任杨林、副主任宋健接待了来宾。

3月15日 日本瑞萨公司高层领导来信研院访问。副院长、FIT—汽车电子实验室主任郑方，副主任袁涛、王生进、徐明星及张兆华在信息科学技术大楼 1-415 会议室接待了来宾。双方就汽车电子产品的研发和合作模式进行了深入探讨。

3月15日 信研院公共服务质量体系开始为期 3 个月的试运行，并将质量体系文件发放到全院各直属单位。

3月18日 中国人民解放军北京军区副司令张又侠等一行 8 人来访信研院。副校长龚克、校科研院军工部副部长李贵涛分别致辞后，军区领导听取了关于 DMB-TH 等视频通信技术在军事领域应用的报告，并就相关问题进行深入的交流讨论。

3月20日　Conexant 公司执行总裁 Dwight Decker 一行 4 人来到信研院访问。院长李军在信息科学技术大楼贵宾室接待了来访客人。双方就感兴趣的研究领域及未来可能的合作模式进行了交流。这是 Conexant 公司高层自 2005 年 12 月以来的第 2 次访问。

3月21日　信研院党支部新一届支委会成立。由于上一届支委任期届满，经支部提名，广泛征求意见后，召开支部大会选举，新一届支部委员名单为：书记汪东升；副书记邢春晓；委员粟欣、路海明、黄春梅。

3月23日　信研院本学期首次学术沙龙在信息科学技术大楼 1-312 会议室召开。清华大学电子工程系教授、微波与数字通信国家重点实验室学术委员会副主任、信研院无线与移动通信技术研究中心顾问姚彦作为主讲人作了题为"军用无线通信技术的若干问题"的学术讲座。

3月29日　威盛电子（中国）有限公司项目经理李建红、工程师刘轶宁来访信研院。副院长、汽车电子实验室主任郑方和实验室副主任徐明星、操作系统与中间件技术研究中心主任杨维康、微处理器与片上系统技术研究中心唐瑞春接待了来宾。对方希望在利用清华大学深厚的学科基础和技术创新能力，以及威盛电子在微处理器芯片设计与制造方面的良好基础达成双方的合作。

3月30日　英特尔研发副总裁 Abel Weinrib 来访信研院，在信息科学技术大楼多功能厅介绍了英特尔的中央研究机构——企业技术事业部的技术策略与规划，以及在五大研究方向上的最新研究成果。随后，Abel Weinrib 参观了微处理器与片上系统技术研究中心。

3月底　信研院开展网站问卷调查深入了解全院教职员工使用办公内网的情况。结果显示，内网总体使用满意率达到 88％，表明内网办公系统大体合理、适用。此次调查将极大促进网站建设和改进工作。

4月

4月6日　信研院本学期第 2 次学术沙龙在信息科学技术大楼 1-312 会议室进行。北京邮电大学电信工程学院多媒体通信中心主任门爱东作了题为《手机电视——移动通信和广播电视的融合》的学术讲座。

4月17日 信研院召开辅助教学负责人会议，通报了2006年普通硕士研究生的名额分配情况，并传达了院务会关于初、中级年轻教师应每年承担20％的管理或教学工作量的决定。

4月19日 《大学生就业综合服务体系建设暨企事业高素质人才服务平台建设》研讨和咨询会在人民大会堂开幕。李军代表清华大学信息学院在开幕式上讲话。信息服务平台建设是本次会议的重要内容之一，信研院WEB与软件技术研究中心副主任杨吉江在下午的研讨会上介绍了大学生就业综合服务信息平台的建设设想和方案。

4月20日 信研院院长李军和副院长郑方在北京饭店接受了威盛电子公司为信研院设立的汽车电子技术创新奖。同时，威盛电子公司向信研院捐赠了10台V30笔记本电脑，专项鼓励信研院10个相关领域的在读研究生。李军代表信研院向威盛电子和清华同方表达了谢意，并表示希望各方展开全方位的合作。

4月20日 信研院本学期第3次学术沙龙在信息科学技术大楼1-312会议室进行。数字电视技术研究中心副主任宋健作了题为"*Broadband Powerline Communication: no new wire!*"的学术讲座。

4月25日 信研院党支部在信息科学技术大楼1-415会议室召开了民主生活会，重点学习以"八荣八耻"为主要内容的社会主义荣辱观。

4月27日 校保卫部和信息科学技术大楼管委会联合检查了信息大楼的消防安全情况，并指导了大楼物业管理人员进行了消防演练，进一步加强了安全保卫人员防范意识，规范了操作流程。

4月28日 信息科学技术大楼管委会汇同联合办公室对楼内直属单位进行了校庆、"五一"消防、安全、卫生工作大检查。检查组结合检查结果对楼内存在的安全隐患及卫生问题及时进行了通报，并限于"五一"节日之前完成整改。

4月29—30日 清华大学迎来九十五年华诞。为配合学校校庆活动，信研院多个技术研究中心与校企联合研究机构的实验室对外开放，接待各界校友及来宾参观指导。

4月 信研院成立清华大学信息技术研究院学术委员会。成员如下（按拼音顺序）：李军、宋健、汪东升、王京、王兴军、许希斌、郑方。经全院在编教师选举，王京为学术委员会主任，郑方为学术委员会副主任。

4月 信研院工会开始了换届选举工作。经院工会全体会员选举产生工会委员7人。新一届工会委员名单如下：主席邢春晓；副主席韩明；委员客文红、王娜、梁国清、马彩芳、林皎。

5月

5月11日 信研院举行本学期第4次学术沙龙。来自国家行政学院的汪玉凯教授作了题为《中国电子政务发展展望》的演讲。

5月上旬 信研院承担研制的超宽带（ultra-wideband，UWB）无线传输系统日前在合肥顺利通过了国家863通信技术主题专家组组织的验收，该研究课题是由中国科技大学和清华大学共同承担的国家863计划"基于脉冲体制的超宽带无线传输演示系统研制"项目的一部分。

5月18日 铁道部信息办会同科技司、运输局在北京召开了"铁道部铁路旅客信息服务系统"技术审查会。会上，亿品媒体信息技术研究所和北京铁路局作了铁路旅客信息服务系统的研制报告和技术报告。技术审查委员会的专家一致同意该系统通过技术审查。

5月18日 清华大学第三十三届教职工运动会在东大操场举行。信研院工会派出了20名运动员代表参加入场式检阅，在开幕式上表演第九套广播体操、太极功夫扇，并派出11人参加了比赛，其中4人取得名次。

5月22日 铁道部信息化办公室主任马钧培来信研院作题为《中国铁路信息化的建设和发展》的学术报告。

5月25日 作为信研院第五次学术沙龙演讲人，国内知名搜索网站——中国搜索（简称"中搜"）CEO陈沛来信研院作了题为《从搜索引擎到个人门户》的演讲报告。

6月

6月7日 信研院组织召开了2006年人才引进（第二批）专家评审会，共有2名海外人员和1名博士后参加了此次竞聘。

6月7日 信研院2005—2006学年度第二十二次院务会议讨论通过《信研院FIT项目征集办法》。

6月6—7日 在英特尔未来教育（中国）研究中心举办的"2006中国信息科学热点课题最佳研究报告"评选中，信研院微处理器与片上系统技术研究中心李鹏（计算机系博士研究生）获得优胜奖。

6月8日 信研院学术沙龙邀请FIT中心主任李军以《全面防御——网络安全展望》为题，就当前网络安全领域中的有关问题进行介绍。

6月8日 第九届清华大学"良师益友"评选结果揭晓，姚丹亚被评为优秀导师。

6月17日 清华大学教职工第七届保龄球比赛在海淀锡华俱乐部揭开了战幕，信研院工会代表队经过激烈的角逐，最终获得二等奖。

6月15日 威盛电子（中国）有限公司联合信研院汽车电子实验室设立的"技术创新奖"颁奖仪式在信息科学技术大楼多功能厅举行。该奖所涉及的专业方向包括操作系统、微处理器及片上系统、无线通信、数字电视、电子封装、语音及语言处理、智能图文信息处理、微电子、自动控制和电动汽车10个专业。参评人员全部为清华大学信息学院在读硕士或博士研究生，唐世刚等10名同学获得该奖。

6月16日 浙江清华长三角研究院信息技术研究所第一届理事会在浙江清华长三角研究院召开。会上，周海梦、李军分别代表浙江院、信研院签署了《联合创办浙江清华长三角研究院信息技术研究所协议》。经理事会讨论决定，周海梦担任信息所理事会理事长，李军担任副理事长，王子卿、陈吕军、刘彦生、曾宪纲、吉吟东、郑方和宋健为理事。会议还讨论通过了《信息所2006年度工作计划》《信息所公共经费管理办法（试行）》和《信息所2006年预算》。

6月 信研院近期重点组织了"2006年度信息产业部电子发展基金项目"等相关项目的申报工作，申请或建议了"2006年度信息产业部电子发展基金项目"1项（合作）、"高校在研前沿科技项目"2项、"当前优先发展的高技术产业化重点领域指南（2006年度）"1项、"2007年北京科技工作主题计划项目"7项。

6月20日 信研院金名金融工程研究所（以下简称金工所）在信息科学技术大楼4-310会议室召开第一次管理委员会会议。会议由金工所管委会主任贺沁铭主持，管委会成员张钹、贾培发、胡林华、郑方出席会议，副所长佟长凯列席会议。委员们分别就金工所的运作模式、工作计划、未来前景等发表意见，并进行了充分讨论。

6月27日 信息产业部在清华大学召开了电子信息产业基金招标项目"数模兼容彩色电视接收机研发及产业化"的验收会。验收小组的领导和专家听取了项目承担单位清华大学联合体的项目执行情况报告和资金使用说明，观看了项目研发成果和产品演示，审查了项目有关验收文档和技术资料。验收小组经认真讨论一致同意该项目通过验收。

7月

7月3日 2006年"清华大学教学成果奖"发布，汪东升与计算机系3位教师的合作项目"'计算机专业实践'课程的创新与实践"荣获一等奖，邢春晓与公管学院4位教师的合作项目"基于信息技术的政府管理能力培养——公共管理教育中电子政务类课程与教学实验平台建设"荣获一等奖。

7月6日 按照国家实验室和信研院行政管理与服务质量管理体系的要求，联合办公室进行了质量管理体系试运行以来的顾客满意度测量工作，结果显示顾客对本单位公共服务的满意度为93.29%，较好地实现了质量管理体系制定的"一年内顾客对公共服务满意度达到90%以上"的质量目标，同时各岗位全部达到顾客满意度达到90%的岗位质量目标。

7月7日 国家实验室和信研院质量管理体系评审会在信息科学技术大楼4-415会议室召开。3个多月的试运行表明，信研院公共服务质量管理体系是适宜的、充分的、有效的。经会议讨论决定，于近日向国家认可的认证机构申请ISO 9001：2000认证。

7月11日 浙江省副省长茅临生率浙江省政府代表团在清华大学科研院和浙江清华长三角研究院有关领导的陪同下访问了国家实验室和信研院。

7月12日 铁道部副部长胡亚东、清华大学副校长康克军等部、校领导和专家出席了铁道部在北京西站召开的"铁路旅客信息服务系统"研制成果现场汇报会。会议听取了由清华大学和北京铁路局联合组成的项目组所作的系统研制与应用情况的汇报，实地考察了该系统在旅客列车上的安装和使用情况，并观摩了安装在北京西站的车站子系统和地区监控中心的效果演示。

7月13日 美国AOL公司（美国在线）技术副总裁Vecchi一行6人访问了信息学院和信研院。双方就共同感兴趣的领域进行了交流和讨论。随后，牛志升、郑方等陪同客人参观了部分研究实验室。校科研院海外项目部领导也参加了此次接待。

7月13日 信息产业部组织召开了电子发展基金招标项目"数字电视接收机研发及产业化"的验收会。验收小组一致同意该项目通过验收，并希望清华大学联合体能够更加密切合作，待标准公布后，进一步提高技术、产品的产业化和市场化程度，为我国数字电视产业发展做出更大贡献。

7月18日 国家实验室与信研院的公共行政管理与服务质量管理体系顺利地通过了ISO 9001：2000质量管理体系认证。审核组认为，本单位质量体系文件充分、适宜，可操作，以顾客为关注焦点有较好体现，员工职责权限明确，资源充分，质量管理体系基本符合标准的要求，体系运行有效。

7月29—8月13日 信研院教师黄春梅和梁国清参加了由校工会、继续教育学院和校团委组织的2006年"中美大学生暑期教育扶贫社会实践活动"，带领8名清华大学生和2名美国大学生前往国家级贫困县贵州省江口县进行支教活动。

7月 信研院共有4名博士研究生、27名硕士研究生毕业。1名博士研究生获得"清华大学优秀博士学位论文二等奖"。同月，本科生毕业典礼暨学位授予仪式举行，信研院教师指导的1名本科生获得"清华大学综合论文训练优秀毕业论文"。

8月

8月9日下午 杭州市西湖区区长盛阅春率杭州市西湖区政府代表团在清华大学校办主任许庆红及校科研院、浙江院有关领导的陪同下访问了信息国家实验室和信研院。双方表示希望今后能够进一步加强在信息领域中的产学研合作，发展西湖区的信息产业。

8月21日 日本松下公司海外研究开发推进中心主任平山等一行14人访问并参观了信息国家实验室和信研院。访问团对清华大学信息学科的广泛研究领域表现了很大兴趣，并与有关教师就感兴趣的问题相互交换了意见。

8月25日 清华大学信研院—北京全路通信信号研究设计院"轨道交通自动化研究所"成立会暨研究所科研规划汇报会在信息科学技术大楼1-315会议室举行。

8月29日 信研院院长李军、副院长吉吟东，航天航空学院党委书记王旭光、副院长陆建华，以及信研院相关技术研究中心、清华—天通广应用通信系统研究所负责人一行10人前往天津，访问了天津通信广播集团有限公司。天津大学校长龚克及电子信息工程学院部分领导参加了当天的活动。

8月31日 来自电子系的2006年信研院新入学研究生在信息科学技术大楼3-125会议室参加了新生见面会。

9月

9月1日 来自计算机系的2006年信研院新入学研究生在信息科学技术大楼3-125会议室参加了新生见面会。

9月6日 信研院牵头召开了生物特征识别领域的教师座谈会。会议由信研院副院长郑方主持，来自信息学院各单位从事人脸、声纹、指纹、掌纹、虹膜、笔迹和脑波等生物特征识别研究的教师参加了会议，对建设融合各种生物特征识别技术的综合身份认证演示平台的设想进行了讨论。

9月10日 信研院2006年研究生新生及其导师在信息科学技术大楼中央庭院举行午餐交流会。院长李军，副院长吉吟东、郑方，院长助理、辅助教学主管宋健等来自信研院的50余位师生参加了交流会。

9月 IBM公司公布了2006年度Eclipse创新奖的获奖名单，信研院青年教师丁国鹏获奖，并获得了1.5万美元的奖励。

截至9月15日 信研院根据学校颁布的"863计划"申请通知要求，积极组织教师进行项目申请，已全部顺利上交学校。信研院此次共提交申请 20 项，其中信息技术领域申请 15 项，交叉学科 5 项。按申请类型分，目标导向类申请 5 项，以信研院主申请 1 项。探索导向类申请 15 项，其中独立申请 9 项，以信研院为主联合申请 6 项。项目申请分布于"自组织网络与通信技术""智能感知与先进计算技术""信息安全技术""虚拟现实技术"等 8 个专题。

9月15日 由校科研院副院长嵇世山带队的清华大学一行到公安部科技局就清华大学与公安部合作事宜与科技局局长王俭等进行了深入交流。信研院副院长郑方、电子工程系教授苏光大等参加了会谈，并重点介绍了清华大学在信息领域的科研成果。

9月19日 微软公司 MSN 互联网技术部中国区总经理兼微软中国研发集团副总裁、清华大学客座教授、信研院指导委员会委员宫力在信息科学技术大楼 1-312 会议室为来自校内百余位老师和同学作了题为"*Internet: Past and Future*"的学术报告。

9月20日 信研院招收 2007 年免试推荐研究生工作情况介绍会在信息科学技术大楼多功能厅举行。院长助理、辅助教学主管宋健主持了会议，来自信息学院相关系所的 70 余位同学参加了此次会议。

9月22日 思科（Cisco）系统公司资深副总裁兼首席发展官（CDO）、思科系统公司独立子公司 Linksys 有限责任公司总裁 Charles H. Giancarlo 在主楼接待厅举行演讲并参观了信息国家实验室和信研院。演讲由李军主持，来自全校的 140 余位师生参加了演讲。

9月22日 副院长郑方应邀访问 AOL 总部，与 AOL 高级副总裁 Mario P. Vecchi、副总裁 Lu Lu、总架构师 Yan Cheng、技术项目经理 Zhilong Li 等进行了会谈。

截至9月 信研院自 2005 年 11 月启动的 3 项种子基金已初见成效，为争取"十一五"重大项目奠定了基础。目前源于种子基金正在争取"十一五"重大项目的有 4 项。

9月26日 信研院 2006—2007 学年度第三次院务会议讨论通过《信研院高级专业技术职务人员聘任管理办法（试行）》。

9月26日 经信研院 2006—2007 学年度第三次院务会讨论第 1 次修

订《信研院科研系列正高级专业技术职务的申报条件》《信研院科研系列副高级专业技术职务的申报条件》。

9月27日 经过为期3个月的征集、评审与公示，信研院2006年FIT研究中心项目正式启动。启动项目为：张勇负责的"基于WEB2.0的科研协同环境关键技术研究"和潘长勇负责的"移动多媒体融合网络关键技术研究"。每项获资助10万元。

9月27日 信研院召开了人事工作会，布置2006年专业技术职务聘任的有关工作。部分教师、各直属单位人事负责人及国家实验室的部分教师和研究部人事主管参加了此次会议。

9月 信研院无线与移动通信技术研究中心承担的国家863重大课题FuTURE计划二期试验系统FDD下行链路研发项目研制成功的试验样机在上海重建，计划于10月向中外各界展示中国FuTURE计划的研究进展。该项目于同年上半年在南京与东南大学的上行链路及中国科技大学的高层协议联调，整个FDD系统于6月底在南京顺利通过863专家组验收。

10月

10月12日 第14届全国信息存储技术学术会议在武汉举行。信研院WEB与软件技术研究中心主任邢春晓作为大会的程序委员会成员参加了会议。中心教师李超作为论文作者在会上作了题为《面向海量数字资源管理的FC-SAN性能研究综述》的报告。

10月17日 经2006—2007学年度第四次院务会议讨论通过，对直属单位干部做出如下拟任决定：王京任无线与移动通信技术研究中心主任，汪东升任微处理器与片上系统技术研究中心主任，宋健任数字电视技术研究中心主任，史元春（兼，计算机科学与技术系）任操作系统与中间件技术研究中心主任，邢春晓任WEB与软件技术研究中心主任，窦新玉任电子封装技术研究中心主任，李军任FIT研究中心主任，黄春梅任办公室主任。

10月18日 根据信研院在"十一五"期间的工作思路，FIT中心在信息科学技术大楼4-415举行了科研规划交流讨论会。会议由中心副主任路海明主持，中心主任李军等12位教师参会。会上，副院长郑方应邀介绍了院里整体规划的初步构想，与会教师互相交流了各自目前的研究方向和未来的科研思路，共同研究了本中心整合资源、突出重点、形成规划的具体方案，并对方案的进一步落实作出了部署。

10月20日　意大利官方代表团一行20人访问并参观了信息国家实验室和信研院。院长助理宋健和国家实验室高性能计算应用专家委员会副主任王小鸽会见了来宾，并向客人们介绍了国家实验室和信研院的整体情况。

10月21日　我校第五次侨联代表大会暨金秋联谊会在近春园举行。会议选举出19名归侨侨眷组成了第五届委员会，信研院教师王小鸽、宋健当选。

10月21—22日　信研院工会组织教职工50余人前往京郊旅游胜地野三坡秋游。

10月21—23日　第五届网格和协同计算国际会议在长沙召开。信研院WEB与软件技术研究中心与英国Daresbury国家实验室的CCLRC e-Science中心合作举办了协作虚拟研究环境国际研讨会。

10月23日　美国麻省理工学院（MIT）教授舒维都（Victor Zue）在信息科学技术大楼1-312会议室作了题为"Innovations: An MIT CSAIL Perspective"的演讲。

10月23日　来自美国亚利桑那大学（University of Arizona）的Christian Collberg在信息科学技术大楼1-315会议室作了题为"Software Watermarking: State of the Art and Future Directions"的学术报告。

10月24日　国家实验室与信研院联合组织召开了2006年高级专业技术职务聘任教授会议，两个单位共有8位申请人参加了此次答辩。

10月30日　NEC中国研究院院长、清华大学信研院指导委员会委员薛敏宇在清华大学信息科学技术大楼1-315会议室为来自校内各相关系所的60余位师生作了题为《分布式的创新》的演讲。

11月

11月1日　AOL中国董事、总经理Norman Koo来访信研院，就AOL与清华大学成立联合实验室的具体事宜进行了沟通。副院长郑方接待了 Norman Koo，介绍了清华大学联合实验室/研究所的运行机制，之后带领 Norman Koo 参观了信研院正在运行的几个联合实验室/研究所。

11月4日　湖北省黄石市市长肖旭明一行7人访问信研院，表示希望今后能够开展与信研院在信息领域中的产学研合作，促进并发展黄石市的信息产业，并在副院长吉吟东的陪同下，参观了数字电视技术研究中心和信研院与天津通信广播集团有限公司联合成立的清华天通广应用通信系统研究所。

11月9日　信研院工会参加了清华大学工会组织的纪念中国共产党成立85周年暨红军长征胜利70周年全校教职工文艺汇演。信研院工会组织的合唱队第一次参加全校汇演就获得了特等奖的优异成绩。

11月10—13日　第23届中国数据库学术会议（NDBC'2006）在广州举行。信研院 WEB 与软件技术研究中心首席科学家周立柱作为大会主席，中心主任邢春晓作为程序委员会成员参加了此次会议并作了发言，中心有3篇文章为大会录用。

11月14日　经信研院2006—2007学年度第六次院务会议讨论同意数字电视中心与 u-JMC Korea 公司联合成立清华大学（信研院）—JMC u-Korea（株）宽带多媒体传输联合研究中心。

11月14日　为了进一步在教职员工中深入开展在职培训工作，清华大学外语系退休教师陈怀远应邀来信研院就如何在工作与学习中提高英语水平与师生进行了交流和座谈。

11月17—19日　信研院应邀参加了2006年中国（顺德）嵌入式系统应用展示交易会。本次展会是我国第一次以嵌入式应用为主题的软件行业展会。信研院在数字电视、嵌入式系统软件、汽车电子、无线通信等方面组织了15项参展项目，受到了参展企业和来宾的关注。

11月中旬　信研院工会积极响应学校号召，为贫困地区捐赠钱物，帮助灾区、贫困地区群众顺利过冬。院党政工会领导带头捐钱捐物，共募集资金710元，过冬衣、裤、被79件，为灾区人民送去了温暖。

11月24日　中国计算机学会青年计算机科技论坛（CCF Young Computer Scientists & Engineers Forum，CCF YOCSEF）主题报告会——未

来计算，在信息科学技术大楼多功能厅举行。信研院微处理器与片上系统技术研究中心主任汪东升作为本次报告会的执行主席在会上发言。

11月24日 信研院召开了直属技术研究中心的科研规划汇报会。各技术研究中心分别汇报了本中心前期的科研工作、科研队伍、科研发展方向，并结合本部门"十一五"期间的科研规划汇报了正在申请和计划申请的科研项目情况等。与会人员对各中心科研规划进行了认真讨论，并就各中心之间的合作进行了探讨。参会领导也提出了一些指导性意见和希望。

11月25—26日 由信研院无线与移动通信技术研究中心举办的清华—北邮分布式无线通信系统（distributed wireless communication system，DWCS）学术研讨会在北京市怀柔区成功召开。来自清华大学和北京邮电大学的40余位师生参加了会议。

11月29日 为进一步落实清华大学以防火工作为重点的冬季安全工作，信息科学技术大楼管委会在1-312会议室举办了消防知识培训，楼内各单位安全员20余人参加了本次培训。

12月

12月1日和5日 校保卫处组织了全校50多支义务消防队参加技能比赛。信研院义务消防队和信息科学技术大楼物业管理公司消防队参加了比赛，由梁国清任领队，杨海军、朱春雷、张勇、郭涑伟等组成的信研院代表队在比赛中一举夺冠。

12月4—8日 信研院副院长郑方出席了在新西兰奥克兰召开的第十一届澳大拉西亚语音科学与技术国际会议，并作为顾问委员会委员主持了说话人和语种识别会议。会后，郑方还应邀访问了奥克兰大学电机和计算机工程系，与Zoran Salcic教授、Waleed Abdulla博士讨论了信研院与奥克兰大学在嵌入式系统方面的合作事宜。

12月5日 美国南加州大学教授Viktor K. Prasanna到信研院作了题为"*Reconfigurable Computing: Opportunities and Challenges*"的学术报告。

12月9—11日 信研院副院长、国际中文语言资源联盟（Chinese Corpus Consortium，CCC）理事长郑方出席了在马来西亚槟榔屿举行的Oriental-COCOSDA（语音数据库和输入输出评测方法国际协调和标准化委员会东方国家分会）会议，并作为中国的协调员代表作了国家/地区报告。

12月10日　三百多名来自IT行业的清华校友汇聚于清华科技园，举行了一年一度的清华大学IT校友年会。信研院院长李军（1980级自动化系）在年会上作了题为《IT教育与产业互动》的主题演讲，介绍了IT企业与学校合作进行课程和产业实践、创新方面的合作概况，引起了校友们的很大兴趣。

12月12—17日　信研院副院长、国际中文语言资源联盟（CCC）理事长郑方出席了在新加坡举行的第五届中文口语语言处理国际会议（ISCSLP'2006），并主持了其中的说话人识别特别会议。

12月20日　日本三美电机株式会社AVC事业部长及天津三美电机有限公司总经理一行访问了信研院数字电视技术研究中心，希望能够开展进一步的实质性合作。

12月24日　中文语音交互技术标准工作组第三次研讨会暨标准审定会在清华大学信息科学技术大楼1-315会议室召开。信研院副院长、中文语音交互技术标准工作组声纹识别专题组组长郑方代表起草组作了题为《〈声纹识别技术规范〉制定情况说明》的报告。

12月　信研院组织了第二次种子基金评审工作，院学术委员会对近期申请的7项种子基金进行了审核。最终由宋健申请的"宽带电力线通信（PLC）关键技术和系统研究及芯片开发"、亓亚烜申请的"面向主动防护的网流全息过滤新技术和新方法"、夏云庆申请的"跨媒体垂直搜索关键技术"及王海霞申请的"片上多处理器系统结构和编程模型研究"4个项目通过了评审。

12月　信研院专业技术职务聘任工作顺利完成。正高级专业技术职务聘任人员为：曹军威（院聘）、卢增祥（院聘），副高级专业技术职务聘任人员为：赵黎，中级专业技术职务聘任人员为：张秀军。

本年　博士后进站4人，出站3人，退站2人，年底在站7人。

本年　本院共有教职员工132人，其中事业编制42人，博士后6人，非事业编制84人。事业编制中具有正高级专业技术职务7人，副高级专业

信息技术研究院大事记
（2003—2019）

技术职务21人。在院研究生129人，其中硕士研究生114人，博士研究生15人。本科生35人在信研院进行了毕业设计工作。教师10人在学科所属院系积极承担了14门课程的教学工作。

共有7个技术研究中心，17个联合研发机构，1个自主批建机构。其中本年新建联合机构4个：清华大学（信研院）—北京金名创业信息技术有限责任公司金融工程联合研究所、清华大学（信研院）—北京宇信鸿泰科技发展有限公司金融信息技术研究所、清华大学（信研院）—北京全路通信信号研究设计院有限公司轨道交通自动化联合研究所、清华大学（信研院）—JMC u-Korea（株）宽带多媒体传输联合研究中心，合作到期关闭联合机构4个：清华大学（信研院）—北京天地融科技有限公司应用电子系统研究所、清华大学（信研院）—深圳博康科技发展有限公司智能交通系统技术中心、清华大学（信息学院，依托信研院管理）—国光电器股份有限公司数字媒体研究所、清华大学（信研院）—中国华录集团有限公司中国华录信息技术研究所。

新任干部名单如下。

党支部：书记汪东升、副书记邢春晓。

部门工会：主席邢春晓、副主席韩明。

中心主任：无线与移动通信技术研究中心主任王京，微处理器与片上系统技术研究中心主任汪东升，数字电视技术研究中心主任宋健，操作系统与中间件技术研究中心主任史元春（兼，计算机科学与技术系），WEB与软件技术研究中心主任邢春晓，电子封装技术研究中心主任窦新玉，FIT研究中心主任李军。

办公室主任：黄春梅。

新增正高级专业技术职务人员：曹军威（院聘）、卢增祥（院聘）。

新增副高级专业技术职务人员：曹军威、赵黎。

新聘兼职研究员1人。

人才引进情况。海外人才：曹军威、彭克武、夏云庆。博士后出站引进：陈震、王海霞。接收应届毕业生：赵熠飞、李超、董炜、倪祖耀。

本年授权专利10项。获得计算机软件著作权登记2项。完成并发布国家标准1项。

  本院共组织学术沙龙6次,举办学术报告14场。共计接待31批来访客人,累计人数300人次。派出教师、科研人员58人次出访美国、英国等11个国家和地区。

2007年

1月

1月2日 信研院2006—2007学年度第九次院务会议讨论通过《信研院党政领导班子贯彻"三重一大"制度的实施办法》。

1月5日 信研院2006年度专业技术职务聘任工作顺利完成,人员名单确定为:校聘副研究员赵黎;校聘助理研究员张秀军;院聘研究员卢增祥、曹军威。

1月9日 信研院无线与移动通信技术研究中心主任王京应邀参加在海南举行的中日韩未来移动通信技术政府级交流会议,代表中国方面作了题为"*B3G Testbed in Shanghai*"的报告,介绍中国在第四代移动通信研究开发方面的进展。

1月9日 信研院召开2006—2007学年度第十次院务会议。会上听取了院工会、院公共经费的2006年度结算,讨论通过了2007年度院公共经费的预算,讨论确定了校、院先进集体、先进个人的推荐名单,讨论了过节费发放原则,通报了科研收入和中期业绩考核情况,通报了大额资金使用的情况。

1月15日 信研院组织召开了生物特征识别项目讨论会,副院长郑方主持会议。会上苏光大教授提出了FIT基金资助的"高适应性的多生物特征识别技术研究"项目演示系统方案及工作计划,并计划在信息科学技术大楼建立一套"高适应性的多模态生物特征综合演示系统"。

1月16日 信研院召开2006—2007学年度第十一次院务(扩大)会议,会议主要讨论、确定了年终总结会方案。之后,全体正、副院长和中心主任分别进行了考核。

1月17日　国家实验室与信研院在信息科学技术大楼多功能厅联合举办了个人计算机防毒知识讲座。会议邀请了网络中心应急响应组教师魏克以"个人计算机安全"为主题为大家详细讲解了各种计算机安全常识。

1月18日　信研院召开2006—2007学年度第十二次院务会议。会议讨论确定了年度教职工考核优秀名单，讨论了年终教学表彰奖励名单，确定了信息学院基金快速通道项目，讨论了年终工作总结汇报稿。

1月19日　信研院5位博士后和院人事助理在近春园参加了计算机系博士后流动站的年终茶话会。

1月20日　财政部、国家质量监督检验检疫总局、国家标准化管理委员会的有关领导来访信研院，了解学校在数字电视标准制定过程中的研发情况。副校长康克军、信研院院长李军、数字电视技术研究中心主任宋健接待了来访客人。会后客人乘坐数字电视试验车观看了移动接收的演示，并参观了数字电视技术研究中心。

1月20日　信研院WEB与软件技术研究中心的师生及员工在信息科学技术大楼1-312会议室欢聚一堂共庆新年。副院长吉吟东参加了联欢会并致辞。

1月22日　美国泰克公司科技视频产品线MPEG产品总监Paul Robinson及泰克科技高级顾问李斧来访信研院数字电视技术研究中心。双方就数字电视目前发展状况与泰克相关产品的研发情况进行了深入而广泛的沟通并签署了合作备忘录。

1月14—23日　信研院无线与移动通信技术研究中心主任王京参加了由信息产业部组织的"未来无线移动通信论坛"访问团，应邀访问了台湾3G CLUB。其间，访问团参观和走访了台湾地区包括新竹清华大学在内的10多家大学、研发机构和企业。王京教授代表访问团向台湾同行作了题为《国家八六三FuTURE研究计划暨4G外场试验系统》的报告，介绍了863重大项目"新一代移动通信系统链路技术研究"的研究成果。

1月25日　信研院无线与移动通信技术研究中心主任王京应邀参加了由飞利浦东亚研究院组织的开放式创新与价值创造研讨会。会上，王京在"建立中欧双赢开放式创新体系"的专题讨论中，介绍了 863 重大项目"新一代移动通信系统链路技术研究"的国际合作模式以及清华大学与合资公司共同申请 863 项目的情况。

1月25日　信研院数字电视技术研究中心在信息科学技术大楼 1-415 会议室召开了 2006 年度工作总结会。院长李军，副院长吉吟东、郑方出席了会议，数字电视中心相关领导及全体教职工参加了会议。

1月26日　信研院在信息科学技术大楼 4-302 会议室举行了新教工 2007 年新春茶话会，信研院 9 位 2006 年新入校的教工及博士后参加了此次活动。此次座谈会解答了新教工们参加工作以来遇到的一些问题并增进了新教工们彼此的联系与交流。

1月26日　联合办公室在信息科学技术大楼 1-315 会议室召开了 2007 年第一次管理评审会。会议由信研院 ISO 9001 质量管理体系的最高管理者吉吟东主持，院长李军、副院长郑方、院长助理宋健和办公室全体成员参加了本次会议。会上提出了三方面改进建议：进一步加强对一线科研教师的服务水平，推动个性化服务；重视沟通交流方面的制度建设；配合信研院的发展和进一步提高服务质量的要求，补充适当的管理人员。

1月30日　信研院举行院属联合研发机构负责人茶话会，院长李军，副院长吉吟东、郑方，院长助理宋健及办公室主任黄春梅参加了会议，会议由郑方主持。会议充分听取了各联合研发机构的意见。

2月

2月1日　信研院在信息科学技术大楼多功能厅召开了 2006 年工作总结会。院长李军代表院务会作了 2006 年工作总结，并确定了 2007 年的工作思路和目标。会上还颁布了各项年度表彰奖项。会后，王京代表信息学院和国家实验室致辞，对信研院一年来的工作进展给予肯定和表扬并提出殷切希望。

2月1日　信研院工会 2007 年迎新春联欢会在近春园举行。信研院各中心、国家实验室及信息学院机关等单位教职员工欢聚一堂，迎接 2007 年春节的到来。

2月2日　中国电子学会计算机工程与应用分会主任委员和代表一行

16人随主任张琪访问并参观了信研院。主任委员们听取了院长李军对国家实验室和信研院的科研成果介绍，并表示愿意加强各自所在单位和组织与清华大学的合作。

2月2日 信研院无线与移动通信技术研究中心在信息科学技术大楼1-415会议室召开了2006年度工作总结会。在新的一年，无线中心全体成员将继续发挥中心整体团队优势、发扬锐意进取精神，取得更大的进步。

2月6日 经2006—2007学年度第十三次院务会议讨论通过，同意成立语音和语言技术研究中心，任命郑方兼任中心主任。

2月4—6日 无线与移动通信技术研究中心王京和周春晖赴韩国三星电子交流访问。双方就2006年度合作项目"WiMAX over DWCS"情况进行了总结交流，并就2007年度的合作内容进行了讨论，初步达成了合作意向。

2月5—6日 信研院数字电视技术研究中心在信息科学技术大楼1-415会议室召开了欧盟MING-T Kick-off Meeting。会上，副校长谢维和首先向到访嘉宾致欢迎辞，来自欧盟委员会驻华代表团的一等参赞Alison Birkett女士发表了讲话。会议期间，各国代表对本项目在未来的合作形式等方面进行了深入而广泛的讨论。

3月

3月7日 信研院在信息科学技术大楼4-302会议室召开了技术研究中心科研主管会议，会议由副院长郑方主持。各技术研究中心科研主管分别介绍了目前开展科研项目研发情况及面对的问题，并对今后如何组织项目进行了积极的讨论。

3月8日 信研院工会结合本院女教职工实际情况组织庆祝国际妇女节健康讲座，邀请了北京市316医院妇产科郑主任讲解相关健康知识，并赠送了水植花卉。

3月14日 海淀区质量技术监督局领导刘素华、吴强等到信研院数字电视技术研究中心进行调研。双方就国内外数字电视整体发展概况、地面传输国家标准研发制定过程、UTI行业标准的技术优势等问题进行了讨论。吴强希望以此次交流为基础，增加双方互动沟通，为海淀区将要建设的高新化产业示范区创建良好的信息平台。

3月14日 重庆市人民政府副秘书长沐华平、重庆市信息产业局副局长罗德、重庆西永微电子产业园区建设管理委员会副主任修军等一行9人访问信研院，双方就产学研相结合的技术创新体系建设和宽带无线通信中的热点问题进行了讨论。

3月11—15日 信研院无线与移动通信技术研究中心师生共计5人参加了在香港举行的 IEEE Wireless Communications and Networking Conference 2007（WCNC2007）国际学术会议。在本次 WCNC2007 会议上，中心共发表学术论文7篇，涉及无线传输、无线网络等多个领域。同时，中心教师代表还受邀参加了大会专设的"BWM Panel"：Broadband Wireless Multimedia（BWM）System in China，介绍了本中心在宽带无线接入技术领域研发和参加国家标准制定方面的工作情况。

3月20日 信研院召开 2006—2007 学年度第十四次院务会议。会议讨论了语音和语言技术研究中心的干部任命，讨论了设立科研成果奖、效益奖事宜，讨论了成立联合机构"电子商务研究中心"事宜，审议了信息所可行性论证报告，讨论了校庆活动方案计划。

3月21日 北京市科学技术委员会委托北京清华工业开发研究院对信研院承担的"蜂窝局域网移动多媒体通信系统 MAC 协议开发"课题进行了验收。北京清华工业开发研究院副院长滕人杰和信研院副院长吉吟东参加了会议。以北京理工大学教授陶然任组长的验收组专家们认真听取了项目负责人陆建华的项目研制总结报告及测试组的测试报告，审查了有关文档资料，并观看了系统演示。验收专家组认为，该项研究成果具有重要的实用价值，一致同意该课题通过验收，并建议有关部门进一步给予支持。

3月23日 信研院党支部在信息科学技术大楼 1-415 会议室进行了组织生活，会议由支部书记汪东升主持。会上汪东升传达了学校近期主要学习精神，支部副书记邢春晓介绍了清华大学选举出席北京市第十次党代会代表工作方案，并通报了选举工作近况，邢春晓还就下一次民主生活会的计划征求了大家的意见。支部委员黄春梅对扶贫捐助活动进行了动员。会上，各位党员结合上述问题及工作中的情况进行了交流和讨论。

2007年

3月26日 根据教育部、财政部《关于开展全国行政事业单位资产清查》文件的有关精神，信研院在信息科学技术大楼1-415会议室召开了2007年度第一次资产清查工作动员会，院直属单位的行政管理人员参加了本次会议。

3月29日 美国AOL公司国际执行副总裁Maneesh Dhir一行6人访问信研院，就合作的领域和项目进行探讨。来宾对我方的技术和研究成果表现出很大的兴趣，双方进行了深入的交流和讨论。此次交流是AOL公司继2006年9月首次来访后第三次访问信研院。

3月30日 广东省肇庆市组织部领导一行4人在信息学院培训中心主任温冬婵的陪同下访问信研院。客人们对信研院在信息领域的科研成果表示了很大兴趣，并希望双方今后能够积极地在多方面开展产学研的合作。

4月

4月1日 由信研院与浙江清华长三角研究院共建的信息技术研究所（筹）第二次理事会在嘉兴召开。理事会一致同意，信息所应努力按照框架布局，做好论证会的各项准备工作，力争在今年暑假之前通过论证；在工程硕士课程进修班的项目上，与信息学科群紧密衔接，按照信息所承办和南湖区协办的方式，全力以赴做好今年9月与我校计算机系合作的首期工程硕士课程进修班的招生工作。

4月3日 美国加利福尼亚大学洛杉矶分校（University of California, Los Angeles, UCLA）电机系教授Kung Yao来信研院作了题为"*Analysis, Design, and Implementation of Beamforming in Wireless Sensor Networks*"的学术报告。此次学术演讲也是信研院2007年系列学术报告之一。

4月1—4日 信研院李军院长带队，副院长吉吟东、郑方及各技术研究中心骨干共11人，前往长三角地区，进行以企业为主体开展产学研技术创新合作的调研。

4月9日 信研院党支部在信息科学技术大楼1-415会议室进行了组织生活，会议由支部书记汪东升主持，会上汪东升传达了《计算机系党委换届及第十届党员代表大会工作日程安排》《计算机系第十届党委换届选举代表大会代表产生办法》《第一轮党委候选人基本情况》，与会党员结合上述问题及工作中的情况进行了交流和讨论，对计算机系第十届党委候选人进行了投票，会后将投票结果报送计算机系党委。

4月10日 信研院召开2006—2007学年度第十五次院务会议。会议详细讨论了校庆活动方案计划，通报了即将到期的联合机构合作协议续签事宜。

4月12日 江苏省委常委、无锡市委书记杨卫泽率无锡党政代表团一行60余人在清华大学科研院有关领导的陪同下访问信研院。杨卫泽书记对清华大学信息学科群取得的丰硕科研成果给予了充分的肯定，并指示无锡国家高新技术产业开发区要与清华大学信研院在信息技术领域积极开展产学研合作。

4月17日 受北京市科委委托，北京清华工业开发研究院在清华大学信息科学技术大楼1-315会议室主持召开了北京市科技计划项目"政府信息架构（GIA）及若干关键技术研究"（课题编号GYYZ0004029040811）结题验收会。北京清华工业开发研究院副院长滕人杰和信研院副院长吉吟东参加了会议。该课题完成了任务书规定的各项实施目标并达到了规定的考核指标，验收专家组一致同意该课题通过验收。

4月18日 信息科学技术大楼2007年春季防火安全讲座在1-315会议室举行。本次讲座由信息大楼管理小组与信研院工会联合邀请北京市防火宣传科进行的免费安全讲座。讲座以"消除火灾隐患，构建和谐社会"为主题结合实际案例为大家讲解了如何提高防火安全意识，并对与会人员进行了自救常识培训，纠正了很多人的安全误区，提高了大家对火灾的安全防范意识。

4月19日 经2006—2007学年度第十六次院务会议讨论通过，任命曹军威担任院长助理职务。

4月19日 由信研院组织的2007年信研院系列学术报告之二在信息科学技术大楼举行。百度首席科学家William. I. Chang（张以纬）作了题为"*Toward Next-Generation Search: Baidu.com Chief Scientist's First Hundred Days*"的学术演讲。

4月20日 信研院WEB与软件技术研究中心师生到北普陀影视城参

与镭战游戏。活动让大家在战斗游戏中促进了友谊，并认识到集体力量及团队配合的重要性，同时也深深体会了生命的珍贵和意义。

4月22日 海军部队部分领导在校党委书记陈希，副校长康克军及学校有关部门领导的陪同下访问了信研院无线与移动通信技术研究中心和国家实验室下一代互联网研究部。海军部队领导充分肯定了清华大学在信息学科研究领域中所取得的丰硕科研成果，并对开展进一步合作表示了极大的兴趣。

4月24日 信研院召开2006—2007学年度第十七次院务会议。会议讨论了合同到期人员续聘事宜，讨论了校庆活动准备工作，对学校纪委转发投诉律师函的情况进行了调查。

4月25日 参加我校"加强执政能力建设高级研修班"的吉林省辽源市党政机关干部一行30余人到信研院参观了WEB与软件技术研究中心和数字电视技术研究中心。来宾希望能够与信研院在相关信息领域内开展科研合作与交流，共同促进地方政府的信息化建设。

4月26日 信研院2006—2007学年下学期首次学术沙龙在信息科学技术大楼1-312会议室成功举行。此次学术沙龙的主题是"863项目介绍与交流"。无线与移动通信技术研究中心主任王京，操作系统与中间件技术研究中心主任史元春，FIT中心姚丹亚，微处理器与片上系统技术研究中心副主任张悠慧分别介绍了各自课题组申请成功的863课题，交流了申请过程中的经验教训。与会人员就863项目的立项、申请等问题进行了热烈的讨论与交流。

4月26日 河北省信息产业厅党组书记、信息产业厅厅长陈国鹰及河北省政府信息化工作办公室副主任段润保等一行8人在河北清华发展研究院副院长张凤桐等的陪同下来访信研院。双方就未来的合作模式进行了沟通。

4月28日 信研院在信息科学技术大楼多功能厅以工作汇报会的形式召开了信研院成立四周年的院庆大会和第四次信研院指导委员会会议。副校长康克军到会并致辞，对信研院坚持服务于清华大学建设世界一流大学的目标，积极投身国民经济建设主战场所需要的核心技术开发和标准建设，以及在科学研究和成果转化方面努力开展的探索和尝试给予了高度评价。

4月29日 苏州市科技局副局长张志军一行4人访问并参观了信研院。副院长吉吟东在信息科学技术大楼接待了来访的客人。双方就如何开展产学研合作及搭建成果转化平台等方面问题进行了交流。

4月29日 北京市广播电视监测中心副主任杨向东一行4人访问并参观了信研院。信息学院学术委员会主任张钹院士、信研院副院长吉吟东在信息科学技术大楼接待了来访的客人。双方就视频监控技术等科研方向进行了交流。

5月

5月8日 信研院召开2006—2007学年度第十八次院务会议。会议讨论了院行政班子分工调整事宜，通报了近期铁路项目需求情况，通报了电子封装中心争议事宜的调查进展。

5月14日 经2006—2007学年度第十九次院务会议讨论，同意成立清华大学（信研院）—Intertrust数字版权管理联合实验室和清华大学（信研院）—天津（新技术产业园区）宽带无线城域网研究中心，并开展了清华大学（信研院）—北京永新视博数字电视技术有限公司数字互动技术联合研究所续签事宜。

5月15日 信研院无线与移动通信技术研究中心主任王京和首席科学家周世东等应邀到中国移动通信集团研究院进行技术交流，双方就中国移动通信集团研究院对未来移动通信网络的愿景——WiiSE网络和清华大学提出的DWCS体系结构等进行了深入的交流。

5月15日 信研院本学期第2次学术沙龙在信息科学技术大楼1-312会议室举行。WEB与软件技术研究中心主任邢春晓、FIT中心薛一波及语音和语言技术研究中心肖熙分别就各自在海量数字资源管理系统、网络内容安全和分布式网络语音数据处理等数据研究领域内从事的科研工作，从不同的角度介绍了网络化数据管理的关键问题、解决技术、应用背景及未来的发展前景。大家围绕"网络环境下的数据管理"的主题进行了讨论。

5月15日 东芝公司与信研院数字电视技术研究中心在信息科学技术大楼1-415会议室举行了"数字电视地面传输标准芯片研发"项目签约

仪式。东芝半导体公司 LSI 应用技术负责课长中谷隆、东芝公司（中国）有限公司副总裁雷海涛、科研院海外项目部主任马军、信息学院副院长牛志升、信研院副院长郑方及数字电视技术研究中心宋健、杨知行等教师参加了签约仪式。

5月16日 高通（中国）公司技术市场与研发总监范明熙、高级项目经理金星一行访问信研院无线与移动通信技术研究中心，中心主任王京接待了来宾。

5月17日 作为2007年信研院系列学术报告之三，美国加州理工学院先进计算技术研究中心科学家 Roy Williams 来信研院作了题为"*The Astronomical Virtual Observatory: A Service-Oriented Approach to Publishing, Discovering, and Mining Scientific Data*"的学术报告。

5月18日 松下电器产业株式会社董事津贺一宏、所长平山好邦等一行20余人来信研院参观、交流。

5月21日 美国 Marquette 大学教授 Michael T. Johnson 访问信研院，向语音和语言技术中心及其他感兴趣的人员介绍了美国自然科学基金项目"Dr. Dolittle Project: Applying Speech Processing to Animal Vocalizations"，并在讲座后进行了热烈的讨论。

5月21日 "畅游国际创新三角，与联想 CTO 面对面——联想研究院校园行活动"在信息科学技术大楼多功能厅举行。联想集团高级副总裁兼 CTO、联想研究院院长、信研院指导委员会委员贺志强作了题为"如何成为一名优秀的企业研发人员"的主题演讲。校党委副书记陈旭、校研究生院副院长高策理、信研院副院长吉吟东与贺志强进行了座谈。

5月23日 经2006—2007学年度第二十三次校务会议讨论通过，信研院行政换届。任命李军为信研院院长，吉吟东、郑方、宋健为信研院副院长。李星不再担任信研院副院长职务。

5月23日 由嘉兴市人民政府副秘书长陈秋荣带队的嘉兴市及其所辖的市、区、县政府和企业代表团一行40余人访问信研院。信研院副院长吉吟东在信息科学技术大楼接待来宾。

5月24日 美国 Rutgers 大学教授 Lawrence R. Rabiner 应邀访问信研

院，并在信息科学技术大楼多功能厅作了题为《21世纪多媒体通信革命》的学术报告。本次活动由信研院副院长、语音和语言技术研究中心主任郑方主持。微软亚洲研究院语音组负责人 Frank Soong 参会。会后，副校长康克军宴请了 Rabiner，并就未来的合作进行了交流。

5月25日 安捷伦公司信号源产品部总经理 Greg Peter，中国通信产品中心市场部经理 Mario Narduzzi，安捷伦实验室中国经理马新宇，信号源产品部项目经理 Kailash Narayanan 及中国通信产品中心研发经理张海涛一行访问了信研院无线与移动通信技术研究中心。

5月28日 中国移动通信研究院唐剑峰等研发主管和项目经理一行5人，在信息科学技术大楼1-315会议室与信研院和计算机系的教师进行了座谈和交流。信研院院长李军、计算机系副主任陈文光等12人参加了会议。李军希望与中国移动通信研究院共同努力，以多种方式增进清华师生对移动通信与应用的技术需求及业务方向的了解，促进产学研结合。

5月29日 信研院在信息科学技术大楼4-312会议室组织召开了直属单位科研业绩考核情况通气会，各技术研究中心主任参加了会议。会上，副院长吉吟东、郑方按惯例分别通报了截至2007年4月的2006—2007考核年度（2006-7-1—2007-6-30）业绩考核中各项考核指标的院平均数和各技术研究中心达标、达优情况，以及联合机构的考核情况。

6月

6月1日 2007年信研院系列学术报告之四在信息科学技术大楼4-402会议室举行。来自美国 Finisar 公司的 Yuheng Lee 博士作了题为"*Optical and IC packaging for Data Rate 10Gb/s and Beyond*"的学术报告。电子封装技术研究中心主任窦新玉主持了此次学术报告。

6月2日 信研院工会组织工会成员及家属80余人到五台山春游。

6月2日 江苏省昆山市市长管爱国一行11人在清华科技园领导的陪同下访问了信研院。双方就高校与地方政府和企业之间在产学研结合，以及共同培养复合型人才等方面的问题进行了交流和讨论，并同时表示希望能够进一步加强合作，共同促进，实现双赢。

2007年

6月9日　信研院召开了新一届院务会成员的民主生活会。会议由院长李军主持，副院长吉吟东、郑方、宋健及院长助理曹军威到会。院务会成员先后进行了批评和自我批评，围绕信研院发展，统一了思想定位，并经讨论确定了落实措施。

6月9日　信研院召开了2006—2007学年度第二十一次院务会议。会上确定了院保密指导小组成员名单，讨论了业绩考核调整相关事宜，讨论了开展科研人事规划事宜，讨论了院学术沙龙相关事宜。

6月11—14日　ACM SIGMOD2007在北京国际会议中心举行。会议由ACM SIGMOD主办，清华大学、北京大学和人民大学联合承办，国家自然基金委和多个学术组织和机构支持，同时多家公司提供了赞助。信研院WEB与软件技术研究中心首席科学家周立柱任大会主席，中心主任邢春晓担任WEB主席。中心副主任张勇负责维护大会的网站，多名研究生和工作人员参与了网站的维护及会议的服务工作。

6月21日　华为技术有限公司光网络研发总部副总裁、信研院指导委员会委员李宏伟来信研院作了题为《电信网络转型》的学术报告。这也是2007年信研院第五次系列学术报告。

6月19日　清华—英特尔联合学院项目汇报会在信息科学技术大楼1-515会议室顺利召开。副校长康克军到会并致欢迎词。

6月20—28日　根据中共北京市委和市委教育工委的统一部署和学校党委关于在全校共产党员中开展"共产党员献爱心"捐献活动的倡议，信研院党支部组织了爱心捐款活动。捐献采取自愿的原则，以现金形式捐献，得到了很多党员的积极响应，支部认真进行了捐献的收缴和登记工作，并将登记表格和现金上交计算机系党委。此活动进一步巩固了先进性教育活动成果，弘扬团结互助精神，帮助全市困难群众解决实际问题，使人民群众真正感受到广大共产党员的关爱，为构建社会主义和谐社会首善之区做出了贡献。

6月22日　由微软（中国）有限公司、信研院无线与移动通信技术研究中心、品高软件开发有限公司合作开发的"实验室科研信息管理系统——infosys"通过三方验收，并在信研院无线与移动通信技术研究中心内部服务器上开通运行。

6月27日 信研院举办本学期第三次学术沙龙，进行了关于辅助教学与科研工作的讨论与交流，院长助理曹军威主持了此次活动。操作系统与中间件技术研究中心副主任王小鸽、国家实验室公共平台与技术部张武生作了特邀报告。

7月

7月2日 IEEE Fellow、美国密歇根州立大学教授 John R. Deller 来信研院访问，并作了题为"*Parametric Watermarking of Speech Signals*"的学术报告。报告由信研院副院长、语音和语言技术研究中心（CSLT）主任郑方主持。

7月3日 经 2006—2007 学年度第二十二次院务会议讨论通过，拟任命路海明担任 FIT 中心主任，李军不再担任 FIT 中心主任。

7月4日 作为 2007 年信研院系列学术报告第 6 讲，美国佛罗里达国际大学计算与信息科学学院的 Shu-Ching Chen 到信研院作了题为"*Research and Development of Multimedia Database Management Systems*"的学术报告。

7月6日 美国新泽西理工学院电子与计算机工程系教授 Yun Qing Shi 到信研院作了题为"*Digital Data Forensics*"的学术报告。

7月10日 信研院召开 2006—2007 学年度第二十三次院务会议。会上通报了数字电视技术研究中心相关情况，对办公室调整事宜提出要求。

7月11日 来自美国南加州大学的 Sungbok Lee 教授访问信研院，并作了题为"*Emotional Speech: Its Production and Recognition*"的学术报告，信研院语音和语言技术研究中心全体师生及其他感兴趣的人员参加了报告会，并与 Sungbok Lee 进行了热烈讨论。

7月18日 信研院组织了 2006—2007 学年春季学期研究生毕业茶话会及与导师合影留念活动。在茶话会上，信研院副院长宋健、院长助理曹军威与来自各技术研究中心的部分毕业研究生进行了座谈与交流。

7月15—20日 信研院无线与移动通信技术研究中心王京、周世东、粟欣、钟晓峰等出席了在美国旧金山举行的 IEEE 802.16 标准化工作组第

50 次会议。

7月24—26日 由中国档案学会主办,清华大学信研院承办的 2007 数字档案馆建设研讨会在信息科学技术大楼举办。院长李军在会上致欢迎词。WEB 与软件技术研究中心副主任杨吉江作了关于海量资源存储、管理和服务的专题报告,并介绍了信研院在建设数字档案馆方面的研究体会。

7月31日 经 2006—2007 学年度第二十四次院务会议讨论,同意电子封装技术研究中心转出由微电子所管理。

7月 本科生毕业典礼暨学位授予仪式举行,信研院教师指导的 3 名本科生获得"校系级综合论文训练优秀毕业论文"。

7月 信研院数字电视技术研究中心硕士生陈晨和宋林琦获得"清华大学综合优秀三等奖学金"。

7月 信研院语音和语言技术研究中心硕士生鲍焕军获得"第九届全国人机语音通讯学术会议(NCMMSC'2007)最佳学生优秀论文奖"。

7月 信研院 FIT 中心博士研究生张志明获得"ICN2007 最佳论文奖"。

8 月

8月1日 澳大利亚国家信息与通信技术研究中心(National ICT Australia)首席科学家 Mark Reed 访问信研院无线与移动通信技术研究中心,并作了题为"*Iterative Receivers, from Theory to Practice*"的学术报告,中心教师周世东等 20 余名师生参加了本次学术交流活动。

8月6日 信研院语音和语言技术研究中心国际顾问、美国工程院院士、美国 Georgia Institute of Technology 教授 Fred Juang 来访。信研院副院长、语音和语言技术研究中心主任郑方负责接待,中心副主任肖熙、徐明星,主任助理夏云庆,中心顾问方棣棠、计算机系教授蔡莲红等与 Fred Juang 进行了会谈。

8月17日 信研院召开 2006—2007 学年度第二十五次院务会议。院学术委员会主任王京参加了会议。会上,结合"985"配套经费安排方案进一步讨论了院重点方向和项目,讨论了研究生工作事宜。

8月23日 浙江省广播电视监测中心主任郭利刚访问信研院。信息学院张钹院士、信研院副院长吉吟东在信息大楼接待了来访的客人。

8月24日 作为2007年信研院系列学术报告第8讲，美国威斯康星大学麦迪逊分校计算机系教授Miron Livny到信研院作了题为"The Grid Laboratory of Wisconsin and Open Science Grid Experience"的学术演讲，FIT中心曹军威主持了此次活动。

8月30日 来自电子系、自动化系和计算机系的2007年信研院新入学研究生在信息科学技术大楼3-125会议室参加了新生见面会。见面会由信研院辅助教学主管、院长助理曹军威主持，各技术研究中心的部分导师参加了会议。

8月31日 法国道达尔（TOTAL）公司CIO代表团一行11人访问信研院。信研院副院长宋健在信息科学技术大楼接待了代表团一行，双方就共同感兴趣的问题进行了交流与讨论。

9月

9月4日 信研院召开2007—2008学年度第一次院务会议。会上传达了暑期学校中层干部会议的主要精神，讨论了辅助教学管理相关工作、院宣传材料、教师节过节费发放事宜及科研相关工作。

9月4日 信研院辅助教学管理工作会议在信息科学技术大楼召开。会议由院长助理、辅助教学主管曹军威主持，各技术研究中心辅助教学负责人或代表参加了会议。曹军威首先对近期辅助教学方面的一些问题进行了通报和说明，对今后辅助教学管理方面的各项工作进行了细化和责任分工，部署和安排了近期有关迎新及招生等辅助教学活动，并征求了各位辅助教学负责人对辅助教学管理方面的意见和建议。

9月7日 信研院2007年入学研究生午餐交流会在信息科学技术大楼中央花园举行。李军院长为同学们介绍了信研院的在科技研发方面的优势及自身特点，希望同学们能够珍惜在信研院的学习机会，争取在研究生阶段有所收获。各技术研究中心的导师和学生代表也在交流会上分别发言。

9月8日 信研院工会成员及家属共70余人前往北京蟹岛绿色生态度假村秋游。

9月10日 为庆祝教师节，信研院工会特别邀请北京口腔医院牙科主任韩永成在信息科学技术大楼多功能厅为广大教职工开展有关牙病预防与牙齿保健的讲座并赠送了护牙小礼品，告诫大家爱护牙齿要从点滴做起。

9月10日 来自台湾大学的教授李琳山访问信研院，并作了题为"Spoken Language Processing under Network Environment—Some Example Works at Taiwan University"的报告及精彩的演示。

9月11日 信研院召开2007—2008学年度第二次院务会议。会议讨论通过了FIT基金项目和本次种子基金项目，会议还讨论了信息学院工作交流会汇报内容、辅助教学管理相关工作，并传达了学校人事工作研讨会精神。

9月11日 安凯（Anyka）技术公司首席技术官李小明访问信研院，并为来自信研院和校内其他系所的近40位师生作了题为《应用处理器的技术和发展》的学术演讲，信研院学术委员会主任、无线与移动通信技术研究中心主任王京主持了演讲活动。

9月18日 广西壮族自治区经济委员会副主任汪春伟率广西30余家重点企业的50余位企业领导在校科技开发部工作人员陪同下访问信研院和国家实验室下一代互联网研究部。

9月18日 信研院2007年研究生招生推介会在信息科学技术大楼召开。来自电子系、计算机系、自动化系、微电子学系等相关系所的60余名同学参加了此次推介会。

9月21日 信研院数字电视技术研究中心与英飞凌公司在信息科学技术大楼多功能厅联合举办了英飞凌—清华大学技术交流会。杨知行和潘长勇分别对地面数字电视传输标准及双方进行的合作项目进行了介绍，双方还针对各自所关心的问题进行了深入的交流。

9月25日 信研院召开2007—2008学年度第三次院务会议。会上行政班子成员各自通报了本学期工作重点，确定了本年度《研究生名额分配方案》，并审议了"985"经费使用原则。

9月25日 铁道部信息中心总工程师陈光伟、副主任罗晴、张红麟一行3人访问了信研院。院长李军、副院长吉吟东在信息科学技术大楼接待了来宾，并陪同来宾参观了中国下一代互联网示范工程演示中心、高性能计算实验平台和网络安全实验室。随后，双方就项目合作等问题进行了座谈。

9月28日 美国波音公司与清华大学、东南大学和香港科技大学三所大学在信息科学技术大楼多功能厅签署了合作协议。康克军副校长向到访嘉宾表示了热烈的欢迎，随后介绍了我校总体情况，并特别提到清华大学在通信及电子工程领域方面具有较强的技术优势。此次签订的合作协议将进一步推进相互合作关系。

10月

10月9日 信研院召开2007—2008学年度第四次院务会议。会上讨论合同到期人员续聘事宜，讨论批准梁立平调出申请，并确定增加过节费预算事宜。

10月11日 信研院召开2007—2008学年度第五次院务会议。会议讨论并确定了《信研院专业技术岗位补充条件》和初步推荐名单。

10月11日 2007年信研院第四次学术沙龙活动在信息科学技术大楼进行。信研院指导委员会委员、清华大学网络中心副主任李星为大家作了题为《未来网络设计》的学术报告。

10月12日 信研院与日本瑞萨公司代表在信息科学技术大楼1-415会议室举行了Linux技术交流会。瑞萨公司小和濑靖明等一行7人参会，信研院副院长郑方、操作系统与中间件技术研究中心副主任杨维康等参加了座谈。

10月16日 美国国家标准与技术研究院（NIST）信息技术实验室主任Cita Furlani等一行6人访问信研院，双方就共同感兴趣的问题相互交流了意见和看法。

10月17日 清华大学新加坡校友会会长、新加坡凯斯防护科技私人有限公司总裁刘春霖在校基金会副秘书长李冰的陪同下访问信研院。双方就防爆相关专业领域内的科技合作前景相互交流了看法和意见。

10月19日 信研院WEB与软件技术研究中心主任邢春晓、副主任张勇作为咨询工委的副主任和秘书，前往上海期货交易所参加2007年中国计算机学会（CCF）咨询工作委员会会议。

10月23日 信研院召开2007—2008学年度第六次院务会议。会议讨论通过了《信研院大病救助基金管理办法（试行）》征求意见稿，讨论

FIT 中心副主任任命事宜。

10月23日 美国 Intertrust 公司 CEO Talal Shamoon、CTO Dave Maher 和大中华地区总经理黄启泰一行 3 人访问信研院，并参观了信研院 Intertrust 数字版权管理联合研究实验室及相关项目演示系统。到访期间举行了信研院 Intertrust 数字版权管理联合研究实验室管委会第一次会议，院长李军、联合实验室主任赵黎，以及贾培发教授出席了本次会议。双方讨论了实验室的项目研究进展和未来研究方向。

10月21—24日 第九届全国人机语音通讯学术会议（NCMMSC'2007）召开，这是我国在语音通讯领域最高的学术会议。信研院副院长、语音和语言技术研究中心主任郑方出任程序委员会主席，中心在读研究生鲍焕军获得大会最佳学生优秀论文奖。

10月31日 何梁何利基金 2007 年度颁奖大会在北京举行。电子系教授、信研院数字电视技术研究中心顾问吴佑寿院士因其在所从事和研究的领域取得的成就和业绩而荣获科学与技术进步奖。

10月 由中国发明协会组织的第三届全国"发明创业奖"评选活动揭晓，信研院数字电视技术研究中心首席科学家、电子系教授杨知行荣获"发明创业奖"特等奖及"当代发明家"荣誉称号。

10月 信研院数字电视技术研究中心副主任、电子系教师潘长勇入选 2007 年度教育部"新世纪优秀人才支持计划"，资助期限为 2008—2010 年。

11月

11月1日 美国印第安纳大学教授 Geoffrey Charles Fox 在信研院作了题为"*Web 2.0, Grids and Parallel Computing*"的学术报告，这也是 2007 年信研院第 11 次系列学术报告。

11月1日 国家科技支撑计划"现代服务业共性技术支撑体系与应用示范工程"项目中"数字平面内容支撑技术平台"课题的中期检查在国家图书馆会议室举行。信研院 WEB 与软件技术研究中心主任邢春晓为课题组副组长，中心副主任张勇参加了本次会议。

11月5日 清华大学（信息学院）—安捷伦信息与通信测量联合实验室签字仪式在信息科学技术大楼 1-315 会议室举行。联合研发近期涉及的单位主要包括信研院的数字电视技术研究中心、无线与移动通信技术研究中心，合作项目包括中国 DTMB 标准相关测试方法的研究及设备研发、中国 AVS 的研究、无线信道测量、中国 4G 标准研究等。

11月8日 2007 年信研院第五次学术沙龙在信息科学技术大楼举行。信研院无线与移动通信技术研究中心副主任粟欣作了题为《宽带无线通信与标准化》的主讲报告。

11月9日 信研院举办 2007 年第十二次系列学术报告。来自澳大利亚维多利亚大学计算机科学与数学学院的教授张彦春在信息科学技术大楼作了题为"*Web Communities Mining and e-Research @ VU*"的学术报告，并赠送了近期出版的由其主编的学术专著和期刊。

11月12日 美国翻译基因组学研究院（TGen）的 Spyro Mousses 来信研院访问。信息学院常务副院长兼信研院院长李军在信息科学技术大楼会见了来宾，并介绍了信息学院和信研院的组织结构及科研合作方面的基本情况。下午，Mousses 在信研院作了题为"*Pharmaceutical knowledge management systems to support personalized medicine*"的学术报告。

11月13日 信研院召开 2007—2008 学年度第七次院务会议。会上通报了"985"二期经费分配情况，并讨论了经费余额的使用方案，讨论了设立院科研成果奖励基金事宜，讨论同意了数字电视中心与展讯通信（上海）有限公司联合成立清华大学（信研院）—展讯多媒体通讯联合研究中心。

11月15日 由清华大学信研院参与主办的 2007 年第五届（上海）汽车电子论坛暨首届汽车电子沙龙在上海召开。信研院副院长、汽车电子实验室主任郑方率队参加，与会人员分别在论坛和沙龙上介绍了各自在汽车电子领域的新研究成果。

11月15日 信研院工会组织 50 多名教职工参加了 2007 年清华大学"喜迎十七大，歌颂祖国歌颂党"教职工文艺汇演，参赛歌曲是《我和我的祖国》和《共和国之恋》。

11月12—16日 信研院无线与移动通信技术研究中心教师出席了在美国亚特兰大举行的 IEEE 802 标准化组织第五十二次全体会议。针对下一代宽带无线接入及通信系统的技术标准等问题，教师们参加了 IEEE 802.16

TGm 工作组的讨论，提交了一系列规范建议文稿，并与国际通信界各知名企业、研究机构的参会代表进行了广泛的交流。

11月19日 信研院召开2007—2008学年度第八次院务会议。会议讨论形成《信研院种子基金管理办法（试行）》征求意见稿，确定了院聘专业技术职务聘任推荐名单，讨论了人员调动事宜、非事编人员管理事宜，后强调了干部离京安排问题。

10月25—11月20日 信研院语音和语言技术研究中心邬晓钧带领清华大学两支代表队参加了ACM国际大学生程序设计竞赛亚洲区预选赛在南京、长春、北京、成都四站的比赛，分别获得了第二名、第一、二名，第一、二名和第二名的好成绩，稳获2008年4月在加拿大班弗举行的世界总决赛参赛权。

11月 清华大学积极开展"温暖行动"向灾区募捐，主要以对口支援江西、内蒙古灾区和帮扶本市贫困群体为重点。信研院广大教职工积极响应学校的号召，捐款捐物。共计捐献各种棉衣、棉被、毛毯、毛衣共50余件，捐款1050元，以帮助灾区、贫困地区群众顺利过冬。

11月22日 信研院2007—2008学年度第六次院务会议讨论通过《信研院大病救助基金管理办法（试行）》。

11月23日 美国安霸公司（Ambarella Inc.）执行副总裁Didier LeGall在安霸半导体技术（上海）有限公司[Ambarella Semiconductor Technology（Shanghai）Co.Ltd.]副总裁冯羽涛的陪同下，来信研院作了题为"*Digital Video Revolution—How the video compression technology enabled a mass market*"的学术报告。这也是2007年信研院举办的第14次系列学术讲座活动。

11月26日 国家标准化管理委员会（SAC）全国安全防范报警系统标准化技术委员会（TC100）人体生物特征识别应用分技术委员会（SC2）声纹识别（VPR）标准工作组会议在清华大学信息科学技术大楼1-415会议室召开，会议由SAC/TC100/SC2副主任委员、信研院副院长、语音和语言技术研究中心主任郑方主持。

11月27日 信研院党支部在信息科学技术大楼1-312会议室进行了

组织生活，会议由支部书记汪东升主持，会上汪东升带领大家对十七大相关内容进行了学习，各位党员结合学习内容进行了交流和讨论。会上，还就支部组织生活的内容和方式、党员如何在日常工作中发挥模范带头作用、学生培养和就业等进行了讨论。

11月28日 来自山西省太原市科技系统领导干部一行50余人访问了信研院。来宾们参观了数字电视技术研究中心和无线与移动通信技术研究中心，并希望能够利用信研院的科技优势及研发平台，在校企联合及成果产业化方面开展进一步的合作。

11月29日 信研院2007—2008学年度第八次院务会议讨论通过《信研院种子基金管理办法》。

12月

12月4日 信研院召开财务工作研讨会，各直属单位财务负责人及部分"985"经费课题负责人参加了会议。会上，与会人员学习了经2007—2008学年度第四次校务会议讨论通过的《清华大学关于进一步加强科研经费管理的若干意见》，并对若干意见中的十项要求进行了逐项讨论。此外，与会人员还就"985"二期经费支出的时限与中心内部额度调整等问题进行了讨论，进一步明确了校、学院和信研院对"985"二期经费支出的要求和规定。

12月5日 香港应用科技研究院—清华大学（信研院）多媒体广播与通信联合实验室成立签约仪式在信息科学技术大楼1-315会议室举行。副校长康克军希望此次与ASTRI合作，能够结合双方在相关领域的综合技术优势，推动数字电视技术成果的产业化并取得更为辉煌的成绩。

12月5日 由信研院数字电视技术研究中心牵头研制的数字电视UTI机卡分离标准由信息产业部正式批准发布为推荐性电子行业标准。

12月8日 信研院副院长郑方参加了在日本东京举行的亚太区信号和信息处理领域学术领导人高峰论坛，来自亚太区10余个国家的20多位代表参加了该论坛。郑方作为来自中国的两个代表之一参加该峰会，成为APSIPA的筹划指导委员会委员，参与技术委员会工作组的工作。

12月10日 古巴信息通信部部长、司令 Ramiro Valdés Menéndez、

古巴信息通信部副部长 Alberto Rodríguez Arufe 及古巴驻华大使 Carlos Miguel pereirg 等一行 10 余人来访信研院。副校长岑章志介绍了清华大学的概况并向来访嘉宾表示了热烈的欢迎。杨知行介绍了中国数字电视地面广播国家标准及中关村科技园区数字电视产业联盟的有关情况。古巴客人就关心的问题与我方进行了交流,并观看了数字电视地面传输系统的演示。

12月13日 "十一五" 863 计划信息技术领域 "中文为核心的多语言处理技术" 重点项目中的 "多语言基础资源库研制和共享" 课题启动了中期检查。信研院 WEB 与软件技术研究中心主任邢春晓为课题组副组长,对所负责的 "海量网络数据资源库" 子课题进展情况和工作内容进行了汇报。本次中期检查,对本课题更好地构建广泛共享、大型实用、高质量、高水准的基础资源库具有重要的意义。

12月18日 信研院召开 2007—2008 学年度第九次院务会议。会上通报了信息学院关于对信研院定位及发展开展调研工作事宜,通报了长三角研究院信息所发展情况及信研院联合研究机构管理情况,讨论了校外兼职人员管理事宜。

12月18日 清华大学校工会在校工会副主席的带领下,组成了 6 人验收小组,对信研院部门工会提出的建立 "教职工之家" 的申请进行了验收工作。校工会验收组成员给予信研院工会工作的评价是:细、全、实、活。经校工会验收组评议后,一致通过授予信研院工会 "合格教职工之家" 称号。

12月19日 2007 年信研院第十五次系列学术报告活动在信息科学技术大楼进行。来自美国伊利诺伊大学香槟分校(UIUC)的高级研究员 Shaowen Wang 作了题为 "*Cyberinfrastructure-Based Geographic Information Systems*" 的学术报告。

12月20日 佛罗里达国际大学计算与信息科学学院院长 Yi Deng 应邀来院作题为 "*Building Ecosystem for Collaborative Computing Research and Education*" 的学术报告。这也是由信研院主办的 2007 年第 16 次系列学术报告活动。

12月20日 信研院第六次学术沙龙在信息科学技术大楼进行。青年教师、清华大学（信研院）—Intertrust 数字版权管理联合研究实验室主任赵黎以《数字版权管理——全球数字媒体未来》为题，介绍了新媒体及数字版权保护研究领域的起源、建立及未来的应用前景。

12月18—26日 清华大学电子工程系教授、信研院数字电视技术研究中心首席科学家、中关村数字电视产业联盟理事长杨知行，及电子工程系副教授、信研院数字电视中心副主任潘长勇与我国数字电视企业代表等一行10人出访古巴，此行目的旨在推动中国数字电视地面传输标准在古巴的实施。

12月27日 来自英国剑桥大学的俞凯到访信研院作了题为"Adaptation and Adaptive training for Acoustic Models in Speech Recognition: A Tutorial"的报告。这也是2007年信研院举办的第17次系列学术报告活动。

12月底 信研院党支部开展了为贫困山区孩子献爱心的捐书活动，共购买各类图书130多本，在贵州省江口县桃映中学、何坝中学两所学校建立图书室。

12月31日 副校长康克军、电子系主任王希勤、信研院副院长兼数字电视技术研究中心主任宋健、吴佑寿院士及杨知行教授等一行应邀参加了在香港举行的数字电视正式启动开播仪式。香港特区行政长官曾荫权、商务及经济发展局局长马时亨、创新科技署署长陈育德等参加了仪式。马时亨在致辞中谈道，数字电视的正式启播标志着香港正式进入数字广播的新纪元，政府正全力协助亚洲电视和无线电视加快建设数码网络。当天下午，康克军等前往香港应用科技研究院出席了其与清华大学联合实验室的成立揭牌仪式。

12月 信研院专业技术职务聘任工作顺利完成。正高级专业技术职务聘任人员为：姚丹亚、吉吟东（院聘）、周强（院聘），副高级专业技术职务聘任人员为：李云洲、夏云庆（院聘）、彭克武（院聘）。

本年 博士后进站3人，出站4人，年底在站5人。

本年 信研院共有4名博士研究生（2003年前入学）、46名硕士研究生毕业。

2007年

本年 本院共有教职员工129人，其中事业编制44人，博士后5人，非事业编制80人。事业编制中具有正高级专业技术职务8人、副高级专业技术职务23人。在院研究生111人，其中硕士研究生88人，博士研究生23人。本科生30人在信研院进行了毕业设计工作。教师15人在学科所属院系积极承担了25门课程的教学工作。

共有8个技术研究中心，17个联合研发机构，1个自主批建机构。其中本年新建技术研究中心1个：语音和语言技术研究中心，转出技术研究中心1个：电子封装技术研究中心；新建联合机构4个：清华大学（信研院）—Intertrust数字版权管理联合实验室、清华大学（信研院）—香港应用科技研究院多媒体广播与通信联合研究实验室、清华大学（信研院）—展讯多媒体通讯联合研究中心、清华大学（信研院）—天津（新技术产业园区）宽带无线城域网研究中心，合作到期续签联合机构2个：清华大学（信研院）—北京永新视博数字电视技术有限公司数字互动技术联合研究所、清华大学（信研院）—天津七一二通信广播有限公司应用通信系统研究所，合作到期关闭联合机构4个：清华大学—瑞萨集成电路设计研究中心、清华大学（信研院）—北京数字太和科技有限责任公司数字电视机卡分离研究所、清华大学（信研院）—JMC u-Korea（株）宽带多媒体传输联合研究中心、清华大学（信研院）—北京新奥新媒体研究中心有限公司新媒体研究中心。

新任干部名单如下。

院务会：院长李军，副院长吉吟东、郑方、宋健，院长助理曹军威。

中心主任：语音和语言技术研究中心主任郑方，FIT研究中心主任路海明。

新增正高级专业技术职务人员：姚丹亚、吉吟东（院聘）、周强（院聘）。

新增副高级专业技术职务人员：李云洲、夏云庆（院聘）、彭克武（院聘）。

新聘兼职研究员2人。

人才引进情况。海外人才：刘轶、张彧。校内调入：国家实验室2人（邬晓钧、丁晓玲），计算机科学与技术系1人（周强）。

本年申请专利22项，授权专利19项。获得计算机软件著作权登记6项。完成并发布国家标准及行业标准各2项。获得国家级奖励1项、省部级奖励3项。其中国家科学技术进步奖二等奖1项；中央电视台高新技术研究与开发奖一等奖1项、王选新闻科学技术奖二等奖1项，北京市西城区科技进步奖二等奖1项。

本院共组织学术沙龙6次，举办学术报告17场。共计接待35批来访客人，累计人数500人次。派出教师、科研人员61人次出访美国、日本等10个国家和地区。

2008 年

1 月

1月4日 信研院2008年首次学术报告在信息科学技术大楼4-312会议室举行。英国布鲁内尔大学Maozhen Li作了题为"*Grid Service Discovery with Rough Sets*"的学术报告。软件学院及经管学院的部分师生参加了此次活动,并与Maozhen Li进行了热烈的讨论和交流。

1月11日 信研院召开了2007—2008学年度第十次院务(扩大)会议。会议通过了2007年度工会经费、公共经费决算报告;通报了院财务状况及2008年预算原则;讨论通过了《信研院科研奖励办法》《信研院辅助教学补贴及奖励办法》;会议还讨论确定了2008年度工会经费、公共经费预算;通报了中期业绩考核情况;各直属单位负责人进行了年度考核。会议最后还讨论确定了2007年表彰名单、数字电视中心兼职研究员续聘事宜以及院聘研究员续聘程序。

1月15日 信研院办公室召开2008年管理评审会。

1月16日 信研院2007—2008学年度第十次院务会议讨论通过《信研院辅助教学补贴及奖励办法(试行)》。

1月16日 信研院党支部在信息科学技术大楼1-415会议室进行了组织生活,会议由支部书记汪东升主持。会上,恢复杨维康、曹军威的组织生活。参会人员认真学习了胡锦涛总书记在《求是》上发表的《继续把改革开放伟大事业推向前进》一文,以及胡锦涛总书记在庆祝我国首次月球探测工程圆满成功大会上的讲话。

1月23日 信研院召开了2007—2008学年度第十一次院务会议。院行政班子进行了民主生活会；讨论了办公室轮岗方案及办公室提出的院庆方案。

1月24日　广东省信产厅副厅长一行到访信研院，探讨如何在相关科研领域开展进一步的合作与交流。

1月28日　美国的事务处理操作系统（TPF）专家、负责TPF中国市场的Penny Cresswell女士来信研院进行交流座谈。双方就TPF领域的研究及IBM公司针对大学开展的合作计划等内容进行了讨论。

1月29日　信研院2007—2008学年度第十二次院务（扩大）会议讨论通过《信研院科研奖励办法（试行）》。

1月　2008年第一次研究生毕业典礼暨学位授予仪式举行。本次信研院共毕业博士研究生2人，硕士研究生4人。1名博士研究生获得"清华大学优秀博士毕业生"。

2月

2月25日　信研院召开了2007—2008学年度第十三次院务会议，检察院庆筹备工作进展。

2月28日　信研院语音中心"通过声纹识别身份认证系统引擎的研制"项目顺利通过验收。

3月

3月1日　山东常林集团7位高层领导来信研院汽车电子实验室交流访问。交流会由副院长兼汽车电子实验室主任郑方主持，汽车电子实验室的几位教授分别介绍了在汽车电子方面的研究成果，双方就未来在汽车电子领域的合作充分交换了意见，并初步达成共识。

3月3日　信研院2008年第二次系列学术报告在信息科学技术大楼1-415会议室举行。IBM T.J. Watson研究中心的高雨青作了题为"*IBM Speech-To-Speech Translation Technologies*"的学术报告。

3月4日　信研院召开2007—2008学年度第十四次院务会议。会上讨论确定了新一届指导委员会名单以及院庆大会邀请嘉宾名单；同意FIT中心吴振陵提出的调出申请；讨论与ChinaCache公司成立校企联合机构事宜。

3月6日　2008年信研院学生联谊会在近春园餐厅举行。

3月6日　浙江省宁波市鄞州区区长薛维海率鄞州区企业代表团一行到访信研院。

3月7日　浙江省委书记赵洪祝、省长吕祖善等浙江省政府及部分企业代表在校党委书记陈希、副校长康克军等陪同下，到信息科学技术大楼视察工作。信息学院常务副院长兼信研院院长李军在成果展厅介绍了信息学院及信研院的科研成果情况。

3月10日　信研院副院长兼语音中心主任郑方为第一起草人起草的《自动声纹识别（说话人识别）技术规范》标准，由原中华人民共和国信息产业部（信息部，2008年3月整合划入工业和信息化部）正式颁布实施。

3月11日　信研院2007—2008学年度第十五次院务会议讨论第一次修订《信研院校企联合研发机构管理办法》和《信研院科研系列副高级专业技术职务的申报条件（试行）》。

3月17日　国家"十一五"科技支撑计划"现代服务业共性技术支撑体系与应用示范工程"项目中"数字平面内容支撑技术平台"课题检查及研讨会在清华举行。

3月18日　摩托罗拉公司副总裁Nicolas Demassieux一行5人来访信研院。信息学院常务副院长兼信研院院长李军向来宾简要介绍了信息学院和信研院的基本情况，Nicolas Demassieux介绍了摩托罗拉公司在相关通信领域内的研发及应用等情况。

3月22日　广州市番禺区人民政府常务副区长楼旭逵等一行6人访问信研院，副院长郑方在信息科学技术大楼接待来宾。

3月24日　日本索尼公司高层一行到访信研院，参观了数字电视中心和声纹识别实验室。

3月26日　信研院接待定点扶贫单位——贵州省江口县教育局。江口县教育局对信研院支持当地教育发展做出的努力表示衷心感谢，并就改进当地信息化基础设施、提高教育信息化水平提出了资源需求和技术需求。信研院表示会在学校政策支持下尽全力为贫困山区教育事业的发展解决困难，并依托党支部和工会，建立扶贫帮困的长效机制。

3月27日 由信研院WEB与软件中心主办的中国技术市场信息资源整合（IRI）技术成果转化基地（筹）专家咨询研讨会在信息科学技术大楼召开。

3月27日 信研院2008年首次学术沙龙在信息科学技术大楼1-312会议室举行。微处理器中心主任汪东升就多核处理器的发展及应用进行了生动形象的介绍。

3月27日 信研院2008年第3次系列学术报告在信息科学技术大楼多功能厅举行。美国高通公司兼职副总裁、美国加州大学圣迭戈分校教授Jack Keil Wolf作了题为"*Coding for Digital Storage Systems*"的学术报告。Jack Keil Wolf与同学们就编码领域的最新进展进行了热烈讨论，并对几位致力于编码理论研究的同学给出了非常有益的建议。

4月

4月1日 信研院召开2007—2008学年度第十六次院务会议。会上讨论了操作系统中心干部调整事宜、合同到期人员的续聘考核事宜及院庆相关工作，通报了上周联合机构检察情况。

4月2日 WEB与软件中心部分师生访问了IBM北京系统中心。

4月3日 IBM Content Manager开发技术人员曾春访问WEB与软件中心。

4月8日 古巴信息通信部副部长一行到访信研院。数字电视中心首席科学家杨知行接待了来宾，并介绍了中国数字电视地面广播国家标准等情况。古巴代表团此行主要是为了进一步考察中国数字电视地面广播国家标准（DTMB）相关技术的成熟度和产业化的实施能力，同时对中、古双方合作培养数字电视技术领域研究生事宜与我校进行商洽。

4月8—11日 信研院代表团一行10人赴广东省进行访问交流。院长李军、副院长郑方、宋健及各中心骨干教师，在李衍达院士的带领下，访问了广东省科技厅、广东省信产厅、广州市番禺区人民政府和中国移动通信集团广东有限公司广州分公司。信研院将进一步加强与广东省政府、企业之间的交流，为广东省的经济发展和科技进步做出贡献。

4月10日 信研院2008年第四次系列学术报告在信息科学技术大楼1-415会议室举行。英国布鲁内尔大学教授Abdul H. Sadka作了题为"*Visual Media Technology*"的学术报告,并介绍了布鲁内尔大学电子与计算机工程系的教学及科研情况,及其科研团队在可视媒体技术领域的研究方向与进展。

4月11日 铁道部信息技术中心副总工程师孙远运、李舒扬等一行11人来信研院进行技术交流。副院长吉吟东及教师代表详细介绍了信研院在学校指导下协同有关单位与铁道部在信息领域内开展的科研合作情况及部分科研成果,并带领来宾观看了FIT中心"CTCS-3级列控系统半实物仿真平台"项目演示。

4月11日 信研院WEB与软件中心应邀出席EMC公司面向航空业的技术交流活动,并向应邀出席的国内所有航空公司和飞机设计与制造企业代表作专题报告。

4月15日 IBM公司向WEB与软件中心主任邢春晓颁发了"2008 IBM Faculty Award"。

4月19日 国家科技部、工业与信息化部、铁道部、公安部和北京市等政府部门的领导,以及清华大学相关部处、院系负责人出席信研院举办主题为"学科交叉促发展,技术创新争一流"的活动。

4月19日 信研院在信息科学技术大楼召开2008年研究生招生推介会。

4月19日 以"学科交叉促发展 技术创新争一流"为主题的信研院五周年庆祝大会在信息科学技术大楼隆重举行。来自国家科技部、工业与信息化部、铁道部、公安部和北京市等政府部门的领导,以及我校相关部处、院系和合作企业的负责人等嘉宾出席了会议。

副校长康克军代表校领导到会并致辞,对信研院在科研组织、成果转化、回馈教学及体制机制探索等方面进行的有益探索和所取得的成绩给予肯定,并希望信研院继续努力,为清华大学建设世界一流大学的目标做出新的贡献。信研院原代院长、天津大学校长龚克在会上回顾了信研院5年来创业的历程,充分肯定了信研院的作用,并希望信研院成为密切联系学

信息技术研究院大事记
(2003—2019)

科和产业的纽带，沿着促进学科交叉、支撑重大项目、加强校企合作、服务学科建设的改革之路继续前进。信研院院长李军就信研院5年的成长历程和现状与未来作了汇报。会上，安凯（广州）软件技术有限公司还向信研院捐赠了价值30万元的实验设备用于教学工作。信息产业部（原）综合规划司副司长韦俊、国家信息中心副主任李凯、科技部高技术研究发展中心信息处处长嵇智源分别在会上致辞，在对信研院的成绩给予高度评价的同时，希望信研院未来能够继续坚持自身的定位，更加贴近产业和国家需求，为把我国建设成为自主创新型社会这一战略目标服务。

随后，指导委员会主任张钹院士主持召开了第三届第一次信研院指导委员会会议。与会委员们从多个角度对未来信息技术领域的发展和信研院所应承担的角色提出了自己的看法，并对信研院的发展提出了中肯的意见、积极的建议和殷切的希望。

下午，中国工程院副院长邬贺铨院士、中国工程院汪成为院士、新竹清华大学原校长刘炯朗教授在学术论坛上先后作了题为《我国通信科技发展战略的思考》《验证和确认：一项日趋重要并应协力攻关的信息技术》和《演算之美》的精彩学术报告。百余位师生参加了此次论坛，并就相关热点问题与大师们进行了讨论与交流。

整个院庆活动期间，信研院各中心实验室对外开放，与会嘉宾和本校师生参观了包括3G WCDMA网络优化系统、持久数据保护系统、国标接收芯片及接收机、SkyEye（嵌入式硬件仿真环境）、海量数字资源管理、电子产品用户评价搜索引擎等在内的信研院开放演示项目。

4月21日 信研院召开2007—2008学年度第十七次院务会议。会上学习了校长顾秉林与副校长康克军在第十六次科研工作讨论会开幕式上的报告，总结了院庆相关工作，讨论了微处理器和语音中心的人事变更事宜、参与微电子所成立"清华大学移动计算研究中心"事宜及校庆相关工作。

4月23日 信研院2008年第五次系列学术报告在信息科学技术大楼1-415会议室举行。美国电话电报公司（AT&T）实验室首席科学家、信息与软件系统研究副总裁David G. Belanger作了题为"*AT&T InfoLab: Ten Years of Experimentation in Data Mining at Scale*"的学术报告，介绍了

AT&T 实验室,并对其在信息挖掘和软件研究方面的工作与参会人员进行了详细的讨论。

4月25日 美国 AT&T 实验室的冯俊兰应邀来访信研院,在信息科学技术大楼 1-415 会议室作了题为 "*Webtalk: Towards Automatically Building Interactive Systems Throuth Mining Websites*" 的学术报告。

4月 由信研院语音中心、得意音通公司与中国刑事警察学院共同承担的项目"司法语音自动分析和鉴别系统的研制"荣获 2007 年度公安部科学技术三等奖。

4月 语音中心教师邬晓钧率队参加第 32 届 ACM 国际大学生程序设计竞赛全球总决赛,蝉联亚洲区冠军,并取得世界第六名的好成绩。

5月

5月12日 信研院举行面向多核计算机体系结构的操作系统性能分析与优化技术研讨会。MIT 计算机系教授 Frans Kaashoek、信研院操作系统中心副主任陈渝、计算机系副主任陈文光、副教授余宏亮、博士陈康等 15 人参加了会议。Frans Kaashoek 将进一步与操作系统中心等开展在面向多核架构上的操作系统优化和编译优化等方面的研究工作。

5月12日 四川省阿坝藏族羌族自治州汶川县发生地震,党支部书记汪东升连夜制作名为"沉重"的演示文稿,号召全体党员为灾区捐助。邬建元同学为《生死不离》谱曲,表达对灾区人民的同情和鼓励。

5月13日 信研院召开 2007—2008 学年度第十八次院务会议。会议讨论了科研相关事宜,讨论同意了清华大学(信研院)—北京威视数据系统有限公司数据安全研究所续签事宜,通报了学校关于非事业编制科研技术人员人事管理办法征求意见稿的情况,讨论了参加学校科研研讨会的计划,通报了国家实验室建设进展,并决定暂停语音中心干部调整事宜。

5月14日 公安部在通信指挥车中采用信研院数字电视中心的研究成果——DMB-T 无线应急图像传输设备,保障了汶川地震灾区现场图像的回传工作。

5月19—23日 信研院数字电视中心部分师生参与 IEEE 2008 年世界通信大会的相关组织、审稿和服务工作。

5月19日 信研院教职工和学生自发在信息科学技术大楼前广场集合，参加为5·12四川汶川大地震遇难同胞举行的哀悼活动。

5月19日 信研院2008年第2次学术沙龙在信息科学技术大楼1-312会议室举行。教育部高等教育司司长、中国工程院院士、信研院第三届指导委员会委员、操作系统中心首席科学家张尧学作了题为"透明计算：网络时代的机遇与挑战"的学术报告。

5月20日 南京江宁经济技术开发区领导访问信研院。双方就成果转化、校企合作等方面的内容进行了交流和讨论，并希望今后继续加强沟通与合作。

5月22日 信研院召开2007—2008学年度第十九次院务会议（中心主任扩大会议）。会议通报了院科研讨论会安排，各中心汇报了学习校长报告的情况，讨论了广东科技厅和信产厅项目申请布局和具体计划。此外，科研讨论会还围绕重大项目的计划与组织、激励和评价机制等问题进行了讨论。

5月22日 信研院2008年第6次系列学术报告在信息科学技术大楼1-312会议室举行。IEEE Fellow、IBM T. J.Watson研究中心语音和语言算法组高级经理Michael Picheny作了题为"*Recent Developments in Large Vocabulary Speech Recognition*"的学术报告，介绍了大词汇语音识别技术的现状，并介绍了IBM Research为提高准确性而开发的一些最新技术。

5月22日 信研院2008年第7次系列学术报告在信息科学技术大楼1-415会议室举行。清华大学自动化系校友、美国Acellent Technology Inc.硬件部主任张昶作了题为"*SMART Technology for Integrity Monitoring of Composite & Metal Structures*"的学术报告，主要介绍了SHM系统的原理和智能技术及该技术的系统设计和应用。

5月22日 信研院2008年第8次系列学术报告在信息科学技术大楼1-415会议室举行。IEEE Fellow、*IEEE Transaction on Broadcasting*杂志主编、加拿大通信研究中心首席科学家吴奕彦作了题为"*Recent and Future Developments in DigitalTelevision and Mobile Multimedia Broadcasting*"的学术报告。此次活动由数字电视中心和IEEE BTS Beijing Chapter联合举办。

来自其他单位的 IEEE BTS 会员、数字电视中心顾问吴佑寿院士、首席科学家杨知行教授及几十名师生参加了此次学术报告。

5月23日 信研院 2008 年第 9 次系列学术报告在信息科学技术大楼 1-415 会议室举行。新竹清华大学通信工程研究所教授祁忠勇（Chong-Yung Chi）、香港中文大学电机系教授马荣健（Wing-Kin Ma）分别作了题为"Convex Analysis Based Unmixing Algorithms for Hyperspectral Imaging"和"Blind ML Detection of Orthogonal Space-time Block Codes: Efficient Implementations, Identifiability, and Code Constructions"的学术报告。

5月29—6月2日 美国 MIT/LIGO 实验室教授 Katsavounidis 应邀访问清华大学，与信研院 LIGO 工作组的成员进行了广泛深入的交流。

5月 清华大学（信研院）—天津（新技术产业园区）宽带无线城域网研究中心正式运行。

5月 信研院数字电视中心博士生唐世刚获得"ICCCAS2008 最佳论文奖"。

6月

6月初 信研院数字电视中心教师代表出访南美洲委内瑞拉，参与对国际不同的数字电视标准进行技术评估。期间，分别与委内瑞拉信息通信部副部长、国家通信委员会总裁等政府官员会面，并接受该国记者专访。

6月3日 信研院召开 2007—2008 学年度第二十次院务会议。会议讨论通过了对《信研院研究生名额分配办法》的修订，通过了质量文件改版，会议还通报了电子测试平台建设事宜并确定了科研工作讨论会安排。

6月5日 根据学校对第十六次科研工作讨论会的统一布置，信研院在信息科学技术大楼召开全院科研工作讨论会。

6月12日 信研院 2008 年第 3 次学术沙龙在信息科学技术大楼 1-312 会议室举行。加拿大圣西维尔大学教授杨天若作了题为《普适智能：挑战与展望》的学术报告，介绍了普适计算领域内的最新研究进展及应用，及其近年来在此领域的研究成果。

6月17日 信研院 2007—2008 学年度第二十次院务会议讨论修订《信研院研究生名额分配办法》。

6月23日　信研院2008年第10次系列学术报告在信息科学技术大楼3-125会议室举行。美国德雷塞尔大学电子与计算机工程系助理教授洪波作了题为"Architecture and Algorithm Design to Improve the Concurrency of Multi-core Computing"的学术报告，介绍了多核计算并发与同步机制所面临的挑战与机遇，并从软件工程和性能评价两个方面介绍了近年来针对这些问题所开展的研究进展情况。

6月24日　信研院召开2007—2008学年度第二十一次院务会议（中心主任扩大会议）。会议预通报了2007—2008考核年度各中心的业绩情况，按照参加学校第16次科研工作讨论会计划讨论了各中心和联合机构的发展情况，会上还通过了兼职研究员的聘任事宜，审议了院庆决算，并讨论了参加学校第16次科研工作讨论会专题讨论会的计划。

6月27日　信研院2008年第11次系列学术报告在信息大楼3-125会议室举行。美国卡内基梅隆大学语言技术研究院助理研究员金琴作了题为"Robust Speaker Recognition"的学术报告。

7月

7月1日　信研院召开2007—2008学年度第二十二次院务会议，通报了暑期和奥运期间院里的行政安排，以及毕业生的相关工作。

7月4日　信研院召开2008年夏季毕业研究生座谈会。院长李军、副院长吉吟东及部分研究生导师出席了座谈会，会上希望同学们能够始终保持清华大学的优良作风，在新的岗位上继续保持年轻人的工作激情，努力发展。毕业生对信研院如何进一步加强学生交流，实现跨学科交叉，将工程实践与基础研究紧密结合等方面的工作提出了意见和建议。

7月4—8日　操作系统中心与三峡大坝电力公司的相关技术人员开展了UNIX操作系统管理方面的技术交流与研讨会。

7月7日　信研院在信息科学技术大楼召开了全院暑期安全工作动员会。副院长宋健主持会议，并对落实"平安奥运行动"提出要求。

7月10日　信研院行政管理与服务质量管理体系顺利地通过了质量管理体系第二次监督审核。

7月13日　信研院副院长郑方主持召开全国人机语音通讯学术会议常设机构委员会主席团会议。

7月14日　清华大学（信研院）—北京蓝汛通信技术有限责任公司内容分发网络研究所管委会第一次会议在信息科学技术大楼召开，刘韵洁院士和信研院院长李军主持召开了本次会议。会上，全体管委会成员听取了研究所主任尹浩关于当前研究方向及研发项目的工作报告，并就研究所的发展规划进行了讨论。

7月14日　操作系统中心与Intel亚太研发有限公司开展技术交流。双方人员在操作系统对多核计算机性能优化的研究、虚拟机的I/O技术、虚拟机的扩展技术等方面进行了深入的技术探讨，并取得了有价值的研究成果。

7月15日　秘鲁驻中国大使馆大使Lesus l. Wu Luy一行到访信研院数字电视中心。中心首席科学家杨知行、副主任潘长勇接待了来宾。Lesus l. Wu Luy表示，在获悉邻国委内瑞拉对中国数字电视技术予以高度评价与肯定的基础上，他们由衷地希望中国的技术在秘鲁数字电视建设上成为最具有竞争力的选择。杨知行随后介绍了我方在古巴及委内瑞拉开展测试的相关情况，并回答了来宾根据秘鲁国情提出问题的解决方案。最后，Lesus l. Wu Luy对推动中国标准在秘鲁的实施表达了坚定的信心，并诚挚邀请我方尽快赴秘鲁进行技术交流和系统测试。

7月22日　信研院召开2007—2008学年度第二十三次院务会议。会议批准成立电子测试平台协作共用网及其收费标准，讨论通过《信研院电子测试平台协作共用网章程》。

7月23—25日　信研院代表团访问广州市科技局和番禺区政府，与当地政府组织的约50家企业开展了项目对接活动。代表团分别在两次对接会上向当地企业介绍了信研院各中心的基本情况和研发重点，并在会后与相关企业建立了联络。信研院、广州市科技局、番禺区政府都一致表示，希望建立长期的合作交流机制，共同打造"产学研"合作圈。在番禺区政府和番禺区厂商会的安排下，信研院还分别与中山大学、广州大学进行了兼职教授的对接，借此建立"校校"之间的学术交流和合作关系。

7月　2008年第二次研究生毕业典礼暨学位授予仪式举行，本次信研院共毕业硕士研究生34人。同月，本科生毕业典礼暨学位授予仪式举行，信研院教师指导的2名本科生获得校级"优良毕业生"荣誉。

8月

8月29日　信研院召开2008—2009学年度第一次院务会议。会议传达了学校暑期中层干部会议精神，并讨论了本学期工作、移动计算研究中心科研借款申请、公共经费增加差旅费预算申请，以及办公室轮岗方案。

9月

9月2日　信研院召开2008—2009学年度第二次院务会（中心主任扩大）会议。会议传达了学校暑期中层干部会议精神，各主管副院长通报了本学期工作计划，最后向各中心征求了意见和建议。

9月4日　广东省科学技术厅领导一行到访信研院。双方就省部产学研项目的合作模式进行了深入的交流和探讨，希望今后能建立起清华和广东省省部产学研项目的长期合作机制，加速推进信研院科研成果的转化进程。

9月4—5日　广东南方信息安全产业基地董事长宋国琴等一行4人应邀来访信研院。双方就信息安全方面研究的核心技术及成果分别作了介绍，希望在研发技术及应用上能够取得共同发展。最后，来宾参观了语音中心、图像识别与高速图像处理研究室和网络中心的教育网网络安全P3实验室。

9月11日　信研院召开2008—2009学年度第三次院务会会议。会议讨论了合同到期人员的续聘问题，讨论了微处理器中心组织结构和干部调整方案，讨论了语音中心干部调整方案，通报了信产部电子基金项目及FIT基金支持项目，最后还讨论了研究生名额分配方案。

9月11日　信研院2008年第4次学术沙龙在信息科学技术大楼1-312会议室举行。沙龙以"面向互联网的大规模订票系统关键技术"为主题，特邀易程科技股份有限公司副总裁兼总工程师邵晓风、IBM高级IT架构师Eric Wang、IBM z/TPF技术支持吴广牧和信研院WEB与软件中心副主任张勇,分别就大规模网上订票系统的需求、业务、面临的问题及大规模网上订票系统的体系架构、负载均衡等方面的技术内容,以及基于IBM z/TPF的互联网订票引擎(IBE)设计和开发及运行维护等问题与近60位科研人员进行了讨论和交流。

9月15日 信研院举行2008年研究生新生及导师午餐交流会。会议由院长助理曹军威主持。院长李军代表信研院欢迎同学们的到来,并寄语同学们能够珍惜在学校宝贵的学习机会,不为学术界的一些浮躁气氛所影响,脚踏实地,安心学习。最后,教师代表董炜及新生代表李俊伟分别进行了发言。

9月17日 信研院2008年第12次系列学术报告在清华大学东主楼10区309会议室举行。无线通信领域的泰斗级人物、美国加州大学圣迭戈分校教授Laurence B. Milstein作了题为《有噪信道估计对系统性能的影响》(*The Effects of Noisy Channel Estimates on System Performance*)的报告,介绍了一些关于信道状态信息噪声对各种数字通信系统性能影响的最新结果。

9月22日 信研院建立的电子测试公共平台经过2个多月的筹建,经清华大学相关部门批准正式开始运行。

9月23日 东芝研发中心新任所长来访信研院数字电视中心。

9月27日 信研院与广东省信息产业厅、广州市信息化办公室、广州市番禺区政府等召开合作交流会。此次会议是近来信研院加强与广东省合作的继续和深入,参会各方就信研院与广东省建立省校长期合作机制,及在信息科学技术领域开展促进广东发展并在全国有示范作用的"产学研"项目等方面,进行了深入的探讨和交流,最后一致表示,广东省和信研院将充分利用已有的机构——清华科技园广州分园,将有重大影响的省校合作项目落户番禺,在地方信息化建设中发挥作用。

9月29日 信研院2008年第13次系列学术报告在信息科学技术大楼1-415会议室举行。语音中心顾问、美国卡内基梅隆大学教授Richard M. Stern作了题为"*New Directions in Robust Automatic Speech Recognition*"的学术报告,回顾和讨论几种经典和现代的稳健语音识别方法。

9月 信研院微处理器中心汪东升参与讲授的课程"计算机系统结构"获 2008 年"国家级精品课"。

9月 WEB 与软件中心博士生杜旭涛获得"WISA 优秀学生论文奖"。

10月

10月初 信研院为贵州江口中小学捐赠的计算机顺利送达。此次捐赠的计算机,是由党支部和工会倡议,全院各直属单位将已报废但仍有使用价值的计算机设备捐出,院办公室请专人对计算机进行维修和重新组装,并补充购买了部分配件,最后经学校实验室与设备处对捐赠报废设备审批后发往江口县,为促进贫困地区教育发展、提高信息化教育水平、培养现代化人才做出了贡献。

10月6日 信研院在信息科学技术大楼 4-312 会议室召开事编人员合同期满考核会。

10月14日 美国众议院官员 Dahlia Sokolov 访问清华 PIRE 项目工作组,并参观了信研院 FIT 中心和操作系统中心。

10月14日 信研院 2008 年第 14 次系列学术报告在信息科学技术大楼 1-415 会议室举行。美国加州大学圣迭戈分校教授 Jack.Keil. Wolf 和美国 Qualcomm 公司技术副总裁 Robert. P. Gilmore,分别作了题为"A Tutorial on Source Coding for Correlated Sources: Slepian-Wolf Coding and Generalizations"和"Free Space Propagation and Thermal Noise"的学术报告。

10月15日 信研院作为主要参加单位出席大唐集团与清华大学技术交流会。

10月16日 信研院 2008 年第 5 次学术沙龙在信息科学技术大楼 1-312 会议室举行。语音中心金融工程研究所工程师于洸作了题为《国际性银行市场风险管理》的学术报告。于洸结合当前国际金融形式,对国际性商业银行的市场风险管理的内容、市场风险衡量的方法、VAR 值的计算及其在风险管理中的应用进行了深入浅出的介绍,并就风险投资、资金理财等方面内容进行了分析并提出了自己的看法。

10月18日 信研院与清华企业家协会(TEEC)会员举行座谈会。

院长李军首先致辞，并简要介绍了学校和信息学院近年来的发展，以及为建设世界一流大学和迎接百年校庆所作的工作。TEEC秘书长薛军介绍了协会的整体情况。双方均希望建设长期稳定的交流平台。最后，校友企业家们分享了创业的经历和感受，并为与母校的合作提出了许多建设性意见。

10月21日 信研院召开2008—2009学年度第四次院务会议。会议讨论确定了校聘专业技术职务聘任推荐名单，通报了人才引进情况，并且通报了网站建设工作情况及保密自查工作情况。

10月22日 信研院2008年第15次系列学术报告在信息科学技术大楼1-312会议室举行。香港科技大学教授Pascale Fung作了题为"*Multilingual Spoken Language Processing*"的学术报告，介绍了多语言口语处理领域的重要研究项目，以及趋势、预测和开放性等研究问题。来自语音中心、信息学院及其他校内外兄弟单位的师生参加了报告会，并就报告内容进行了热烈讨论。

10月26—28日 信研院FIT中心曹军威应邀参加了以"引力理论和广义相对论的空间实验检验"为主题的香山科学会议第332次学术讨论会，并作了"引力波脉冲数据在线分析"专题发言。目前，空间引力波探测已被列入国家重大空间科学研究规划，曹军威带领的LIGO工作组主要与清华大学工程物理系、计算机系和美国MIT/LIGO实验室合作进行引力波探测数据分析与计算平台方面的研究。

10月28日 SUN公司副总裁Richard Zippel及SUN计算机系统（中国）有限公司政府事务总监佟佳珏一行访问信研院。

10月28日 信研院2008年第16次系列学术报告在信息科学技术大楼1-312会议室举行。美国南加州大学教授Eduard Hovy作了题为"*NLP: Its Past and 3½ Possible Futures*"的学术报告。

10月30日 信研院2008年第17次系列学术报告在信息科学技术大楼1-312会议室举行。佐治亚理工学院电子与计算机工程系教授李锦辉作了题为"*Statistical Natural Language Processing: Lessons from Automatic Speech Recognition*"的学术报告。

10月　WEB与软件中心硕士研究生万凯航获得"ICMECG08优秀学生论文奖"。

11月

11月初　信研院作为清华大学标准起草的主要代表单位，参与完成了《广播影视数字版权管理标准》第一部分移动多媒体内容保护、第二部分数字内容标识和第三部分广播控制标记的起草工作，并已提交广电总局进入报批流程。

11月1日　清华威视数据安全研究所管委会在清华大学信息科学技术大楼1-415会议室召开会议。

11月4日　信研院2008—2009学年度第五次院务会讨论，第2次修订《信研院科研系列正高级专业技术职务的申报条件》、第3次修订《信研院科研系列副高级专业技术职务的申报条件》。

11月5日　信研院2008年第18次系列学术报告在信息科学技术大楼1-315会议室举行。麻省理工学院计算机科学与人工智能实验室主任Victor Zue作了题为"CSAIL Introduction and Recent Research on Spoken Language Technology"的学术报告。来自语音中心、信息学院及其他校内外兄弟单位的师生参加了报告会，并就报告内容进行了讨论。

11月6日　波音公司技术研发总部总裁Matthew Ganz、技术总监Paul Pasquier、波音中国总裁Jianmin Wang一行参观数字电视中心。

11月6日　信研院2008年第6次学术沙龙在信息科学技术大楼1-312会议室举行。本次学术沙龙邀请4位高年级博士研究生主讲他们论文工作的创新点。FIT中心张文介绍了网格数据流资源规划方面的研究，数字电视中心杨昉介绍了TDS-OFDM相位噪声抑制方法，微处理器中心唐力介绍了路由器虚拟化对覆盖网路由的影响，无线移动中心胡宁介绍了无线网络中的协作分集。4位同学分别从问题的提出、研究的背景、现状、成果及难点等方面对各自的论文工作进行了全面的介绍。来自信研院的近25位科研人员和博士研究生参加了此次沙龙，并对他们的博士学位论文工作进行了讨论。

11月10日　智利代表团一行20余人到访信研院，并参观了数字电视中心。双方相互进行了介绍，并就各自关心的问题交换了意见。代表团对清华大学在信息领域所取得的学术成就表示了由衷的赞赏，并希望此次来访可以为今后两国在学生交流及科研合作方面奠定良好的基础。

11月25日　信研院召开2008—2009学年度第六次院务会议。本次院务会讨论通过发布人事规章制度和工会增补预算事宜，并通报院发展满意度调查结果。

12月

12月1—6日　数字电视中心代表中国参加了在厄瓜多尔举办的第一届拉丁美洲和加勒比地区数字电视论坛。

12月4日　信研院2008年第7次学术沙龙在信息科学技术大楼1-312会议室举行。本次学术沙龙以"发明、专利与成果转化"为主题，邀请国际著名发明投资咨询公司Intellectual Ventures的董事、专利律师、投资分析师与信研院教师分享知识产权与成果转化的过程与经验。近35位科研人员参加了此次活动，并针对专利申请过程中遇到的问题向各位专家咨询并展开热烈讨论。

12月9日　信研院2008—2009学年度第七次院务会议讨论修订《信研院重大项目定义》。

12月10日　信研院党支部在信息科学技术大楼1-415会议室进行了组织生活，会议由支部书记汪东升主持。会上学习了胡锦涛在全党深入学习实践科学发展观大会上的讲话，与会党员就学习资料进行了交流和讨论，并就下一步开展的支部评议工作进行了说明及计划安排。

12月10日　以秘鲁数字电视委员会主席Manuel Angel Cipriano Pirgo为团长的秘鲁数字电视代表团到信研院数字电视中心进行参观和技术交流。副校长康克军在信息科学技术大楼接待了来宾。杨知行向代表团详细介绍了中国数字电视发展现状和产业化实施情况，并演示了地面数字电视的高清移动等性能。据悉，秘鲁数字电视委员会将在2008年年底提交对欧洲DVB-T、美国ATSC、日本ISDB-T、巴西SBDTV-T和中国DTMB共5个标准的评价报告。如果中国标准在秘鲁得到选用，将是中国自主知识产权的标准第一次走出国门，在海外得到应用。

12月10日 信研院2008年第19次系列学术报告在信息科学技术大楼1-315会议室举行。中国科学院计算技术研究所刘群作了题为《统计机器翻译的研究现状与发展趋势》的学术报告，介绍了统计机器翻译的经典算法和当前最新算法的思路，以及中科院计算所在统计机器翻译方面所做的工作，并对机器翻译的研究发展趋势进行了分析与展望。

12月11日 工业和信息化部电子信息司司长肖华、软件与集成电路促进中心副主任邱善勤一行到数字电视中心进行调研。中心主任宋健详细汇报了清华大学在地面数字电视领域近年来所作的工作，以及"核高基"重大专项数字电视SoC芯片的申请和准备情况。潘长勇演示并介绍了地面数字电视国标解调芯片的研发平台和公安应急系统。双方就高校如何适应当前"以企业为主体、以市场为导向"的形势，以及加强与工信部和相关企业的合作，在国家重大专项中发挥好"学"和"研"的作用等方面交换了意见。

12月12日 863计划"一体化网络数据深度安全检测与分析的技术与系统"项目顺利通过中期检查和考核。李军、薛一波、董海涛代表项目组对课题2008年度的具体执行及完成情况作了详细报告，并回答了专家的提问。

12月15日 信研院2008年第20次系列学术报告在信息科学技术大楼1-315会议室举行。美国俄亥俄州立大学教授张晓东作了题为《面向多核处理器数据敏感应用的先进系统软件研究问题和挑战》（*Research Issues and Challenges to Advance System Software for Data-intensive Applications in Multicore Processors*）的学术报告。张晓东介绍了一种新的多核处理器资源分配管理机制，可以有效减少多个处理器内核同时访问高速缓存时可能产生的访问冲突，提升高速缓存的实际利用率。来自信研院和计算机系等单位的师生参加了报告会，并就研究成果和多核处理器研究领域的热点问题进行了热烈讨论。

12月24日 信研院2008年第21次系列学术报告在信息科学技术大楼1-312会议室举行。日本早稻田大学教授Satoshi Goto作了题为

"*Research Activities on LDPC Decoding in IPS at Waseda University*"的学术报告。Satoshi Goto介绍了无线通信的发展现状和未来趋势,具体讲解了差错编码的研究背景和LDPC译码算法,并指出未来的研究方向基于Layered decoding算法的多速率LDPC译码。

12月25日 信研院党支部在信息科学技术大楼1-415会议室进行了组织生活,会议由支部书记汪东升主持,计算机系党委委员陶品出席了会议。汪东升作了《信研院党支部评议报告》,与会党员进行了支部评议;曹军威通报了参加学校统战工作会议的情况,会议还就支部分组活动方式等进行了交流和讨论。

12月 信研院专业技术职务聘任工作顺利完成。正高级专业技术职务聘任人员为:邢春晓、路海明(院聘);副高级专业技术职务聘任人员为:王海霞(院聘)、陈震(院聘)。

12月 信研院获得"清华大学2008年SRT计划优秀组织奖"。

本年 博士后进站3人,出站2人,年底在站6人。

本年 本院共有教职员工145人,其中事业编制43人,博士后6人,非事业编制96人。事业编制中具有正高级专业技术职务9人、副高级专业技术职务21人。在院研究生101人,其中硕士研究生71人,博士研究生30人。本科生40人在信研院进行了毕业设计工作。教师17人在学科所属院系积极承担了27门课程的教学工作。

共有7个技术研究中心,14个联合研发机构,1个自主批建机构。其中本年新建联合机构1个:清华大学(信研院)—北京蓝汛通信技术有限责任公司内容分发网络研究所。合作到期续签联合机构1个:清华大学(信研院)—北京威视数据系统有限公司数据安全研究所。合作到期关闭联合机构3个:清华大学(信研院)—上海市信息化委员会和上海联风维纳电子技术有限公司清华大学多媒体传输芯片技术研究所、清华大学(信研院)—神州亿品科技有限公司媒体信息技术研究所、清华大学(信研院)—北京得意升文技术有限公司声纹处理联合实验室。

新增正高级专业技术职务人员:邢春晓、路海明(院聘)。

新增副高级专业技术职务人员：王海霞（院聘）、陈震（院聘）。

新聘兼职研究员 2 人，续聘兼职研究员 2 人。

本年科技成果鉴定 2 项。申请专利 35 项，授权专利 12 项。获得计算机软件著作权登记 5 项。完成并发布行业标准 1 项。获得省部级奖励 3 项。其中公安部科学技术奖三等奖 1 项，国家广播电影电视总局软科学奖二等奖 1 项，国家档案局优秀科技成果奖三等奖 1 项。

本院共组织学术沙龙 7 次，举办学术报告 21 场。共计接待 28 批来访客人，累计人数 300 人次。派出教师、科研人员 46 人次出访美国、日本等 20 个国家和地区。

2009 年

1 月

1月6日 经 2008—2009 学年度第八次院务会议讨论，同意清华大学（信研院）—北京全路通信信号研究设计院有限公司轨道交通自动化联合研究所及清华大学（信研院）—北京金名创业信息技术有限责任公司金融工程联合研究所续签事宜。

1月15日 信研院 WEB 与软件中心"数字档案馆建设研究"项目获 2008 年度"国家档案局优秀科技成果奖"。

1月 2009 年第一次研究生毕业典礼暨学位授予仪式举行。本次信研院共毕业硕士研究生 4 人。

2 月

2月19日 信研院"机卡分离数字机顶盒：USB 方案"顺利通过工业和信息化部的项目验收。验收会上，项目负责人王兴军进行了总结汇报和财务决算报告汇报，验收小组观看了现场演示，审核了项目相关的技术文档和资料，并就有关问题进行了质询，经认真讨论一致同意该项目通过验收。专家们在验收会结束后提出，希望清华大学在现有基础上深化产学研协作关系，形成常规机制，进一步提高我国数字电视产业的整体竞争优势。

3 月

3月2日 信研院党支部换届改选，系党委委员蔡英明到会并监票。经支部推荐，全体党员选举，由曹军威担任支部书记，支委会成员由邢春晓（副书记）、路海明（组织委员）、粟欣（纪检委员）、黄春梅（宣传委员）

组成。

3月13日 信研院语音中心信息无障碍实验室正式成立。

3月13日 广东省省长黄华华一行在副校长康克军、校秘书长王进展、清华控股有限公司董事长宋军、副教务长康飞宇、科研院常务副院长姜培学等的陪同下，参观访问了信研院。副院长郑方介绍了信研院的目标与定位，并详细介绍了2008年信研院在与广东省进行省校产学研合作方面所进行的探讨与交流，以及取得的阶段性成果。信研院相关课题负责人介绍了广东省所关心的高端信息服务、信息安全、汽车电子、轨道交通4个重点领域的研究基础与成果，并对相关成果进行了演示。黄华华认真听取了成果介绍，高度赞扬了信研院在信息领域所取得的科技成果，并表示双方要积极开展合作关系，尽快在4个重点领域形成合作，建立多种形式的合作关系，以带动广东的龙头企业发展。

3月13日 信研院党支部在信息科学技术大楼召开支委会会议。会上讨论确定了支部党小组的分组，任命了党小组组长，并讨论确定了2008—2009学年春季学期支部工作计划。

3月15日 信研院举行2009年学生联谊会，来自各个中心的研究生和在院进行综合论文训练的本科生，以及部分教师130余人济济一堂，现场氛围活泼而热烈。

3月26日 信研院FIT中心LIGO工作组教师曹军威应邀参加中美科技数据合作交流圆桌会议，并作了题为《引力波数据分析计算平台》的主题报告。

3月27日 欧盟第六框架MING-T项目EXPERT WORKSHOP在信研院举行。

3月30日 信研院党支部在信息科学技术大楼召开支委会扩大会议。会上通报了信研院学习实践科学发展观活动计划，布置了学习调研阶段的工作安排，宣布了支部党小组调研题目的划分。

3月31日 应信研院副院长宋健邀请，英国皇家工程院院士、南开普敦大学教授Lajos Hanzo与数字电视中心师生进行学术交流讨论。

3月31日 信研院2009年首次学术沙龙在信息科学技术大楼1-312

会议室举行，FIT 中心教师李兆麟作了题为《从 SoC 设计到系统集成》的主题报告。李兆麟针对技术和市场发展需求，详细阐述了 SoC 技术的特点、发展现状、趋势及应用，并对 SoC 技术在中国市场的未来发展进行了展望。

4 月

4 月 7 日　信研院 2009 年度第 2 次学术沙龙在信息科学技术大楼 1-312 会议室举行。本次沙龙特邀信研院与北京新锐互动商业网络有限公司准备成立的联合机构"企业智能研究所"的校企双方代表作了题为《企业智能相关技术和应用》的主题报告。新锐国际副总朱劲松介绍了危机下，面对金融企业的开源节流，新锐互动如何为金融企业提供全面解决方案。WEB 与软件中心副主任杨吉江介绍了企业智能及其关键技术研究情况。来自各单位的 30 余名科研人员参加了此次沙龙，并就共同关心的问题进行了讨论和交流。

4 月 7 日　信研院 2009 年首次系列学术报告在信息科学技术大楼 1-415 会议室举行。美国佛罗里达国际大学的 Vagelis Hristidis 作了题为 "*Information Discovery on Vertical Domains*" 的学术报告。参会的师生与 Vagelis Hristidis 就文献数据库的应用和研究方面的一些问题进行了热烈的讨论。

4 月 14—15 日　由清华大学和普渡大学联合举办的中美赛百平台研讨会在信研院举行。此次研讨会受到了美国科学基金和中国国家自然科学基金委员会的资助，美国科学基金、普渡大学、马里兰大学、加州大学圣迭戈分校等 10 余名美方代表，以及清华大学、中科院、北京大学等 30 余位中方学者参加了会议。会上，与会学者描绘了赛百平台今后 5 年的技术发展蓝图，为进一步开展中美赛百平台研究与教育方面的国际合作奠定了坚实基础。

4 月 16 日　信研院 2009 年第 2、3 次系列学术报告在信息科学技术大楼 1-415 会议室举行。英国剑桥大学的教授 Philip Woodland 和 Mark Gales 分别作了题为 "*Discriminative Training and Adaptation of Speech Recognition Systems*" 和 "*Model-Based Approaches to Speaker and Environment Adaptation*" 的学术报告。会后，剑桥大学的教授和语音中心的教师就交换

学生、合作研究等达成初步合作意向。

4月21日 由信研院教师邬晓钧带领的清华大学代表队，在第33届ACM国际大学生程序设计总决赛中夺得金牌，并连续第三次获亚洲冠军称号。

4月26日 信研院2009年信息技术校友论坛在信息科学技术大楼多功能厅举行。大唐移动通信设备有限公司副总裁马建成、加州大学河边分校副教授徐正元、成都穿越电子有限公司董事长兼总经理李为民、悠视网（UUSee.com）创始人兼CEO李竹分别作了题为《中国3G标准TD-SCDMA的前世今生》"Frontiers in Wireless Information Technology Research"《TV2.0时代中芯片技术机会及挑战》《网络视频发展之路》的学术报告。四位报告人分别介绍了各自的经历，并从不同角度解析和前瞻信息科学技术的发展、挑战、未来。

4月26日 清华大学建校98周年之际，信研院在信息科学技术大楼举办了"技术创新成果展""信息技术校友论坛"等一系列校庆活动。

5月

5月20—21日 信研院FIT中心教师姚丹亚参加2009年海峡两岸智慧型运输系统学术研讨会，并作了题为《2008年夏季奥林匹克运动会期间北京市交通需求管理策略分析》的报告。

5月20日 信研院2008—2009学年度第十六次院务（扩大）会议讨论通过《信研院关于科研合同尾款比例的规定》，并同意与广州市怡文科技有限公司联合成立环境监测技术联合研究所。

5月22日 美国华盛顿州经贸厅厅长一行5人访问信研院，希望借此机会，探索华盛顿州与中国的科技合作机会，为企业搭建合作平台。

5月26日 信研院2009年度第3次学术沙龙在信息科学技术大楼1-312会议室举行。IBM公司施鹏和WEB与软件中心李超以"数字资源内容管理"为主题分别作了报告。来自信研院各单位的30余名科研人员参加此次沙龙。

6月

6月10日 信研院2009年第4次系列学术报告在信息科学技术大楼1-415会议室举行。瑞典兰德大学教授Ove Edfors和Peter Hammarberg分别作了题为"*Research Wireless Communication in Lund University*"和"*Interference mitigation using an iterative receiver for multi-user MIMO-OFDM systems*"的学术报告。此次报告是中瑞国际合作项目"Modulation and coding techniques, spectrum and propagation"的重要组成部分。

6月13日 信研院作为清华大学高速铁路技术研究中心组织成员之一,成立了"高速铁路控制技术研究所"。院长李军、副院长吉吟东分别被聘为中心副主任和研究所长。

6月14日 信研院无线移动中心副主任粟欣应邀参加中国年度通讯生活论坛暨3G风云榜颁奖典礼,并作题为"信息技术发展与人类通信生活的改善"的主题发言。

6月18日 信研院党支部在信息科学技术大楼召开支委会会议。会上讨论了支部建设中发展新党员事宜。

6月18日 信研院2009年度第4次学术沙龙在信息科学技术大楼1-312会议室举行。清华大学计算机系讲席教授组成员、南加州大学教授黄铠与信研院教师一起漫谈云计算。黄铠教授介绍了云计算的起源和与其他计算技术之间的关系,着重说明了云计算与虚拟化之间的紧密关系,展示了VMware公司的相关最新产品和一些实验测试结果,就虚拟机的动态迁移和灾难恢复等关键技术进行了深入讲解。

6月22日 信研院与广东省信息产业厅、广州市番禺区人民政府签订《现代信息服务业产业化基地》框架协议,与中国移动通信集团广东有限公司广州分公司签订《亚运城市名片》合作协议。另外,根据广州市番禺区、广州中山大学和信研院三方协议,7位信研院教师被聘为广州中山大学兼职教授。在省校全面合作框架下,信研院与广东的合作将全面展开,其中包括重点领域的科技合作、共建研发平台和产业化基地、共同推动高层次人才培养和交流等。

6月22日 信研院工会换届,第三届工会委员经选举产生。主席邢春晓，副主席韩明，委员蒋蕾、王娜、杨海军、周媛媛、张翠花。

6月23日 信研院副院长郑方访问广东省大朗镇人民政府。

6月24日 信研院党支部支委会以通信方式，讨论通过了《信研院学习实践科学发展观整改落实阶段工作计划》。

6月25—26日 信研院无线移动中心师生参加新一代移动通信国际高峰论坛（暨ICB3G—2009），中心主任王京受邀作题为《LTE-A中COMP技术标准研究状况及展望》的主题演讲。

7月

7月8—12日 信研院党支部支委会以通信方式，讨论、确定了《信研院学习实践科学发展观整改落实阶段报告》。

7月10日 信研院2009年第5次系列学术报告在信息科学技术大楼1-415会议室举行。美国纽约大学的教授李锦阳作了题为《社会网络中在线内容评选投票的抗sybil攻击的机制方法》（Sybil-resilient Online Content Voting）的学术报告。来自信研院的20余名师生及科研人员参加了报告会，并就SumUP的投票汇聚机制应用和研究方面的问题进行了热烈的讨论。

7月15日 经2008—2009学年度第二十二次院务会议讨论，同意WEB与软件中心与广东环天电子技术发展有限公司联合成立数据与知识工程研究中心。

7月16日 信研院教代会代表经选举产生。根据清华大学教职工第七届暨工会会员第十九次代表选举的办法，信研院经选举产生了5名教代会代表：邢春晓、黄春梅、王娜、薛一波、孙新亚。

7月21日 厄瓜多尔数字电视政府代表团访问信研院。清华大学校长助理荣泳霖、电子工程系副系主任张林、信研院副院长宋健、数字电视中心首席科学家杨知行及中心副主任潘长勇接待了来宾。荣泳霖首先对代表团表示了热烈的欢迎，随后杨知行介绍了清华大学的情况及中国地面数字电视的总体发展状况，并回答了来宾提出的相关问题。最后，代表团乘坐数字电视测试车参观了清华校园。

7月 2009年第二次研究生毕业典礼暨学位授予仪式举行。本次信研院共毕业博士研究生4人，硕士研究生29人。1名硕士研究生获得校级"优秀硕士毕业论文"和"优秀硕士毕业生"。同月，本科生毕业典礼暨学位授予仪式举行，信研院教师指导的3名本科生获得"校系级综合论文训练优秀论文"，1名本科生获得校级"优良毕业生"荣誉。

8月

8月20日 信研院FIT中心曹军威参与了LIGO科学合作组织的数据分析工作，*Nature*杂志刊登了其数据分析结果。

8月10—12日 信研院语音中心承办第12届Oriental COCOSDA（The International Committee for the Co-ordination and Standardization of Speech Databases and Assessment Techniques）研讨会。

8月24—25日 信研院微处理器中心参加先进并行处理技术国际会议（APPT09），并发表两篇会议论文。

8月23—26日 信研院操作系统中心承办第15届嵌入和实时计算系统与应用国际会议暨2009年普适计算系统国际研讨会。

8月27日 信研院2009年第6次系列学术报告在信息科学技术大楼1-415会议室举行。伊利诺伊理工大学的教授孙贤和作了题为"*Reevaluating Amdahl's Law in the Multicore Era*"的学术报告。孙贤和指出了多核架构已成为高性能处理器的趋势，认为目前的主要瓶颈在于数据的读取而不是CPU的快慢，同时详细介绍了从硬件和软件角度通过Prefetching和Preexecution等多种方法提高多核性能的工作。来自我院和兄弟院系的20余名师生及科研人员参加了报告会，会后就关于内存墙问题的解决方案、可扩展性多核的应用和研究方面的一些具体问题进行了热烈的讨论。

8月28日 信研院2009年第7次系列学术报告在信息科学技术大楼1-415会议室举行。美国OPNET公司的研发副总裁丁一平作了题为《摩尔定律vs.盖茨定律——论宏观IT能力管理》的学术报告。丁一平从宏观的角度向大家展示了硬件（Moore's Law）和软件（Gates' Law）对IT基础设施的"供给"和"需求"随时间增长的变化和带来的影响，并引入了一个性能模型用以对上述宏观因素的研究和观测结果进行量化。来自我院及计算机系、经管学院的20余名师生参加了报告会，并就结合IT基础设施能耗（绿色环保）考虑的评估模型在应用和研究方面的一些问题进行了热烈的讨论。

8月　信研院语音中心硕士研究生曹文晓获得"NCMMS2009最佳学生论文奖"。

9月

9月5日　信研院党支部在信息科学技术大楼召开支委会会议。会上详细讨论了2009—2010学年秋季学期支部的工作目标和工作计划。会议还对近期学习实践科学发展观整改报告征求意见，号召党员积极参与新中国成立60周年合唱等具体工作并对相关事宜进行了部署。

9月10日　信研院2009年度第5次学术沙龙在信息科学技术大楼1-312会议室举行。此次学术沙龙邀请了新入职的3位青年教师与院内教师进行认识交流。微处理器中心刘振宇、数字电视中心杨昉和操作系统中心的吕勇强分别介绍了他们的研究领域、工作规划及加入信研院的感受和建议，并与参会教师进行了讨论和交流。

9月14日　信研院举行2009年研究生新生与导师午餐交流会。会议由院长助理曹军威主持。副院长宋健代表信研院欢迎新同学的到来，并寄语同学们能够珍惜在信研院的学习时光，把握与国家需求和产业应用接触的机会，脚踏实地，做出成绩。教师代表王京及新生代表万宇鑫分别进行了发言。

9月14日　信研院2009年第8、9次系列学术报告在信息科学技术大楼1-315会议室举行。IBM公司的Chieko Asakawa和秦勇分别作了题为"*Innovation at IBM Research–Accessibility Research*"与"*Applied Speech Research at IBM Research–China*"的报告。来自语音中心、信息学院及其他校内外兄弟单位的师生参加了报告会，并与报告人进行了热烈讨论。

9月21日　信研院FIT中心曹军威代表清华大学正式申请加入LIGO科学合作组织。

9月23日　信研院2009年第10次系列学术报告在信息科学技术大楼1-415会议室举行。香港中文大学信息工程系黄建伟作了题为"*Wireless Random MAC: Reverse and Forward Engineering*"的学术报告。

9月24日　清华大学信息无障碍技术研究中心成立。该中心将由信研院和经济管理学院共同运行，挂靠信研院。

9月25日 信研院2009年第11次系列学术报告在信息科学技术大楼1-415会议室举行。香港中文大学李丹作了题为"Speech and Audio Processing: Research and Applications"的学术报告。

9月28日 信研院作为清华大学项目承担单位之一参与的"CTCS-3级列控系统半实物仿真平台关键技术"项目通过验收。

9月28日 信研院与广东省信息产业厅、广州市番禺区人民政府共建的"广东省现代信息服务业产业化基地"及"清华大学信研院成果转化广东基地"正式揭牌成立。信研院院长李军、科研院副院长嵇世山、广东省信产厅副厅长邹生、广州市政府副秘书长赵南先等领导致辞并发表讲话，对"产业化基地"给予了高度的肯定和认可。信研院还向与会领导和嘉宾展示了已经落户广东和即将落户广东的技术成果。

9月 信研院微处理器中心教师鞠大鹏参与讲授的课程《汇编语音程序设计》被评为2009年国家级和校级精品课程。无线移动中心教师王京、粟欣，微处理器中心教师陈震及FIT中心教师李兆麟共同参与讲授的课程"实验室科研探究"被评为国家级精品课程。

10月

10月15日 信研院党支部在信息科学技术大楼召开支委会扩大会议。会上详细讨论了2009—2010学年秋季学期支部理论学习主题、活动形式和具体计划安排。

10月17日 信研院语音中心举行成立三十周年庆典活动暨学术交流会。中心全体师生及应邀出席的学术界、产业界和政府等各界人士共100余人参加了此次活动。

10月19—23日 信研院FIT中心内容分发网络研究所所长尹浩参加ACM Multimedia 2009大会，其论文作为本次大会四篇最佳论文（Best Paper Candidates）之一，在大会上进行了宣讲。

10月23—24日 信研院微处理器中心师生参加了2009中国计算机大会（CNCC），并主办了多核与未来计算机发展分论坛。

10月29日 信研院WEB与软件中心与北京市档案馆共同承担的项

目"数字档案馆整体建设方案研究"荣获 2008 年度北京市档案局优秀科技成果奖一等奖。

10 月 29 日 经学校批准，由信研院和北京全路通信信号研究设计院联合建立的轨道交通自动化所续签了二期合作协议。

11 月

11 月 4 日 信研院 2009 年第 12 次系列学术报告在信息科学技术大楼 1-415 会议室举行。澳大利亚新南威尔士大学的张伟作了题为"*Cognitive and Cooperative Communications for Future Wireless Systems*"的学术报告。

11 月 9 日 深圳市政府一行参观信研院。来宾分别参观了无线移动中心、数字电视中心、WEB 与软件中心以及语音中心，并听取了各中心教师对相关科研项目的介绍。双方就共同感兴趣的问题进行了讨论和交流。

11 月 12 日 信研院 2009 年度第 6 次学术沙龙在信息科学技术大楼 1-312 会议室举行。清华科技园发展中心副主任、启迪控股股份有限公司资深副总裁罗建北与院内教师就"科技如何成为现实的生产力——大学科技成果转化"这一专题进行了交流讨论。

11 月 13—15 日 信研院无线移动中心已毕业博士研究生黄敏在校期间的研究论文在第一届 IEEE 无线通信与信号处理国际会议（WCSP2009）上获得了"最佳学生论文奖"，指导教师是王京和周世东教授。

11 月 18 日 信研院 2009 年度第 7 次学术沙龙在信息科学技术大楼 1-312 会议室举行。北京协和医院教育处副处长潘慧作了题为《计算机模拟技术在医学教育领域的应用情况》（*Simulation in medical education today and tomorrow*）的主题报告。

11 月 27 日 信研院工会积极组织向江西省、内蒙古自治区的贫困地区和甘肃省陇南市地震灾区捐款捐物。

11 月 30 日 信研院 2009 年度第 8 次学术沙龙在信息科学技术大楼 1-312 会议室举行。艾威梯（IVT）公司创办人高强作了题为"远程健康救助系统（E-Health/M-Health）"的主题报告。来自信研院各中心的 20 余名科研人员参加了此次沙龙，并就关注的课题及合作方式等多方面内容进行了开放式讨论。

12月

12月7日 信研院2009年第13次系列学术报告在信息科学技术大楼1-415会议室举行。国际著名计算机专家、南加州大学教授黄铠作了题为"Cloud Security with Defense Virtualization and Protected Data Access"的报告。来自信研院和计算机系的30余位师生及科研人员参加了此次报告会，并进行了热烈的讨论。

12月9日 信研院召开了联合研发机构总结交流会。副院长郑方介绍了近期联合研究机构的总体运行情况，各联合研发机构负责人分别介绍了机构的运行、管理、项目研发成果及产业化等方面进展及收获。随后，参会人员就如何在校企合作方面更好地发挥联合研究机构的作用，更好地进行科研成果转化，为企业赢得更多的经济效益等展开了积极的讨论。

12月 由信研院微处理器中心教师李军和周晋合作指导的项目"P2P Streaming通信技术研究"获得"SRT计划优秀项目奖二等奖"。

12月 信研院专业技术职务聘任工作顺利完成。正高级专业技术职务聘任人员为：赵明、粟欣（院聘）；副高级专业技术职务聘任人员为：彭克武、戴桂兰；八级教育职员任职资格：阚淑文。

本年 博士后进站4人，出站2人，退站1人，年底在站7人。

本年 本院共有教职员工185人，其中事业编制45人，博士后7人，非事业编制133人。事业编制中具有正高级专业技术职务9人，副高级专业技术职务23人。在院研究生99人，其中硕士研究生62人，博士研究生37人。本科生32人在信研院进行了毕业设计工作。教师16人在学科所属院系积极承担了25门课程的教学工作。

共有7个技术研究中心，13个联合研发机构，1个自主批建机构。其中本年新建联合机构2个：清华大学（信研院）—广州市怡文环境科技股份有限公司环境监测技术联合研究所、清华大学（信研院）—广东环天电子技术发展有限公司数据与知识工程研究中心。合作到期续签联合机构2个：清华大学（信研院）—北京全路通信信号研究设计院有限公司轨道交通自动化联合研究所、清华大学（信研院）—北京金名创业信息技术有限

信息技术研究院大事记
（2003—2019）

责任公司金融工程联合研究所。合作到期关闭联合机构2个：清华大学（信研院）—北京宇信鸿泰科技发展有限公司金融信息技术研究所、清华大学（信研院）—Intertrust数字版权管理联合实验室。

新任干部名单如下。

党支部：书记曹军威、副书记邢春晓。

部门工会：主席邢春晓、副主席韩明。

新增正高级专业技术职务人员：赵明、粟欣（院聘）。

新增副高级专业技术职务人员：刘振宇、彭克武、戴桂兰。

新聘兼职研究员1人，续聘兼职研究员2人。

人才引进情况。海外人才：刘振宇，国内人才：吕勇强。接收应届毕业生：杨昉。

本年科技成果鉴定2项。申请专利42项，授权专利25项。获得计算机软件著作权登记9项。获得省部级奖励8项。其中中国通信学会科学技术奖一等奖1项，北京市科学技术奖二等奖1项，北京市发明专利奖1项，中国产学研合作创新奖2项，香港科技创新署最佳合作奖1项，中国电影电视技术学会科技奖三等奖1项，北京市档案局优秀科技成果一等奖1项。

本院共组织学术沙龙8次，举办学术报告13场。共计接待42批来访客人，累计人数300人次。派出教师、科研人员59人次出访美国、日本等20个国家和地区。

2010 年

1月

1月9日 信研院数字电视中心参与的"可变带宽无线多媒体传输系统"技术鉴定会顺利通过技术鉴定。

1月12日 信研院在信息科学技术大楼举办了第1次学术沙龙活动。美国阿贡国家实验室和芝加哥大学的谭伟作了题为"*Scientific workflows that enable Web-scale collaboration: caBIG and beyond*"的主题报告,介绍了"caBIG—Cancer Biomedical Informatics Grid"系统的整体概况、"caGrid"技术、"caBIG/caGrid"工作流结构及"caBIG"工作流的研究题目。

1月19日 信研院与香港应用科技研究院(ASTRI)联合成立的多媒体广播与通信实验室合作研发的"数字电视终端设备认证测试平台"获得了香港软件行业协会颁发的2009年最佳协同合作证书(大中华市场)和最佳协同合作证书(最具创意项目)。

1月19日 微软亚洲研究院无线网络组的主任研究员张永光及微软总部架构师Amer Hassan等一行4人到访信研院无线移动中心。

1月21日和22日 台湾新竹大学信息工程系教授祁忠勇来到信研院,在信息科学技术大楼分别作了题为"*Training Sequence Design for Discriminatory Channel Estimation in Wireless MIMO Systems*"和"*A Linear Fractional Semidefinite Relaxation Approach to Maximum-Likelihood Detection of Higher Order QAM OSTBC in Unknown Channels*"的演讲。

3月

3月8日 信研院党支部在信息科学技术大楼召开支委会扩大会议。

会议主要讨论了2009—2010学年春季学期支部工作计划，并就党支部理论学习和主题活动的内容进行了广泛的交流。

3月9日 美国杜克能源（Duke Energy）高级副总裁、首席科技官David Mohler一行5人来访，就智能电网资源与运行动态优化等技术问题与信研院FIT中心教师曹军威及其实验室学生进行了深入的讨论和交流，并希望今后在相关研究领域加强合作。

3月10日 信研院2009—2010学年度第十八次院务会议讨论修订《信研院年休假制度管理办法（修订）》。

3月18日 东京工业大学计算机科学系主任及技术管理系教授Kinji Mori来到信研院，在信息科学技术大楼1-415会议室作了题为"Next Generation Infrastructure System's Concept and Technologies: an Application of Railway System"的演讲，介绍了"自律分散系统"（Autonomous Decentralized System，ADS）框架的概念和发展历程，并就ADS的基本原理和应用进行了详细的讲解。

3月26日 信研院操作系统中心副主任陈渝召集并主持召开了远程数字医疗与健康管理研讨会。中国移动研究院、二炮总医院、IVT公司、清华大学医学院生物医学工程系、信研院WEB与软件中心和操作系统中心共同参会。

3月28日 信研院操作系统中心与上海交大软件学院的师生就OSGi及相关应用进行了广泛的交流和讨论。

4月

4月7日 信研院在信息科学技术大楼举办了第2次午餐学术沙龙活动。清华大学教授曹志刚、姚彦、王京、陆建华、宋健等众多通信及相关领域专家参与了此次活动，并就"通信及其未来发展"展开研讨。

4月12日 经2009—2010学年度第二十次院务会议讨论，同意清华大学（信研院）—北京永新视博数字电视技术有限公司数字互动技术联合研究所续签事宜。

4月14日 信研院在信息科学技术大楼1-312会议室举办了第3次午

餐学术沙龙活动。数字电视中心教师彭克武作了题为《可变带宽无线多媒体传输系统》的主题报告。介绍了"可变带宽无线多媒体传输系统"的项目背景和技术特点,详细地阐述了该项目的技术实施方案以及相关创新点和学术成果、应用实例。

4月15日 信研院院长李军、副院长郑方接待了北京大学信息学院院长梅宏、副院长李林和院长助理蒋云一行3人。双方就科研体制创新、人事管理机制以及行政管理与服务等方面的一些共性问题进行了深入讨论和交流。

4月15日 Intel ECG首席高级工程师兼首席技术官Pranav Mehta来到信研院,作了题为"The Future of Intel Technologies in Embedded and Communications"的演讲。Pranav Mehta系统全面地介绍了Intel的处理器,以及嵌入式芯片在未来多媒体、无线通信中的应用。

4月15日 爱立信无线接入网部总监Magnus Frodigh来到信研院,作了题为"Mobile Broadband Evolution"的演讲。Magnus Frodigh介绍了爱立信公司的研究领域,无线通信网的发展趋势、面临的挑战,以及爱立信公司的近期研究方向,并对高速分组接入HSPA作了详细的介绍。

4月16日 杜比实验室的Andrew Dahlkemper与Claus Bauer来到信研院,分别作了题为"Working at Dolby: Opportunities and Success Stories"和"Dolby—Research with a Daily Impact"的演讲,介绍了杜比实验室在音频处理方面的独特见解与取得的研发成果,并演示了涉及视频音效、手机音效和个人音效处理等多个产品。

4月20日 信研院WEB与软件中心承担的"十一五"国家科技支撑计划"现代服务业共性技术支撑体系与应用示范工程"项目子课题"数字平面内容支撑技术平台"圆满结题并通过验收。

4月20—22日 信研院副院长郑方带队,WEB与软件中心副主任杨吉江、FIT中心副主任赵黎及语音中心副主任邬晓钧一行4人,访问了广东省经信委、广州市科信局和中国移动广州移动分公司。

4月24—25日 信研院在信息科学技术大楼举办了"技术创新成果展"、"信息技术校友论坛"、红色电影展播及师生体育比赛等系列活动,庆祝清华大学建校99周年。"技术创新成果展"展示了信研院近年来在技术创新、科研成果转化及省校合作等多方面取得的成果。"信息技术校友论坛"特别邀请了4位在国内外成功发展的1985级校友，结合个人经历畅谈信息技术的发展、挑战和未来。兴业银行副行长郑海青以《自我完善和职业发展》为题，亿阳信通股份有限公司董事兼总裁任志军以《移动互联网，新的10年机遇》为题，Wave 2 Wave 公司创始人王卫民以"The Trend of Product & Service"为题，北京宇信易诚科技有限公司董事长兼CEO洪卫东以《IT在金融领域承载的光荣与梦想》为题，分别作了演讲，并与参会的百余名师生探讨了学习与创业、挫折与成功等话题。

4月26日 香港中文大学信息工程系NCEL实验室的黄建伟来到信研院，在信息科学技术大楼1-315会议室作了题为"Cognitive Virtual Network Operator Games"的演讲，介绍了所领导的课题组在"认知虚拟网络运营商博弈"方面取得的最新研究进展和成果。

4月27日 信研院2009—2010学年度第二十一次院务会议讨论通过《信研院科室名称及编号》。

5月

5月11日 信研院微处理器中心李军承担的目标导向类课题"一体化网络数据深度安全检测与分析的技术与系统"顺利通过863专家组验收。

5月11日 信研院无线移动中心王京承担的国家863计划课题"Gbps无线传输关键技术与试验系统研究开发"正式通过科技部验收。

5月12日 信研院作为协办单位，参加了由中共云浮市委、云浮市人民政府主办的清华启迪云浮科技园项目进园推介会。信研院副院长郑方作为协办单位代表发言。

5月13日 信研院2009—2010学年度第二十二次院务会议讨论修订《信研院FIT项目征集办法（修订）》。

5月19日 普渡大学电子与计算机工程系教授Rudolf Eigenmann来到信研院，作了题为"Programming Models for Heterogeneous Multi and Manycores"的演讲。Eigenmann主要介绍了多核和异构处理器给编程模

型带来的挑战，并结合 OpenMP 共享内存编程、CUDA 图形处理器模型和 MPI 消息传递接口方面的工作，介绍了近期在程序编译器和运行环境方面的工作。

5月20日　天通广集体经济发展部部长张宝柱及其下属电子科技有限公司技术部副总经理时勇、副部长王震一行3人，访问信研院汽车电子实验室，双方进行了技术交流。

5月24日　信研院与北京永新视博数字电视技术有限公司联合成立的数字互动技术研究所进行了第二期合作协议续签。

5月26日　信研院在信息科学技术大楼1-312会议室举办了第4次午餐学术沙龙活动。中软通用产品中心总经理陈尚义作了题为《基于进程的文件加密技术及其应用》的主题报告，介绍了基于进程的文件加密技术，阐述了该系统的工作机制和基于进程的文件加密技术的应用实例。

5月31日　经信研院2009—2010学年度第二十二次院务会议讨论，修订《信研院FIT项目征集办法（修订）》，同意清华大学（信研院）—天津七一二通信广播有限公司应用通信系统研究所续签事宜。

6月

6月10日　通用汽车中国科学研究院院长杜江凌等一行4人来访信研院，就汽车电子相关研究领域与信研院汽车电子实验室及信息学院相关单位教师进行了深入的探讨，希望能够在这些领域进行深入合作。

7月

7月1日　奥迪汽车公司北京ITC（Infortainment: Information & Entertainment）部门总监及首席架构师一行到访信研院操作系统中心，双方就共同感兴趣的普适计算技术在汽车和路网中的应用进行讨论。

7月1日　信研院在信息科学技术大楼1-312会议室举办了第5次午餐学术沙龙活动。EMC中国实验室的创始人毛文波作了题为"*Two Faces (Phases) of Cloud Storage—On Cloud Storage Standard*"的主题报告。参会教师就云计算、云存储标准等问题进行了交流和讨论。

7月2日　罗伯特·戈登大学教授宋大为来到信研院，作了题为

"Towards knowledge-enhanced and adaptive information retrieval"的演讲，介绍了信息检索目前面临的主要挑战，以及罗伯特·戈登大学计算学院近年来在信息检索理论、企业搜索、多媒体搜索等方向的主要科研成果。

7月8日 经2009—2010学年度第二十三次校务会议讨论通过，信研院行政换届：任命李军为信研院院长，吉吟东、郑方为信研院副院长。宋健不再担任信研院副院长职务。

7月8—9日 信研院与铁道部运输局、高铁中心及国际开放旅行联盟联合举办的高速铁路旅客订票系统通用服务模型国际研讨会在清华大学信息科学技术大楼召开。

7月20日 经2009—2010学年度第二十五次院务会讨论，对院务工作做出如下决议：由院长、副院长、学术委员会主任、各技术研究中心及院办公室主任组成院务委员会，对全院重大问题进行集体决策。院务委员会主任、副主任人员及分工如下：主任李军，全面主持工作；副主任吉吟东，常务、分管财务；副主任郑方，分管科研、外事；副主任王京，分管学术委员会；副主任曹军威，分管人事。聘请邢春晓担任院长助理，分管辅助教学日常工作；聘请黄春梅担任院长助理，分管行政（含宣传）日常工作。

7月28日 信研院与天津七一二通信广播有限公司联合成立的清华通广应用通信系统研究所签订了第三期合作协议，拉开了为期三年的新一轮产、学、研合作的序幕。

7月 信研院WEB与软件中心主任邢春晓获得"第七届清华大学横山亮次优秀论文奖"。

7月 2010年第二次研究生毕业典礼暨学位授予仪式举行。本次信研院共毕业博士研究生4人，硕士研究生32人。1名博士研究生获得校级"优秀博士毕业生"。同月，2010年本科生毕业典礼暨学位授予仪式举行，信研院教师指导的2名本科生获得校级"综合论文训练优秀论文"，3名本科生获得校级"优良毕业生"。

8月

8月4日 南加州大学教授Kai Hwang来到信研院，作了题为"From Grids to Clouds and Internet of Things"的演讲。

2010年

8月4日　香港中文大学教授 Benjamin Wan-Sang Wah 来到信研院，作了题为"Designing Interactive Multimedia Systems Over the Internet with High Perceptual Quality"的演讲。

8月4日　香港科技大学教授 Lionel M. Ni 来到信研院，作了题为"New Challenges of Internet of Things"的演讲。

8月5日　北京数码视讯科技股份有限公司战略研究院院长宋征等一行4人到访清华信息国家实验室，与信研院、自动化系、计算机系和电子工程系相关教师在信息科学技术大楼进行了技术交流。

8月23日　OPNET Technologies 的研发副总裁 Yiping Ding 来到信研院，作了题为"Performance versus Cost in a Cloud Computing Environment"的演讲。

8月31日　瑞典乌普萨拉大学工程科学系的吴平来到信研院，在信息科学技术大楼小报告厅作了题为"Convergence of Communication, Control and Computation"的演讲。吴平介绍了乌普萨拉大学在无线通信方面的研究情况，其所在课题组关于"通信、计算及控制"三个工程领域相互结合的一些研究工作，以及模型预测控制理论（MPC）在无线通信系统中的应用。

9月

9月1—2日　信研院组织召开了2010年研究生新生与导师见面会，来自计算机系、自动化系和电子系的14名博士研究生和16名硕士研究生共计30人参加了见面会。

9月8日　信研院操作系统中心与瑞萨电子公司共同召开合作研究项目"支持 AVS 编解码器的 VPU 技术研究"的结题交流会。

9月10日　信研院2010年研究生新生与导师午餐交流会在信息科学技术大楼中央花园举行，会议由院长助理、辅助教学主管邢春晓主持。信研院副院长吉吟东代表院务会致辞，欢迎新同学的到来。教师代表郑方、薛永林、张秀军、张勇、吕勇强、李兆麟等分别介绍了中心情况，表达了对新同学的欢迎和期望。新生代表蔡世杰、朱晋、谢峰、胡庆成、杨文君等分别进行了发言。

9月20—24日 信研院FIT中心教师曹军威代表清华大学LIGO工作组参加国际LIGO和Virgo科学合作组织联合召开的年度工作会议会，讨论确定了下一年度清华大学LIGO工作组与国际LIGO科学合作组织合作备忘录的具体内容。并参加了随后召开的理事工作会议，参与讨论通过了新成员申请和组织章程修改等事宜。

9月21日 信研院在信息科学技术大楼1-312会议室举办了第6次午餐学术沙龙活动。清华高速铁路技术中心铁路信息服务研究所学术委员会主任陈双作了题为《铁路通用服务模型和全球开放标准》的主题报告，介绍了中国铁路票务系统（CRTS）的现状和运行背景，及其发展驱动力、功能特点，以及中国领先树立铁路客票系统国际公开标准的情况。

9月28日 信研院和广州大学城管理委员会共同主办番禺区产学研合作项目签约仪式暨省部产学研结合成果发布会。番禺区副区长龚汉坤和清华大学科研院项目办曹建国分别代表番禺区和清华大学作大会致辞。信研院副院长吉吟东向来宾介绍了信研院的成果及专利转化模式，以及信研院的部分成果和专利池落户广东省现代信息服务业产业化基地情况，希望通过番禺区科技产学研公共信息服务平台和清华科技园广州创新基地省部产学研公共平台，推动信研院的成果转化，加速学校的科研成果服务于社会。会后，来宾参观了信研院在广东省现代信息服务业产业化基地的科技成果展。

10月

10月19日 由工信部相关部门主办的CDN技术与服务标准工作会议在清华大学召开，信研院FIT中心内容分发网络研究所所长尹浩主持了会议，并作为专家代表，与工信部领导及各企业代表等共同为CDN业务未来的有序发展出谋划策。

10月22日 信研院WEB与软件中心承担的"客运服务电子客票及收益管理的应用研究"和"客运专线客户服务应用模式及关键技术的研究"两个基金项目通过了铁道部专家组验收。

10月22日 信研院FIT中心教师曹军威应邀参加首届IEEE网络与分布式计算国际会议，并作为主要演讲人作了题为"*Distributed Computing* *in an era of Clouds and IoT*"的报告。

10月26日 南加州大学教授 Shrikanth（Shri）Narayanan 来到信研院，作了题为"*Engineering Advances in Measuring and Using Speech Production Information*"的演讲。

10月27日和28日 信研院 FIT 中心内容分发网络研究所所长尹浩应邀出席了在南京召开的第十届中国网络媒体论坛，并作为大会特邀嘉宾作了题为《提升媒体竞争力需不断优化网络性能》的演讲。

10月29日 在广州亚运会召开之际，信研院在清华科技园广州创新基地隆重举办了主题为"科技亚运/智慧广州"亚运城市名片启动仪式暨省部产学研结合成果发布会。会议由清华大学科技开发部副主任张虎主持，广东省副省长宋海、清华控股董事长荣泳霖、广州移动的代表温冬开共同为"亚运城市名片"按动了启动按钮。信研院副院长郑方介绍了"亚运城市名片"项目的基本情况，产学研合作的发展历程及未来的发展规划。院长李军介绍了在过去的一年多时间里，省厅、市局、番禺区和信研院积极探索新的产学研合作模式，以及省校产学研合作平台建设的情况。此后，进行了信研院与广东省相关企业的"现代信息服务业产学研合作基金"及"成果对接合作"签约仪式。基金的设立以及成果对接合作，将进一步促进双方摸索新的机制、扩大产学研合作成果，并逐步丰富产学研合作的内容和形式，以清华大学在信息技术领域的技术优势，为广东省的发展做出贡献。

11月

11月3日 经 2010—2011 学年度第五次院务会议讨论，同意微处理器中心与广东新岸线计算机芯片有限公司联合成立计算机系统芯片联合研究所。

11月5日 新加坡信息通信研究所教授李海洲和香港中文大学教授黄锦辉来到信研院，作了题为"*Machine Transliteration—Translating the Untranslatable*"和"*A Unified Graph Model for Sentence-based Opinion Retrieval*"的演讲，围绕"人类语言技术"研究展开了讨论。

11月6日 信研院院长、高铁中心副主任李军，信研院副院长、高速铁路控制技术研究所所长吉吟东应邀出席了高铁中心第一次管理委员会。高速铁路控制技术研究所研制的"CTCS-3级列控系统集成测试平台"作为清华大学高铁中心的重要成果进行了集中展示。

11月17日 信研院在信息科学技术大楼1-312会议室举办了第7次午餐学术沙龙活动。电机工程与应用电子技术系陆超作了题为《物联网与智能电网》的报告。参会教师就当前智能电网中的关键技术问题和信息技术可能在其中发挥的作用进行了充分的探讨。

11月25日 清华大学信研院与四川长虹电器股份有限公司建立的先进视听技术联合实验室在信息科学技术大楼举行揭牌仪式。

12月

12月1—5日 由院长李军带队,院务会成员及各技术研究中心主要负责人一行共14人,前往湖北、湖南两省围绕国家"十二五"规划,调研国家发展战略性新兴产业需求,开展考察学习活动。在湖北,考察团与武汉邮电科学研究院副院长鲁国庆、总工程师余少华等就无线移动通信、数字电视、智慧城市、IPTV及CPU等多个领域可能的合作进行了交流,并参观了烽火集团通信设备和光纤线缆的生产线;在湖南,考察团参观了株洲南车时代电气股份有限公司制造中心和测试中心,考察了轨道交通列车电力和控制设备的主要生产环节,双方就科研合作的领域进行了沟通和交流。在此期间,考察团进行了三次专题研讨会,围绕信研院人事制度改革、科研发展规划及技术研究中心管理规定,进行了充分讨论。

12月1日 信研院在信息科学技术大楼1-312会议室举办了第8次午餐学术沙龙活动。中国国际知识产权服务(香港)有限公司副总裁兼首席技术官马越作了题为《科技人员与知识产权的价值》(*How to Maximize the Value of IP—from the perspectives of researchers*)的报告,介绍了知识产权资本化的不同经济模式和知识产权资本化的战略决策,以及专利质量和价值的评估及其案例。参会教师就专利保护和诚信问题、国际专利政策及成果公开的形式等进行了充分的探讨。

12月6—10日 操作系统中心副主任陈渝邀请美国伊利诺伊大学厄巴纳-香槟分校的教授Samuel T. King来清华进行了学术交流。12月7日和 8 日，Samuel T. King 分别作了题为"*Trust and Protection in the Illinois Browser Operating*"和"*Overcoming an Untrusted Computing Base: Detecting and Removing Malicious Hardware Automatically*"的演讲，就操作系统相关课题的国际先进技术方向进行了分析和展望。12 月 10 日，由信研院联合铁道部运输局、清华大学高铁中心和国际开放旅行联盟共同主办的高速铁路票务系统通用服务模型国际技术研讨会在信息科学技术大楼召开。

12 月 12 日　信研院副院长、语音中心主任郑方当选全国人机语音通讯学术会议（NCMMSC）常设机构委员会第二届主席团主席。

12 月 12 日　信研院 2010—2011 学年度第七次院务会议讨论通过《信研院技术研究中心管理规定（试行）》。

12 月 15 日　苏州市相城区区长曹后灵等一行 10 余人在校科研院科技开发部副主任张虎的陪同下来访信研院。

12 月 21 日　IEEE Fellow、*IEEE Transaction on Broadcasting* 杂志主编、加拿大通信研究中心首席科学家吴奕彦应邀在信研院数字电视中心作了题为"*Recent Development and Future Evolution of Terrestrial DTV/Multimedia Broadcasting*"的学术报告。

12 月 21 日　美国太平洋西北国家实验室的 Darren J Kerbyson 来到信研院，作了题为"*Analyzing Large-Scale Heterogeneous Systems through the Ages*"的演讲。

12 月 21 日　南加州大学教授 Kai Hwang 来到信研院，作了题为"*Security, Privacy, and Data Protection for Trusted Cloud Computing*"的演讲。

12 月 21 日　台湾大学电机信息学院院长李琳山、副院长孙启光一行 8 人来访信研院，副院长郑方及部分技术研究中心负责人在信息科学技术大楼接待了来宾。郑方介绍了信研院的基本概况和研究现状，孙启光介绍了代表团成员及其研究方向。信研院各技术研究中心代表分别介绍了在无线移动、数字电视、普适计算、电子医疗等领域的研究情况。双方就各自研究领域的交集问题交换了意见。会后，来宾在郑方的陪同下参观了无线移动中心、网络安全实验室、数字电视中心、语音和语言处理技术演示、轨道交通自动化研究所 CTCS-3 级列控系统集成测试平台以及智能家居与数字医疗技术演示。

12月21日 IEEE Fellow、*IEEE Transactions on Broadcasting* 杂志主编、加拿大通信研究中心首席科学家吴奕彦博士来到信研院，作了题为"Recent Development and Future Evolution of Terrestrial DTV/Multimedia Broadcasting"的演讲，回顾了电视广播技术发展的历史，并对地面数字电视系统的演进与新出现的移动宽带多媒体传输技术、未来技术发展趋势如何与实际应用结合等阐述了自己的观点。

12月22日 中国仪器进出口（集团）公司党委书记兼常务副总裁周迈、中仪英斯泰克进出口公司常务副总经理贾文杰、副总经理刘永安一行3人来访信研院。

12月23日 信研院WEB与软件中心教师参加了973项目"面向复杂应用环境的数据存储系统理论与技术基础研究"专家组成立暨项目启动会。

12月24日 信研院在信息科学技术大楼1-312会议室举办了第9次午餐学术沙龙活动。操作系统中心副主任陈渝作了题为《普适计算关键技术及系统》的主题报告。参会教师就操作系统、基于数字电视的嵌入系统、普适计算、数字医疗等进行了交流。

12月底 信研院微处理器中心博士生亓亚烜的文章"FEACAN: Front-End Acceleration for Content-Aware Network Processing"被IEEE INFOCOM 2011录用。

12月24日 江苏省赣榆高新技术科技园领导一行4人在紫光软件和万博精英软件负责人的陪同下来访信研院，副院长郑方接待了来宾。赣榆县委常委、青口镇党委书记毛太乐介绍了江苏省赣榆高新技术科技园现阶段的建设情况，以及科技园、软件园的技术需求。WEB与软件中心副主任杨吉江、操作系统中心副主任杨维康，以及语音中心副主任邬晓钧分别就数字医疗技术、智能家居技术和语音识别技术等向嘉宾进行了简介。清华紫光软件常务副总裁李咏玖、清华万博精英总经理陈洪、业务总监娄龙分别介绍了相关企业。双方就科技园建设过程中，对技术、人才、科技、产业、投资等各方面条件的需求进行了讨论，并表示将加强人才培养和技术创新方面的合作，为地方发展做出贡献。会后，嘉宾参观了操作系统中心和语音中心。

12月29日 信研院召开了2010年联合研发机构总结交流会，该总结交流会每年一次，旨在对一年的工作进行总结，并加强联合研发机构之间的交流。

12月 信研院专业技术职务聘任工作顺利完成。副高级专业技术职务聘任人员为：倪祖耀、董炜（院聘）、李超（院聘）；六级教育职员：黄春梅；八级教育职员任职资格：李杨。

本年 博士后进站8人，出站2人，年底在站13人。

本年 共有教职员工200人，其中事业编制43人，博士后13人，非事业编制144人。事业编制中具有正高级专业技术职务7人，副高级专业技术职务24人。在院研究生100人，其中硕士研究生56人，博士研究生44人。本科生42人在信研院进行了毕业设计工作。教师18人在学科所属院系积极承担了31门课程的教学工作。

共有7个技术研究中心，13个联合研发机构，1个自主批建机构。其中本年新建联合机构2个：清华大学（信研院）—四川长虹电器股份有限公司先进试听技术联合实验室、清华大学（信研院）—诺基亚（北京研究院）移动计算创新技术联合实验室。合作到期续签联合机构2个：清华大学（信研院）—北京永新视博数字电视技术有限公司数字互动技术联合研究所、清华大学（信研院）—天津七一二通信广播有限公司应用通信系统研究所。合作到期关闭联合机构1个：清华大学（信研院）—展讯多媒体通讯联合研究中心。

新任干部名单如下。

院务会：院长李军，副院长吉吟东、郑方，院长助理邢春晓、黄春梅；院务委员会主任李军，院务会委员会副主任吉吟东、郑方、王京、曹军威。

新增副高级专业技术职务人员：倪祖耀、董炜（院聘）、李超（院聘）。

新聘兼职研究员1人，续聘兼职研究员1人。

本年科技成果鉴定1项。申请专利49项，授权专利36项。获得计算

信息技术研究院大事记
（2003—2019）

机软件著作权登记 19 项。

  本院共组织学术沙龙 9 次，举办学术报告 23 场。共计接待 55 批来访客人，累计人数 144 人次。派出教师、科研人员 65 人次出访美国、日本等 20 个国家和地区。

2011 年

1 月

1月2日 IEEE Fellow、美国康奈尔大学教授童朗来到信研院,作了题为 "*Energy Management Systems for Smart Grids*" "*Cloud Computing and Scheduling*" "*Cognitive Radio and Networking*" 和 "*Network Security and Anonymity*" 的报告,对复杂工程系统故障诊断与预测维护等进行了介绍。

1月5日 信研院在信息科学技术大楼 1-312 会议室举办了第 1 次午餐学术沙龙活动。百度高级工程师梁伟文和技术经理顾维灏以"百度语音搜索"为主题,介绍了百度语音搜索系统的构造过程,上线后的运行情况,以及后续的一些改进想法。参会教师就语音信息传输过程中产生的问题等与演讲人进行了探讨。

1月7日 清华大学公布了第二十一届学生实验室建设贡献奖评选结果。信研院微处理器中心教师陈震指导的项目"UTM 防火墙系统功能模块开发"荣获二等奖,陈震获"学生实验室建设指导奖"。

1月15日 配合信研院科研规划讨论会的相关要求,针对国家"十二五"规划中高铁技术的发展,信研院召开了高铁技术科研规划研讨会。与会人员从基础研究、技术创新和平台建设 3 个层面,初步探讨了在故障诊断、预测维护、数据管理与知识工程等方面的研究方向。

3 月

3月2日 中国南车株洲电力机车研究所有限公司(时代集团)总工程师冯江华一行 6 人来访信研院。来宾对信研院承担的国家重大专项"信息处理与控制 SoC"表示关注,双方就高速铁路相关的技术研发情况和未来的合作前景交换了意见。

3月2日和4日 新竹清华大学通信工程研究所教授祁忠勇应邀在信息科学技术大楼小报告厅分别作了题为"Convex Optimization Approaches to Robust Multiuser Transmit Beamforming"和"A Convex Analysis Based Simplex Volume Minimization Framework for Hyperspectral Unmixing"的两场学术报告。祁忠勇主要介绍了凸优化的工程应用，并与无线中心教师讨论了"两岸清华合作基础研究——异构网络中认知与协作及物理层安全关键技术研究"项目合作的后续安排。

3月9日 武汉邮电科学研究院（烽火科技集团）院长童国华、副院长鲁国庆、徐杰、余少华等一行12人访问信研院。双方就共同感兴趣的技术领域相互交换了意见，并表示希望今后加强进一步的沟通与合作。

3月11日 中国联通公司工程研究院副院长黄文良、中国联通集团国家工程实验室总部处长王志军，以及严斌峰、张尼、徐雷一行5人来访信研院。双方就能力开放电信网关、移动互联网信息安全、泛在网及云计算等热点和关注的项目进行了交流研讨。

3月15日 院长李军在信息科学技术大楼接待北京市人民政府副秘书长周正宇，介绍了信研院和校内相关交叉合作单位在铁路和交通等相关领域的研究情况，并与来宾交流了首都交通监管和应急响应等方面的建设规划、技术需求和合作途径。

3月16日 经信研院2010—2011学年度第十三次院务会议讨论，同意与北京数码视讯科技股份有限公司联合成立未来视讯技术联合研究所。

3月18日 苏州新加坡工业园区副主任李亦农，园区科技发展局副局长、知识产权局局长许文清，园区科技发展局产业促进处沈煦一行3人来访信研院微处理器中心。李亦农介绍了目前园区的状况，对微处理器中心的研究方向和项目表现出极大兴趣，双方将就具体合作事宜开展进一步洽谈。

3月19—20日 应连云港市赣榆区人民政府邀请，清华大学张钹院士、信研院院长李军、副院长郑方、经营性资产管理办公室副主任王涛、科技开发部副主任易难等清华大学相关部门领导一行9人考察了赣榆海州湾高新技术产业园区。

3月21日 Triveni Digital 的 Rich Chernock 来到信研院，作了题为"Interactivity in ATSC Mobile DTV, Non-Real-Time Delivery of Broadcast Services"的演讲。

3月31日 "清华大学（信研院）—广东新岸线计算机系统芯片有限公司计算机系统芯片联合研究所"揭牌启动仪式及新闻发布会在信息科学技术大楼多功能厅举行。会上，副校长康克军与新岸线董事长鲍东山共同揭牌，宣布清华—广东新岸线计算机系统芯片联合研究所正式启动。

4月

4月7日 信研院在信息科学技术大楼1-415会议室举办了第2次学术沙龙活动。阿里巴巴广告和搜索中心北京研发部（ASC）的邓宇及赵京雷，分别作了题为《图像检索及其在电子商务中的应用》和《社会化搜索之路》的主题报告。介绍了基于内容的图像检索技术的发展和应用现状及社会化搜索的概念，分享了ASC在图像检索方向上的进展和未来规划，并结合阿里巴巴的应用场景，集中讨论电子商务领域社会化搜索研发中涉及的问题。

4月15日 美国费城坦普尔大学计算机与信息科学系的 Xiaojiang Du 来到信研院，作了题为"Biometric-based Two-level Secure Access Control for Implantable Medical Devices"的演讲。

4月18日 微软 Redmond 研究院的 Zhang Ming 在信息科学技术大楼作了题为"Optimizing Cost and Performance in Online Service Provider Networks"的演讲。Zhang Ming 以 NSDI 论文为基础，深入探讨了在线服务提供商的流量管理问题，并从数据中心规划、运营成本、网络测量等多重角度，研究如何对在线服务提供商的流量管理进行建模和优化，同时通过微软的 MSN 在线业务数据验证了论文方法的有效性。

4月18日 美国加州大学伯克利分校博士研究生刘俊达在信息科学技术大楼作了题为《关于 Open Network》的演讲，介绍了 Open Network 相关背景，重点对当前数据中心中出现的 Layer 2 Broadcast 问题和 Open Flow 新技术进行了介绍。

4月24日 副校长康克军在信息科学技术大楼会见了国际电信联盟

（国际电联）秘书长哈玛德·图埃。哈玛德·图埃祝贺清华大学建校一百周年，对清华大学加入国际电联表示欢迎，希望清华大学能够在今后国际电联新标准、新系统的研究工作中发挥重要作用，取得更大的成果。信研院院长李军、电子工程系副系主任兼数字电视中心主任宋健、电子工程系教授杨知行等陪同会见。会见结束后，秘书长还参观了信研院成果展及数字电视中心。

4月25日 清华—长虹先进视听技术联合实验室汇报会在信息科学技术大楼召开。联合实验室将作为四川长虹与清华大学紧密合作的窗口，在相关科研方向开展高水平的长期合作研究，并根据国家需求组织重大项目。实验室拟设立科研创新基金，鼓励师生自主原创。

4月25日 IEEE信息理论组、通信与信号处理系统组成员Zhiyuan Yan来到信研院，作了题为"*Algebraic Universal Error Control for Network Coding: Algorithms, Complexities, and Hardware Implementations*"的演讲，介绍了网络中传输节点交换数据的过程及网络编码的概念和应用，并举例说明了一些短码的设计与硬件实现的模块结构。

4月底 清华大学喜迎建校一百周年，信研院在信息科学技术大楼一区三层平台举办了"科研创新成果展"，图文并茂地介绍了建院以来参与国家科技创新体系建设，面向国家战略需求和产业发展需要开展科技攻关的成果。

5月

5月10日 IEEE Fellow、康奈尔大学教授童朗来到信研院，作了题为"*Maximum throughput region of multiuser cognitive access of continuous time markovian channels*"的演讲。童朗针对多用户感知接入模型给出了在紧密冲突约束下正交周期感知方式的系统极限通过率，有效地指导了多用户认知频谱接入方案的设计与实现。

5月11日 经信研院2010—2011学年度第十六次院务会议讨论决定，同意成立"轨道交通控制技术研究中心（以下简称轨道交通中心）"和"数字医疗健康工程研究中心"。任命自动化系教授叶昊担任轨道交通中心主任（兼），任命杨吉江担任数字医疗健康工程研究中心主任。

2011年

5月11日 信研院党支部在信息科学技术大楼召开支委会会议，讨论制订了2010—2011学年春季学期支部工作计划。

5月20日 美国加州大学伯克利分校计算机科学系教授Scott Shenker在信息科学技术大楼1-312会议室作了题为"*The Future of Networking and the Past of Protocols*"的演讲，介绍了UC Berkeley网络组所研究的新的网络架构设计的抽象及其实际用途。

5月30日 第35届ACM国际大学生程序设计竞赛总决赛（The 35th Annual ACM International Collegiate Programming Contest World Finals）在美国佛罗里达州奥兰多落幕，清华大学代表队以完成7道题总用时800分钟排名第三，获得金牌。信研院教师邬晓钧自2003年开始担任清华ACM代表队主教练，已连续9年获得优异成绩。

5月30日 美国德州大学布朗斯维尔分校计算机系教授雷寒生来到信研院，作了题为"*Locate Potential Support Vectors for Faster Sequential Minimal Optimization*"的演讲。雷寒生针对支持向量机的训练优化问题，提出了基于Fisher线性判别寻找支持向量的新思路，有效地加速了支持向量机的训练过程。

6月

6月1日 美国明尼苏达大学双子城分校计算机科学与工程系教授Zhi-li Zhang来到信研院，作了题为"*VIRO: Scalable and Robust Virtual-Id Routing for Future Dynamic Networks*"的演讲。Zhi-li Zhang介绍了其课题组在计算机网络领域的最新研究进展，并重点讲解了其课题组对未来因特网（Internet）架构设计的研究，讨论了面向未来动态网络的虚拟ID路由模型VIRO。

6月2日 在信息科学技术大楼召开了信研院轨道交通中心成立会。中心将面向我国轨道交通领域安全、绿色、高效、经济和可持续发展的技术需求，按照多学科交叉平台的模式组织团队，注重产学研相结合，有针对性地开展基础性、前瞻性的关键技术研究，解决我国高速（城际）铁路控制、管理与维护领域的技术难题，努力形成有影响力的自主知识产权的技术成果，服务于学科建设和人才培养，积极为巩固我国高速铁路技术在国际上的技术优势地位做出贡献。

6月8日 信研院2010—2011学年度第十七次院务会议讨论第2次修订《信研院校企联合研发机构管理办法》。

6月13日 美国麻省理工学院电子与计算机科学系教授Anant Agarwal来到信研院，作了题为"The Future of Manycore Processors"的演讲。Anant Agarwal介绍了当前网络服务等应用领域中应用程序的运行特点，提出基于二维网络的新型众核架构及其高性能片上网络组织结构、共享数据一致性维护和基于任务的并行编程模型等关键技术。

6月14日 爱丁堡大学工程学院数字通信研究所教授John Thompson来到信研院，作了题为"Green Radio Techniques for Improved Wireless Basestation Design"和"Complexity reduced MIMO detectors and their FPGA implementations"的演讲，就无线通信物理层实现技术、绿色通信进行了介绍。

6月20日 信研院2010—2011学年度第二十二次院务会议讨论修订《信研院科室名称及编号》。

6月22日 著名信号处理专家、瑞典隆德大学教授Ove Edfors来到信研院，作了题为"Do we want more MIMO antennas"的演讲。Ove Edfors探讨了在收发端具备信道状态信息的条件下，多用户多进多出（multiple input multiple output，MIMO）系统使用不同的检测算法，增加基站天线对传输性能影响。

6月27日 清华大学（信研院）—诺基亚（北京研究院）移动计算创新技术联合实验室揭牌仪式暨第一次学术交流会在信息科学技术大楼多功能厅举行。联合实验室是继2007年清华大学与诺基亚签订合作研究框架协议之后的又一项双边合作的重大举措，将借助信研院学科交叉的技术创新支撑平台和重大项目组织平台，开展更多项目研究和学术交流工作。

6月28日 FIT中心教师曹军威参加了在清华大学主楼接待厅举办的教育部"十二五"重点项目——"基于网络的双课堂教学应用试点示范项目"启动会议，并作了题为《云计算技术在信息化社会中的基础设施作用》的主题发言。

6月29日 信研院2011毕业研究生座谈会在信息科学技术大楼4-312会议室召开。来自各技术研究中心辅助教学主管以及部分研究生代表出席了座谈会。

6月29日 信研院数字医疗健康工程研究中心成立大会在信息科学技术大楼圆满举行。中心将以应用为牵引、以项目为驱动，面向医疗卫生领域的重大应用问题，采用跨学科、跨平台机制，借鉴信研院各技术研究中心的研究成果，探索在新的信息技术环境下数字医疗健康服务模式，研制开发具有自主知识产权的应用技术、产品和软件，推动以信息技术为核心的医疗健康服务产业。

6月29日 信研院在信息科学技术大楼1-312会议室举办了第3次午餐学术沙龙活动。教育研究院常务副院长史静寰作了题为《质量：高等教育的生命线》的主题报告。参会教师围绕高等教育及质量定位、范围与内涵以及积极教育学等问题进行了交流和探讨。

7月

7月13日 Artificial Intelligence Lab管理信息系统主任Hsinchun Chen来到信研院，作了题为"*E-Healthcare and Information Security*"的演讲。

7月14日 苏州市经济和信息化委员会主任沈国芳等一行4人到信研院微处理器中心访问。沈国芳提出，希望苏州市经信委在企业和高校之间发挥桥梁作用，让企业需求和高校的科研能够紧密结合，更好地推动产学研工作。

7月 2011年第二次研究生毕业典礼暨学位授予仪式举行。本次信研院共毕业博士研究生8人，硕士研究生36人。1名硕士研究生获得校级"优秀硕士毕业论文"荣誉。同月，本科生毕业典礼暨学位授予仪式举行，信研院教师指导的2名本科生获得校系级"综合论文训练优秀论文"，4名本科生获得北京市和校级"优良毕业生"。

7月 信研院微处理器中心博士研究生穆罕默德获得"NAS2011最佳论文奖"。

8月

8月11—12日 应海南省科技厅邀请，信研院院长李军、院长助理邢春晓、微处理器中心主任汪东升、WEB与软件中心副主任张勇与校科研院机构办主任甄树宁等一行6人前往海南省进行合作考察。海南省科技厅副厅长杨天梁接待了考察组，他回顾了海南省与清华大学的合作历史，希望尽快推动双方实质性的合作，促进海南国际旅游岛的建设，充分发挥清华大学在信息科学技术方面的优势，在信息化基础设施建设和现代服务业方面为海南省提供重要支撑。海南省生态软件园投资发展有限公司总经理杨淳至陪同考察组参观了生态软件园，介绍了软件园的发展历史、现有成果、软硬件基础设施及入园企业的基本情况，并欢迎清华大学与海南省的合作机构能够入驻生态软件园。李军介绍了清华大学在信息技术方面的优势和成果，提出了对双方合作的设想。甄树宁介绍了学校科研机构管理的相关政策。海南省科技厅党组副书记林盛梁、海南老城经济开发区管委会主任莫仲敏也分别会见了考察组成员。

8月16日 第一届国际卫星通信研讨会（The 1st International ICST Workshop on Satellite Communications）在黑龙江省哈尔滨市顺利召开，信研院学术委员会主任、无线移动中心主任王京担任主席。

8月16日 美国康奈尔大学教授童朗和英国布鲁奈尔大学教授王子栋来到信研院，分别作了题为"*Investigation on Optimization Strategy in Home Energy Management*""*Multiobjective Covariance Control: 1991—2011*"的演讲，探讨了高速铁路的故障诊断与故障预测相关的理论问题。

8月22日 英国萨瑞大学教授H. Cruickshank在信息科学技术大楼1-312会议室作了题为"*Seminar on Satellite Communications Security—Current Status and Future expectation*"的演讲。H. Cruickshank回顾了网络安全技术在经典通信协议栈模型中各层的实现方法，针对卫星通信中网络安全的特殊性介绍了各种先进的网络安全方案，并展望了卫星通信安全领域的未来。

8月29日 信研院2011年研究生新生与导师见面会在信息科学技术大楼举行，信研院院长李军、副院长吉吟东及来自8个技术研究中心的12

名导师，28名研究生出席了新生见面会。

8月29日 美国卡内基梅隆大学的金琴来到信研院，作了题为"*Front-end Features for Speaker Recognition*"的演讲，介绍了说话人识别系统中低层次与高层次的多种特征参数，比较了不同参数对识别性能的影响。

9月

9月1日 受教育部科技司委托，在校科研院的协助下，信研院语音中心组织了科技部国际科技合作项目验收会。受中国-新加坡国际科技合作专项资助、由夏云庆作为负责人承担的"跨语言和情感增强的话题检测与跟踪研究"项目顺利通过验收。

9月8日 信研院2011年研究生新生与导师午餐交流会在信息科学技术大楼中央花园举行，来自各中心近70位师生参加了交流会。会议由院长助理、辅助教学主管邢春晓主持。院长李军代表院务会欢迎新同学的到来，并寄语同学们珍惜在信研院的学习时光，把握与产业接触的机会，脚踏实地，做出成绩。会上，教师代表汪东升、肖立民、杨维康、张勇、周强、董炜、尹浩以及博士研究生代表丁文伯、硕士研究生代表顾本达分别进行了发言。

9月8日 马德里康普顿斯大学Jose Luis Vazquez-Poletti来到信研院，作了题为"*Cloud Computing: Research Opportunities without Boundaries*"的演讲。Jose Luis介绍了云计算的当前研究内容，欧盟在云计算方面的研究内容和工程项目，以及云计算的若干应用，尤其是在空间项目中的应用。

9月13日 信研院党支部在信息科学技术大楼召开支委会扩大会议，讨论制订了2011—2012学年秋季学期支部工作计划。

9月16日 信研院在信息科学技术大楼1-312会议室举办了第4次午餐学术沙龙活动。SAS研究院绩效管理解决方案研发部高级总监Daniel Minto和赛仕软件研究开发（北京）科技有限公司总监杨旭以"*Analytics and How It Shapes Our World*"为主题，分别作了报告。Daniel Minto介绍了商业分析软件帮助企业解决复杂问题，从而提升绩效创造更高价值的趋势，包括云计算、高性能计算等信息技术的运用等。杨旭就文本分析等问题与参会师生进行了进一步探讨。

9月中旬 由信研院教师李军、曹军威分别指导的自动化系博士研究生杨保华和张帆荣获2011—2012年度IBM博士生英才计划奖学金。

9月21日 信研院2011—2012学年度第四次院务会议讨论通过《信研院教授会组织办法（试行）》。

9月21—24日 第二届网络与分布式计算国际会议（2011 International Conference on Networking and Distributed Computing）在清华大学信息科学技术大楼顺利召开，信研院FIT中心教师曹军威担任大会联合主席。

9月22日 新竹清华大学通信工程研究所教授祁忠勇来到信研院，作了题为"*Distributed Robust Multi-Cell Coordinated Beamforming with Imperfect CSI: An ADMM Approach*"的演讲。

9月26日 美国亚利桑那大学计算机、信息学和决策系统工程学院的Wei-Tek Tsai来到信研院，作了题为"*Software Architecture with Ontology Experience gained in Smart Home Project*"的演讲。

10月

10月12日 美国密苏里科技大学的肖承山来到信研院，作了题为"*Globally Optimal Linear Precoders for Finite Alphabet Signals Over Complex Vector Gaussian Channels*"的演讲。

10月15—18日 由西北工业大学与信研院语音中心联合举办的NCMMSC'2011（第十一届全国人机语音通讯学术会议）在西安成功举办。本届会议共录取论文108篇，语音中心主任郑方任程序委员会主席，中心副主任邬晓钧任组织委员会主席。

10月17日 美国高通公司技术副总裁凌复云来到信研院，作了题为"*Linear Multiuser Detection (LMUD) in TD-SCDMA Systems*"的演讲，介绍了TD-SCDMA的线性多用户检测等内容。

10月20日 台湾交通大学教授王协源（Shie-Yuan Wang）来到信研院，作了题为"*EstiNet Network Simulator and Emulator*"的演讲。王协源介

绍了由他主导研发的 EstiNet 网络模拟与仿真器，以及网络模拟与仿真的区别，并深入剖析了 EstiNet 的内部实现框架与思想。

10月23—25日 FIT 中心教师曹军威应邀参加首届中国大连物联网大会，并担任云计算平台与应用分会的联合主席。曹军威在会上作了《云计算与物联网在智能电网应用》方面的主题报告。

10月24日和25日 新西兰奥塔哥大学的 Walled H. Abdulla 来到信研院，分别作了题为"*FxLMS-Based Active Noise Control: A Quick Review*"和"*Speaker Recognition Feature Domain Investigation*"的演讲。

10月24—27日 第13届亚太数字图书馆国际会议在清华大学信息科学技术大楼举行。此次国际会议主题为"数字图书馆——文化传承，知识传播，未来创新"，由清华大学主办，北京大学和国家图书馆协办。信研院 WEB 与软件中心主任邢春晓担任本次大会的程序委员会主席，副主任张勇担任大会组委会本地主席，教师李超担任研讨会主席。

10月25日 清华大学（信研院）—数码视讯科技股份有限公司未来视讯技术联合研究所揭牌仪式在清华大学信息科学技术大楼举行。联合研究所的建立标志着数码视讯与清华的合作将以研究所作为长期稳定的合作载体，共同探讨相关技术领域的发展方向，共同定义、组织和推动研发项目的实施。

10月26日 信研院在信息科学技术大楼 1-312 会议室举办了第5次午餐学术沙龙活动。数字电视中心教师杨昉作了题为《电力线通信技术及其应用》的主题报告。参会教师对电力线通信（PLC）技术的适用性和市场前景以及困扰该技术实施的难点进行了交流和探讨。

10月28日 村田制作所总裁竹村善人来到信研院，作了题为《物联网通信技术》的演讲。

10月 信研院语音中心硕士生张超获得"GOOGLE2011 优秀奖学金"和"NCMMSC2011 最佳学生论文奖"；语音中心博士研究生王琳琳获得"APSIPA2011 最佳学生论文奖"；无线移动通信中心博士研究生闫阳获得"WICON2011 最佳论文奖"。

11月

11月3日 名古屋大学教授Masaaki Katayama在信息科学技术大楼1-415会议室作了题为《电力线通信技术及无线控制技术》的演讲。Masaaki介绍了电力线通信的背景与应用现状、电力线通信的信道模型与噪声模型，并且讲述了电力线通信系统的访问控制技术及无线控制的相关技术与应用。

11月3—5日 应江苏省和清华大学科研院邀请，信研院教师赵明、薛一波、李超、丁晓玲，前往南京国际博览中心，参加了第三届中国江苏产学研合作成果展示洽谈会。

11月9日 信研院在信息科学技术大楼1-312会议室举办了第6次午餐学术沙龙活动。轨道交通中心教师董炜和徐晓滨分别作了题为《高速铁路列控系统及其仿真测试环境介绍》和《高速铁路轨道电路系统建模与故障诊断研究》的报告。董炜介绍了CTCS-3级列车运行控制系统（C3列控系统）的基本结构原理及轨道交通中心在C3列控系统仿真测试方面的部分工作成果。徐晓滨介绍了轨道电路的概念、工作原理、易受干扰特性、故障诊断的重要性，以及轨道交通中心在轨道电路建模及故障诊断方面的部分研究工作及成果。

11月17日 神舟八号飞船向着内蒙古主着陆场区飞来，由5架直升机组成的空中搜救分队起飞向待命空域靠拢。在作为通信枢纽的通信直升机上，直升机载宽带卫星通信终端在主着陆场直升机与北京之间成功建立空天链路，实时回传直升机和前方图像话音，保障了神舟八号搜救工作顺利进行。信研院教师倪祖耀参与了直升机载宽带卫星通信终端研制工作。在直升机卫星通信设备的研制期间，承担了关键技术攻关工作，解决了直升机旋翼对电磁波遮挡引起的通信信号中断等一系列问题。该项目由清华大学航天航空学院宇航中心牵头，信研院等单位共同参与完成。

11月23日 信研院在信息科学技术大楼1-312会议室举办了第7次午餐学术沙龙活动。操作系统中心教师吕勇强作了题为《面向物联网云计算下的操作系统关键技术初探》的报告。参会教师就物联网异构问题，数据协议、数据存储等问题进行了充分的探讨。

12月

12月5日 微软合作伙伴工程经理 Ying Li 来到信研院，作了题为"*Data: Value Creation and Responsibilities*"的演讲。

12月6日 信研院在信息科学技术大楼1-315会议室召开了一年一度的联合研发机构总结交流会。各联合研发机构负责人分别介绍了机构的研发进展、相关成果及人才培养和管理等方面情况，与会代表就联合研发机构的合作经验、存在问题等展开了积极的讨论和交流。

12月14日 北京市政府发布了2010年北京市科学技术奖获奖项目名单。以信研院教师尹浩为第一完成人的"大型分布式网络视频分发系统"获得一等奖。

12月14日 信研院在信息科学技术大楼1-312会议室举办了第8次午餐学术沙龙活动。微电子所邓宁、自动化系张涛及WEB与软件中心杨吉江以"数字医疗及其应用"为主题，分别作了题为《无线医疗与健康监护系统及相关技术》《面向人体器官的三维建模与人机交互及特殊环境下的人体信号监测与分析》和《面向医疗健康服务的物联网及云服务平台》的报告。来自各中心的40余名师生参加了此次活动，并就信息技术在数字医疗领域应用的热点问题同主讲人进行了讨论与交流。

12月21日 经2011—2012学年度第十次院务会议讨论，同意清华大学（信研院）—北京金名创业信息技术有限责任公司金融工程联合研究所和清华大学（信研院）—北京全路通信信号研究设计院有限公司轨道交通自动化联合研究所续签事宜。

12月27—29日 信研院FIT中心教师曹军威带领973项目"物联网运行支撑平台和实证研究"课题组，参加了在澳门大学举办的973项目"物联网基础理论和设计方法研究"年度总结会。该项目一年来发表SCI国际期刊文章5篇，EI国际期刊和会议文章10篇，申请专利3项。

12月30日 由信研院数字电视中心教师彭克武和杨昉合作指导的项目"BICM-ID系统星座点映射方式搜索"获得清华大学"SRT计划优秀项目奖一等奖"。信研院获得清华大学"SRT计划优秀组织奖"。

12月 信研院专业技术职务聘任工作顺利完成。正高级专业技术职务聘任人员为：吉吟东、李云洲（院聘）；副高级专业技术职务聘任人员为：王海霞、邬晓钧（院聘）；八级教育职员任职资格：杨卫；九级教育职员任职资格：李锦秋。

本年 博士后进站6人，出站4人，年底在站15人。

本年 共有教职员工190人，其中事业编制44人，博士后15人，非事业编制131人。事业编制中具有正高级专业技术职务8人，副高级专业技术职务25人。在院研究生95人，其中硕士研究生48人，博士研究生47人。本科生30人在信研院进行了毕业设计工作。教师16人在学科所属院系积极承担了32门课程的教学工作。

共有8个技术研究中心、1个工程研究中心，14个联合研发机构，1个自主批建机构。其中本年新建技术研究中心1个：轨道交通控制技术研究中心，新建工程研究中心1个：数字医疗健康工程研究中心，新建联合机构2个：清华大学（信研院）—北京数码视讯科技股份有限公司未来视讯技术联合研究所、清华大学（信研院）—广东新岸线计算机系统芯片有限公司计算机系统芯片联合研究所。合作到期关闭联合机构4个：清华大学（信研院）—北京威视数据系统有限公司数据安全研究所、清华大学（信研院）—香港应用科技研究院多媒体广播与通信联合研究实验室、清华大学（信研院）—北京蓝汛通信技术有限责任公司内容分发网络研究所、清华大学（信研院）—天津（新技术产业园区）宽带无线城域网研究中心。

新任干部名单如下。

中心主任：轨道交通控制技术研究中心主任叶昊（兼，自动化系），数字医疗健康工程研究中心主任杨吉江。

新增正高级专业技术职务人员：吉吟东、尹浩（院聘）、李云洲（院聘）。

新增副高级专业技术职务人员：王海霞、邬晓钧（院聘）。

新聘兼职研究员2人，续聘兼职研究员1人。

人才引进情况。校内调入：计算机科学与技术系1人（尹浩）。

本年科技成果鉴定2项。申请专利54项，授权专利30项。获得计算机软件著作权登记14项。制定行业标准2项。获得国家级奖励1项、省部级奖励3项。其中国家自然科学奖二等奖1项；北京市科学技术奖一等奖1项，中国电子学会电子信息科学技术奖一等奖及三等奖各1项。

本院共组织学术沙龙8次，举办学术报告29场。共计接待60批来访客人，累计人数481人次。派出教师、科研人员62人次出访美国、日本等20个国家和地区。

2012 年

1 月

1月4日 信研院轨道交通中心召开了 2011 年成立后的首次中心工作总结交流会。自动化系主任周东华、信研院院长助理邢春晓、黄春梅及中心全体师生参加了会议。

1月 2012 年第一次研究生毕业典礼暨学位授予仪式举行。本次信研院共毕业博士研究生 3 人，硕士研究生 1 人。

2 月

2月初 信研院语音中心主任郑方被聘为语音和语言处理领域国际顶尖刊物之一 *IEEE-TASL*（*IEEE Transactions on Audio, Speech and Language Processing*）的副编辑。

2月初 信研院语音中心主任郑方被选为亚太区信号与信息处理联合会（Asia-Pacific Signal and Information Processing Association，APSIPA）杰出演讲者（Distinguished Lecturer）。

2月14日 缅甸 Shwe Than Lwin Media 公司首席技术官 Myo MIN 等一行 6 人来访信研院数字电视中心。中心主任宋健、首席科学家杨知行、副主任潘长勇接待了来宾。代表团此次访华，希望了解中国 DTMB 地面国标的技术特点和性能优势及最新演进成果，为缅甸即将开展的电视广播设备数字化改造工作做前期准备。宋健介绍了中国数字电视传输标准 DTMB 和演进系统，以及相关的国际合作情况，分析了现有 4 个国际数字电视传输标准的制式、技术特点，提出中国标准的三项基础性创新。来宾表示，希望和清华大学在数字电视广播领域开展合作，联合培养相关人才。此次交流，为缅甸选用中国数字电视标准奠定了良好的基础。

2月14日 2011年度国家科学技术奖励大会在北京人民大会堂隆重举行。信研院教师尹浩与计算机系教师林闯、李波等合作完成的"计算机网络资源管理的随机模型与性能优化"项目荣获2011年度国家自然科学奖二等奖，尹浩排名第四。

2月16日 以斯里兰卡总统顾问乌帕利（Wr. Kaluhath Upali Rajapakse）为首的代表团一行5人，来访信研院数字电视中心。院长李军、数字电视中心主任宋健、首席科学家杨知行、副主任潘长勇接待了来宾。在中国DTMB成为地面数字电视传输国际标准后，斯里兰卡对中国标准产生了浓厚的兴趣，代表团此次访华的主要目的是与制定中国地面国标的有关方面建立友好联系并商讨合作事宜。李军对斯里兰卡客人的来访表示欢迎，希望双方加强了解，增强合作。杨知行介绍了DTMB地面数字电视国标的发展概况，并就对方感兴趣的问题进行了详细的解答。乌帕利表示，希望和清华大学在数字电视广播领域开展合作，联合培养相关人才。

2月16日 日本佳能公司开发部部长谷泰弘一行8人访问信研院语音中心。中心主任郑方、副主任周强及教师夏云庆、邬晓钧等接待了来宾。郑方就双方合作意向介绍了中心总体科研情况和成果，邬晓钧演示了中心在声纹识别、意见挖掘、数字医疗和智能增值信息服务方面的原型系统，夏云庆向来宾详细讲解了中心对于意见挖掘和舆情分析技术的认识、已有成果及未来科研计划。双方以需求为基础，就下一步的合作进行了充分沟通。

2月23日 信研院在信息科学技术大楼1-312会议室举办了第1次午餐学术沙龙活动。码实信息科技有限公司的夏淳、李彬和于波以"硅谷云计算PaaS发展前沿交流"为主题分别作了报告，介绍了云计算PaaS的硅谷动态，以及码实社会化移动应用云平台，并提出了拟开展合作的研究课题。参会师生就研究课题的商业应用背景等问题与主讲人进行了深入讨论与交流。

2月26日 由信研院轨道交通中心承办的清华—香港城大高铁技术研讨会（HSRN2012）在清华大学顺利召开。研讨会分为"可再利用资源的收益管理和备件管理""复杂系统故障预测与健康监测管理""高铁列控系统及旅服系统运行维护技术"3个主题，分别由清华大学、香港城市大学和易程科技有限公司科技人员进行了主题演讲。与会人员希望今后能够进一步加强清华大学与香港城市大学在多个领域的学科交流与合作，面向世界高速铁路的发展，抓住契机，努力为解决高速铁路领域的基础理论和关键技术问题做出贡献。

2月23日 由信研院操作系统中心承担的健康城市解决方案——河南平顶山试点项目在河南省平顶山市正式启动。院长李军代表清华大学出席了健康城市启动大会暨全市干部动员大会，并参观了首期揭牌试点的卫生服务社区。

2月18—24日 信研院数字医疗健康工程研究中心主任杨吉江前往美国参加了全美医疗信息管理系统协会（HIMSS）年会。会议期间，杨吉江访问了MDLand健康信息技术公司，参观了其产品和技术并洽谈了双方合作的可能性。

2月29日 新竹清华大学教授张智星来到信研院，作了题为《音讯辨识技术与应用——以游戏为导向的语音与音乐学习》的演讲，介绍了各项音讯识别技术在语音与音乐学习方面的应用。

3月

3月1日 经信研院2011—2012学年度第十四次院务会议讨论，决定成立铁路客运服务系统北京市工程研究中心。

3月7日 信研院在信息科学技术大楼1-312会议室举办了第2次午餐学术沙龙活动。信息科学技术学院副院长牛志升作了题为《信息技术：在学科交叉与融合中创新》的主题报告，介绍了学科与大学的几个基本问题、交叉学科建设与大学组织管理和信息技术的发展与2020展望。

3月9日 全国人大代表、广州市副市长王东校友在两会期间回到母校，访问了信研院。

3月13日 美国得州仪器（TI）公司战略规划部资深经理Brent Jones一行4人访问信研院汽车电子实验室。院长李军、副院长兼汽车电子实验室主任郑方和汽车电子实验室常务副主任乌力吉等接待了来宾。郑方对

TI 公司的来访表示欢迎，并介绍了汽车电子实验室成立背景及发展概况。Brent 介绍了 TI 的发展及主要研究领域和产品。乌力吉介绍了汽车电子实验室的研发现状。微电子所副所长王志华、汽车系副系主任杨殿阁、汽车研究所所长连小珉、长春中科汽车电子有限公司总经理张少军及汽车电子实验室教师王生进、张兆华、袁涛等介绍了各自的研发方向及研究成果。最后，来宾参观了汽车系实验室、电动汽车整车演示和无源胎压监测演示，双方从技术、合作切入点及合作模式等方面进行了深入探讨。

3月　由信研院数字电视中心承担的"增强型全模式多带宽 DTMB 信道调制器 DT1008"项目，获得中国广播电视设备工业协会颁发的"广播电视科技创新特等奖"。该项目由数字电视中心教师潘长勇、杨昉、阳辉等共同参与完成，杨昉还获得由中国广播电视设备工业协会颁发的"科技创新优秀个人奖"。

3月14—18日　由院长李军带队，信研院院务会成员及各技术研究中心主要负责人一行 15 人，前往广东、海南两省调研国家新兴产业需求，推动省校科研合作，开展考察学习活动。在广州市考察期间，广州市番禺区区长楼旭逵等领导接待了考察组一行。考察组先后考察了清华（广州）科技园及落户科技园广州创新基地的部分企业，访问了前期与信研院开展紧密合作的天一众合科技股份有限公司、安凯（广州）微电子技术有限公司，对电子信息产业的发展和需求进行了深入讨论和沟通。在海南省考察期间，海南省科技厅副厅长杨天梁接待了考察组一行。考察组访问了海南省生态软件园，调研了软件园在软硬件基础设施建设方面及入园企业的基本情况。此外，考察组还先后访问了天涯社区网络科技公司和中兴通讯股份有限公司，并与高层负责人就科研合作和产业发展前景进行了座谈和交流。

4月

4月1—4日　美国马凯特大学 Ubicomp 实验室主任 Sheikh Iqbal Ahamed 到访信研院数字医疗健康工程研究中心。

4月5日　信研院 2011—2012 学年度第十六次院务会议讨论通过《清华大学信研院事业编制科研岗位人员评价基本标准（试行）》。

信息技术研究院大事记
（2003—2019）

4月6日 泰国国家广播和通信委员会主席 Thawatchai Jittrapanun 等一行6人到访信研院数字电视中心。院长李军、数字电视中心首席科学家杨知行、主任宋健、副主任潘长勇接待了来宾。李军向客人介绍了清华大学和信研院概况，并重点介绍了数字电视中心推动 DTMB 国标标准的历程及国际推广情况。会后，代表团参观了数字电视中心实验室。

4月18日 著名信号处理专家、瑞典兰德大学教授 Ove Edfors 在信息科学技术大楼综合报告厅作了题为 "User channel correlation in MU-MIMO and its impact on the choice of coding" 的演讲。Ove Edfors 报告了在兰德大学开展的信道测量结果，并根据测量结果得到的不同链路相关性，考察了多用户不同链路编码方案的差异，提出了可靠的解决方法。

4月20日 工信部 ITSS（信息技术服务标准）标准体系中的《非结构化数据采集及分析规范》的起草单位——信研院 WEB 与软件中心和北京立思辰科技股份有限公司在信息科学技术大楼举办了专家咨询会。

4月25日 IBM 研究院系统部副总裁 Tilak Agerwala 来到信研院，作了题为《以数据为中心的计算：一种新兴的系统设计模式》（*Data Centric Computing: Emergence of a New System Design Paradigm*）的演讲。Agerwala 在报告中提出，为应对网络信息爆炸，有必要建立一种新的智能系统以便高效利用大数据，利用这种新资源来建立大的分析解决方案。他列举了一些关键技术及这些技术对系统设计需求的影响，并重点阐述了支持新兴互联网大数据分析工作的以数据为中心的计算模式。

4月27日 信研院2012年信息技术校友论坛（一）在信息科学技术大楼多功能厅举行，论坛由副院长郑方主持。主讲嘉宾腾讯公司副总裁吴军以《浪潮之巅》为题，阐述了科技发展的浪潮、IT 领域的规律、Wintel 时代的兴起和衰落及云计算等热点问题。此外，北京视博云科技总经理韩坚、江苏泛联物联网副总经理贺静、北京赞成科技副总裁杨侃分别以《视频云计算技术及其应用》《物联网产业的困境与出路》和《移动互联网发展展望》为题，与师生们探讨了信息技术潮流发展及云计算、物联网等新兴技术的发展趋势。

4月27—29日 清华大学迎来建校101周年。信研院在信息科学技术大楼举办了"技术创新成果展""信息技术校友论坛""实验室对外开放"红色电影展播及师生体育比赛等一系列校庆活动。

4月29日 信研院2012年信息技术校友论坛（二）在信息科学技术大楼多功能厅举行。计算机系教师王小鸽主持了论坛。4位来自计算机系的1977级校友——日本埼玉大学教授程京德、上海科泰董事长陈榕、天津大学计算机学院教授党建武，以及美国普渡大学罗森高性能计算研究中心高级研究员宋晓辉，分别作了《基于推论的发现与预测之逻辑基础》《如果能在云盘里面运行程序》《语音信号处理技术的现状与展望》和《通过集成网络基础设施来推进科学、工程和教育的进步》的主题演讲。随后，主讲嘉宾会同联想研究院首席研究员侯紫峰、美国韦伯州立大学教授于卓琳、西门子公司生产经理周迪、上海证交所总工白硕4位校友，从信息技术与金融发展、IT产业界产品研发、IT与管理及实现技术创新等不同角度，与参会师生分享了技术发展与职业规划等宝贵人生经验。

4月底 清华大学公布了2011年度"学术新人奖"获奖人员名单，信研院教师尹浩获得"学术新人奖"。

5月

5月17日 信研院教师尹浩出席了中国（南京）未来网络产业创新中心正式投运仪式，并被任命为中心副主任。仪式上，中心专家委员会及南京未来网络产业联盟同时揭牌，中心主任刘韵洁院士和江宁开发区常委戴华杰与未来网络产业领域的创新团队项目正式签约。NFC核心芯片研发、移动支付应用、智慧旅游、未来网络企业移动互联云平台、星播客、视频内容识别系统及社会化媒体观点分析与决策辅助平台共6个项目将与中科院计算所、北京邮电大学和清华大学的3个团队项目共同入驻中国南京未来网络谷。

5月17日 美国佐治亚理工大学电子与计算机工程系教授Bo Hong在信息科学技术大楼1-315会议室作了题为"*GPU Accelerated High-Performance Computing—Challenges in Algorithm Design and Application Development*"的演讲。Bo Hong介绍了目前主流高性能GPU平台的软件设计关键问题及GPU对最大网络流算法和蛋白质对接算法的加速实现，并介绍了 GPU 在并行计算中加速应用的新技术。

5月22日 清华1989级校友、美国奥本大学电气与计算机工程系毛世文在信息科学技术大楼小报告厅作了题为"*On Gigabit Wireless Networks*"的演讲。毛世文从无线数据业务的剧增和潜在的革新技术出发,重点介绍了在短距离的基于帧结构的毫米波无线个域网调度设计和长距离的双层FSO网络设计两个方面的研究进展和成果。

5月29日 信研院2011—2012学年度第二十次院务会议讨论通过《信研院学术报告管理办法(试行)》。

5月30日 信研院在信息科学技术大楼举办了第3次午餐学术沙龙活动。FIT中心教师倪祖耀作了题为《直升机卫星通信及其在载人航天着陆场的应用》的主题报告。

6月

6月22日 信研院轨道交通中心举行了成立一周年工作总结会。

6月29日 神舟九号飞船在上午10时左右顺利返回地面,信研院教师倪祖耀参与研制的直升机卫星通信设备首次将神舟飞船落地瞬间的图像实时传回北京指控大厅,并通过中央电视台向全国直播。

6月底 在第二届清华大学优秀科研成果"落地北京"项目评选活动中,信研院有两个项目获得优秀项目奖,分别是数字医疗健康工程研究中心杨吉江负责的"基于网络通讯技术的社区医生培训与知识共享模式研究"项目和金融工程研究所韩军组织设计的"商业银行流动性风险管理信息系统"项目。

7月

7月3日 信研院2012毕业研究生和出站博士后座谈会在信息科学技术大楼4-302会议室召开。信研院副院长吉吟东、部分技术研究中心辅助教学主管或负责人,以及毕业研究生和出站博士后代表参加了座谈会。

7月10日 信研院在信息科学技术大楼1-312会议室举办了第4次午餐学术沙龙活动。FIT中心副研究员尹浩作了题为《多媒体网络:从通信网走向信息网》的报告。尹浩介绍了通信网中多媒体网络的产生背景和发展历史，以及通信网中多媒体内容传输面临的六大挑战，同时深入地讲解了通信网中内容分发网络的关键技术与核心算法。最后，介绍了其最新的研究工作，并阐述了未来网络体系结构将走向以信息内容为中心的信息网。

7月15日　中国中文信息学会语音信息专业委员会会议在信息科学技术大楼1-315会议室召开，信研院语音中心主任郑方被选为本届专委会主任委员。

7月　2012年第二次研究生毕业典礼暨学位授予仪式举行。本次信研院共毕业博士研究生2人，硕士研究生20人。1名硕士研究生获得校级"优秀硕士毕业论文"。同月，本科生毕业典礼暨学位授予仪式举行，信研院教师指导的3名本科生获得校系级"综合论文训练优秀论文"，6名本科生获得北京市和校级"优良毕业生"。

7月　信研院轨道交通中心教师董炜获得"清华大学优秀班（级）主任二等奖"。

8月

8月7—8日　信研院FIT中心教师曹军威和陈震带领973课题"物联网运行支撑平台和实证研究"成员，参加了在安徽黄山举行的中美环境监测保护、公共健康及灾害恢复研讨会，并与中美代表就物联网体系结构和典型应用等问题进行了深入交流。

8月14日　美国休斯敦大学韩竹在信息科学技术大楼小报告厅作了题为"*Wireless Physical Layer Security: How to Date a Girl with Her Boyfriend on the Same Table*"的演讲。韩竹从博弈论、资源分配等角度深入浅出的介绍了物理层安全最新的研究进展，并介绍了休斯敦大学Wireless Amigo Lab的基本情况。

8月23日　2012年国家自然科学基金项目审批结果揭晓，信研院共获得国家自然科学基金4项，其中FIT中心教师尹浩荣获"优秀青年科学基金项目"。

8月27日　信研院2012年研究生新生与导师见面会在信息科学技术大楼1-312会议室举行。院长李军、各技术研究中心辅助教学主管及2012

年入学研究生参加了新生见面会。

8月 由电子系、信研院数字电视中心和科教仪器厂合作完成的"结合重大科研成果，培养创新拔尖人才——数字电视课程教学探索与实践"项目，荣获"清华大学教学成果二等奖"。

9月

9月11日 清华杰出校友任力伟在信息科学技术大楼1-312会议室作了题为"Overview of Data Loss Prevention (DLP) Technology"的演讲。任力伟主要介绍了Data Loss Prevention（DLP）技术的相关概念和模型，并探讨了该技术的核心算法。

9月13日 唐山轨道客车有限责任公司总工程师孙帮成一行10人访问了信研院和清华大学高速铁路技术研究中心。科研院副院长、高铁中心常务副主任王治强、信研院副院长吉吟东及相关教师在信息科学技术大楼接待了来宾。吉吟东介绍了清华大学高铁中心及信研院的发展情况，轨道交通中心主任叶昊详细介绍了中心的科研方向和研究成果，高铁中心信息所所长邵晓风介绍了在智能交通方面的相关工作。双方就高铁智能维护研究领域进行了广泛的探讨。最后，来宾们参观了信研院无线移动中心及轨道交通中心的高速铁路列控实验室。

9月17日 信研院党支部在信息科学技术大楼召开支委会扩大会议，讨论制订了2012—2013学年秋季学期支部工作计划。

9月20日 信研院2012年研究生新生及新进站博士后迎中秋午餐交流会在信息科学技术大楼中央花园举行，会议由院长助理、辅助教学主管邢春晓主持，来自各中心近65位师生参加了交流会。院长李军代表院务会致辞欢迎新同学、新进站博士后的到来。各中心教师代表王京、汪东升、薛永林、陈渝、张勇、王东、董炜、倪祖耀，以及博士后代表姜永、博士研究生代表米翔和硕士研究生代表何嘉权分别进行了发言。

9月24日 新竹清华大学通信工程研究所教授祁忠勇来到信研院，作了题为"Hyperspectral Data Geometry Based Estimation of Number of Endmemebers Using p-norm Based Successive Pure Pixel Identification Algorithm"的演讲。

2012 年

10 月

10月10—13日 IEEE 2012第14届数字医疗网络、应用及服务国际会议（IEEE 2012 14th International Conference on e-Health Networking, Applications and Services, HealthCom2012）在清华大学信息科学技术大楼举行。会议由IEEE ComSoc主办，清华信息国家实验室与清华大学医学院共同承办，电子系教授宋健担任会议主席，信研院数字医疗健康工程研究中心主任杨吉江担任程序委员会共同主席，来自全球30多个国家和地区的100余名学者参加了此次会议。会上，国家实验室常务副主任、信研院院长李军代表承办单位致欢迎辞，简要地介绍了国家实验室在医疗信息技术和服务方面的研究情况。国家卫生部统计信息中心副主任胡建平介绍了中国卫生信息化的战略规划和发展情况。台湾工研院教授吴宗和、清华大学医学院程京院士和葡萄牙贝拉地区大学教授Joel Rodrigues作为会议特邀嘉宾分别作了主题报告。此次会议包括生理信息与传感、健康信息与监测、临床智能与辅助等领域，并首次组织了关于中医信息科学的研讨会。

10月17日 信研院FIT中心LIGO工作组应邀参加了在北京师范大学举行的中澳引力波合作座谈会。FIT中心教师曹军威介绍了工作组的研究进展，计算机系教师都志辉介绍了清华大学和西澳大利亚大学在利用GPU进行引力波数据分析方面的研究成果。参加会议的有：澳大利亚引力波天文台负责人David Blair，澳大利亚大使馆相关人员，国家自然科学基金委员会相关负责人，以及来自华中科技大学、中国科技大学、北京师范大学和中科院应用数学研究所的中国引力波工作组成员。

10月30日 信研院在信息科学技术大楼1-312会议室举办了第5次午餐学术沙龙活动。院务委员会副主任曹军威和数字电视中心主任宋健分别作了题为《能源互联网——以信息为中心的能源基础设施变革》和《电力线通信（PLC）——支撑第三次工业革命的信息技术平台之一》的主题报告，介绍了能源互联网和第三次产业革命相关的技术和思考。参会教师就信息技术在能源领域应用的热点问题进行了讨论与交流。

10月 由信研院FIT中心教师陈震指导的计算机系学生朱晓伟提出的"国家级大学生创新创业训练计划资助"获得批准。

11月

11月1日 信研院2012—2013学年度第七次院务会议讨论修订《信研院重大项目定义（修订）》。

11月2日 金蝶国家软件集团高级副总裁及首席科学家、金蝶研究院院长张良杰来到信研院，作了题为"企业架构TOGAF走进高校"的演讲。

11月21日 院长李军、副院长郑方带领信研院各技术研究中心科研骨干一行7人前往广东省，访问了广州市番禺区清华科技园广州创新基地和广东物联天下物联网信息产业园。在清华科技园广州创新基地，考察组同番禺区人民政府及广州市番禺创新科技园有限公司代表会谈，共同商讨共建"广东现代信息服务业产业化基地"公司的相关事宜，并详细讨论了公司的设立方案及前期筹备工作。在广东物联天下物联网信息产业园，考察组与广东物联天下科技集团股份有限公司董事长马永波、总裁阎峰、乐从医院书记陈启康等，就智慧医疗、物联网与云计算和汽车电子等方向的研究进行了深入交流。此后，考察组还参观了广东物联天下物联网信息产业园及物联网体验馆。访问期间，广东省经济和信息化委员会副主任邹生和当地政府领导接见了考察组一行。

11月22日 信研院在信息科学技术大楼1-312会议室举办了第6次午餐学术沙龙活动。中国科学院微电子所研究员吴斌、清华大学微电子所教授余志平和无线移动中心副研究员李云洲以"无线局域网的最新发展与挑战"为主题，分别介绍了WLAN几个最新发展分支、802.11b到802.11n（through 802.11g）的芯片发展历程、802.11ac的RF设计挑战及WLAN芯片的行业现状和下一步的发展需求。

11月27日 韩国沙龙工程公司会长金奉泽一行3人到访了信研院轨道交通中心。中心副主任孙新亚及相关教师接待了来宾。孙新亚介绍了中心的科研方向以及在CTCS-3级列控系统集成测试平台等领域取得的重要科研成果，双方就故障诊断与预测维护等领域进行了深入的交流。最后，金泰泽一行参观了高速铁路运行控制系统实验室。

11月27日 新西兰奥克兰大学电子工程系教授、新西兰Royal Society会员Zoran Salcic来到信研院，作了题为"*How to Marry System-*

Level Design and Internet of Things-Challenges and Solutions"的演讲。

11月　信研院WEB与软件中心硕士研究生明华获得"WISA最佳学生论文奖"。

截至11月底　新西兰奥克兰大学教授Waleed Abdulla应语音中心首席科学家张钹院士的邀请，到信研院进行了为期3个多月的访问活动。

12月

12月3日　信研院语音中心主任郑方在洛杉矶召开的BOG会议中被选举为亚太区信号与信息处理联合会（Asia-Pacific Signal and Information Processing Association，APSIPA）副主席（Vice President–Institutional Relations and Education Program）。

12月6日　清华—通号轨道交通自动化研究所在清华大学信息科学技术大楼召开了管委会第四次会议。

12月13日　信研院2012—2013学年度第八次院务会议讨论修订《信研院辅助教学补贴及奖励办法（修订）》《清华大学信研院事业编制科研岗位人员评价基本标准（试行）》。

12月14日　微软研究院首席研究员邓力在信息科学技术大楼多功能厅作了题为"*Recent Innovations in Speech Technology Ignited by Deep Learning*"的演讲，介绍了Deep Learning的发展过程及其在语音识别等领域中所取得的突出成绩，并对Deep Learning在其他研究领域中的应用进行了展望。

12月19—20日　中国未来网络产业创新联盟在第二届中国未来网络发展与创新论坛上正式成立。信研院教师、中国（南京）未来网络产业创新中心副主任尹浩被任命为中国未来网络产业创新联盟秘书长。计算机科学与技术系主任吴建平担任了主题演讲的主持人，信研院院长李军主持了圆桌讨论。

12月25日　新加坡技术设计大学严超在信息科学技术大楼小报告厅作了题为"*Exploiting Multiuser Diversity in Wireless Interference Networks*"的演讲。严超从无线网络中存在的干扰问题出发，重点介绍了在干扰对齐（OIA）方面的创新解决方案及其与传统的干扰对齐（IA）技术对比所体现出来的优势，并展示了对于多对双向中继干扰信道的初步研究成果。

12月27日 信研院在信息科学技术大楼1-312会议室举办了第7次午餐学术沙龙活动。易程科技股份有限公司副总裁、清华大学高速铁路技术研究中心副主任邵晓风和WEB与软件中心副主任张勇以"高速铁路服务信息化进展与挑战"为主题分别进行了报告，介绍了"美国高铁进展并拟与清华合作要点"和"综合交通客运枢纽协同管理云平台关键技术研究及实现"的项目进展。参会教师就如何通过中国高铁科技优势的展示平台促进学生培养与学术交流等问题进行了讨论与交流。

12月27日 清华杰出校友、海纳医信CEO崔彤哲在信息科学技术大楼1-312会议室作了题为《医学影像诊断技术进展及远程医疗在国内的现状和未来展望》的演讲。崔彤哲分享了自己多年创业的经历，以及对医学影像技术的发展展望，重点介绍了远程医疗核心关键技术，以及基于云计算模型的远程医疗服务的开展和系统的研发。

12月30日 由信研院数字电视中心教师潘长勇指导的项目"DTMB国际标准研究"获得"SRT计划优秀项目奖一等奖"，参演学生张帅。

12月 信研院WEB与软件中心博士研究生田洪亮和FIT中心博士研究生万宇鑫获得"清华大学一二九辅导员奖"。

12月 信研院专业技术职务聘任工作顺利完成。正高级专业技术职务聘任人员为：李兆麟、潘长勇（院聘）；副高级专业技术职务聘任人员为：李超、杨昉（院聘）；工程师任职资格：康烁、曾捷；七级教育职员任职资格：阚淑文。

本年 博士后进站13人，出站6人，年底在站22人。

本年 本院共有教职员工190人，其中事业编制46人，博士后22人，非事业编制122人。事业编制中具有正高级专业技术职务人员9人，副高级专业技术职务26人。在院研究生95人，其中硕士研究生44人，博士研究生51人。本科生40人在信研院进行了毕业设计工作。教师20人在学科所属院系积极承担了35门课程的教学工作。

共有8个技术研究中心、1个工程研究中心，11个联合研发机构，1

个政府批建机构，1个自主批建机构。其中本年新建政府批建机构1个：铁路客运服务系统北京市工程研究中心，新建联合机构1个：清华大学（信研院）—上海可鲁系统软件有限公司工业物联网系统技术联合研究中心，合作到期续签联合机构3个：清华大学（信研院）—北京金名创业信息技术有限责任公司金融工程联合研究所、清华大学（信研院）—北京全路通信信号研究设计院有限公司轨道交通自动化联合研究所、清华大学（信研院）—广州市怡文环境科技股份有限公司环境监测技术联合研究所，合作到期关闭联合机构2个：清华大学（信研院）—诺基亚（北京研究院）移动计算创新技术联合实验室、清华大学（信研院）—广东环天电子技术发展有限公司数据与知识工程研究中心。

新增正高级专业技术职务人员：李兆麟、潘长勇（院聘）。

新增副高级专业技术职务人员：李超、杨昉（院聘）。

新聘兼职研究员1人，续聘兼职研究员1人。

人才引进情况。海外人才：王东；校内调入：电子工程系1人（潘长勇）。

获奖：尹浩入选清华大学"学术新人奖"。

本年申请专利54项，授权专利41项。获得计算机软件著作权登记2项。完成并发布国家标准1项、行业标准2项。获得国家级奖励4项、省部级奖励5项。其中国家技术发明奖二等奖1项；教育部技术发明奖二等奖1项，中国人民解放军全军医疗成果奖二等奖1项，中国电子学会电子信息科学技术奖一等奖1项，中国广播电视科技创新特等奖1项。

本院共组织学术沙龙7次，举办学术报告13场。共计接待32批来访客人，累计人数253人次。派出教师、科研人员81人次出访美国、日本等21个国家和地区。

2013 年

1月

1月22日 信研院轨道交通中心召开了2012年度工作总结交流会。自动化系主任周东华、信研院院长助理邢春晓及中心相关教师参加了会议。

1月 2013年第一次研究生毕业典礼暨学位授予仪式举行。本次信研院共毕业博士研究生1人。

2月

2月25日 信研院党支部在信息科学技术大楼召开支委会扩大会议，讨论制订了2012—2013学年春季学期支部工作计划。

3月

3月18—23日 数字电视中心教师潘长勇、阳辉、杨昉前往古巴首都哈瓦那参加了第一届中古数字电视论坛。古巴信息部副部长Jorge Luis Perdomo在论坛期间接待了3位参会教师并对清华大学在古巴采用DTMB标准中的贡献给予了高度肯定。

3月19—20日 信研院吉吟东、邢春晓、黄春梅等代表全体教职员工应邀赴国家级贫困县——贵州省江口县开展教育、扶贫和调研活动。江口县副县长刘鸿丽、县教育局书记李世勇、局长秦杰、扶贫办负责人许水强等接待了信研院一行。

3月26—27日 全国安全防范标准化委员会人体生物特征识别应用分技术委员会（SAC/TC100/SC2）换届大会暨二届一次会议在北京召开，

信研院语音中心主任郑方任副主任委员。会议对由信研院语音中心、北京得意音通技术有限责任公司等5家单位共同起草的《安防声纹识别应用系统技术要求》进行了评议。

3月 信研院FIT中心教师曹军威被聘为 *IEEE Transactions on Cloud Computing* 的副编辑。

4月

4月17日 信研院建院十周年系列庆祝活动之一,"十年一见——信研院DV大奖赛"在信息科学技术大楼多功能厅隆重举行,全院近百名师生参加了此次活动。来自各技术研究中心的8部参赛作品,风格各异、内容丰富,从不同角度用视频语言讲述了在信研院工作、成长的经历和感悟。

4月20—21日 信研院工会组织了成立十周年系列纪念活动,包括院乒乓球比赛、院羽毛球比赛、联欢会和春游活动。在20日晚召开的联欢会上,院长李军首先致辞,回顾了信研院建立初期的艰难岁月和十年创业的奋斗历程,感谢全体教职员工为信研院发展做出的贡献。教师代表汪东升回顾了团队加入信研院以来的工作和感悟。最后,各技术研究中心表演了独唱、合唱、舞蹈、武术、评书等丰富多彩的节目,共有教职员工及家属200余人参加了此次活动。

4月24日 信研院2013年校庆校友学术论坛在信息科学技术大楼多功能厅举行。百度公司联盟研发部技术副总监沈抖、清华大学微电子所副所长王志华、微软亚洲研究院高级研究员张磊和微软研究院首席研究员刘劼,以"信息技术前沿技术及产业发展"为主题,从不同角度解析和前瞻信息科学技术的发展、挑战、未来。校内外师生80余人参加了此次论坛。

4月26日 全国信息技术标准化委员会生物特征识别分委员会(SAC/TC28/SC37)成立大会暨第一次分委会全会召开,信研院语音中心主任郑方被聘为委员。

4月27—28日 清华大学迎来建校102周年,信研院在信息科学技术大楼举办了科技成果展,并在实验室开放日进行了科研成果演示。

5月

5月8日 应天津通广集团邀请，院长李军等一行10人前往位于天津滨海新区的天津通广集团参观访问，通广集团总裁王宝校友和副总经理马严等接待了信研院一行。副院长吉吟东以及同行科研骨干教师分别介绍了高铁控制、室内定位、医疗电子、数字电视、无线通信、全息声学等领域的研究进展和相关成果。马严陪同信研院一行参观了通广集团712厂展厅和生产线，并与通广集团712厂及其他附属企业就研发合作进行了深入交流。

5月9日 信研院23人组成方队参加了清华大学第四十届教职工运动会开幕式和团体操表演，12人参加了开幕式太极拳表演，李军院长代表信研院出席并观看了整个开幕式。

5月14日 英国伦敦大学学院人机交互实验室的助理研究员Chris Vincent应操作系统中心教师吕勇强的邀请在信息科学技术大楼1-515会议室作了题为"Designing for Safety and Usability: Human Computer Interaction, Design Practice and Medical Equipment"的学术报告。Chris以"安全、可用的人机交互在医疗设备设计中的方法学和实践"为主题，从设计理论、设计方法学、实践指导和标准建议等多个维度深入阐述，并结合自己的实践经验进行了剖析。

5月22日 印度理工学院电子与电气通信工程系教授Mrityunjoy Chakraborty在信息科学技术大楼1-415会议室作了题为"A SPT Treatment to the Realization of the Sign-LMS Based Adaptive Filters"的学术报告，主要介绍了用SPT技术有效实现自适应滤波中的乘法运算。

5月23日 加州博通公司副技术总监Zhongfeng Wang在信息科学技术大楼1-312会议室作了题为"VLSI Design Optimization for Signal Processing Systems"的学术报告。Zhongfeng Wang在简要概述CMOS集成电路设计的基础知识后，针对"低功耗、高速度和低延迟"3个主要优化目标，介绍了信号处理系统中超大规模集成电路的优化设计技术。

5月24日 信研院在信息科学技术大楼1-312会议室举办了第1次学术沙龙活动。FIT中心教师李兆麟作了题为《混合架构处理器：一种面向未来嵌入式系统的处理器架构》的报告，介绍了混合架构处理器中的一些关键技术及课题组在核高基课题支持下的研究成果。

5月　信研院FIT中心教师曹军威的论文"Optimal Multiserver Configuration for Profit Maximization in Cloud Computing"发表在 IEEE Transactions on Parallel and Distributed Systems 2013年6月期的云计算专刊，并被选为当月亮点文章（Spotlight Paper）。

6月

6月5日　信研院作为承办单位之一的"2013中国国际物联网博览会物联网创新机遇与商业模式论坛"在北京展览馆举行，院务委员会副主任曹军威主持了论坛。

6月13日　信研院在信息科学技术大楼1-312会议室举办了第2次学术沙龙活动。微处理器中心、操作系统中心、WEB与软件中心的5位教师，分别从云计算发展的现状和问题、云计算的关键技术和应用，以及如何顺应经济发展趋势，利用信研院的平台优势，面向产业结合组织重大科研项目等关键问题进行了热烈的讨论。

6月18日　广东省科技厅副厅长余健一行数十人来清华大学进行对接合作项目洽谈。对接会由校科研院科技开发部组织，信研院副院长郑方等8位教师参加了会议。

6月19日　信研院2012—2013学年度第二十一次院务会议讨论通过《信研院研究生奖评定办法（试行）》。

6月20日　美国康奈尔大学教授童朗在信息科学技术大楼1-515会议室作了题为"Man-in-the-Middle Attacks on a Cyberphysical System"和"Read, Write, and Present Technical Papers"的演讲。

7月

7月1—2日　北京引力波研讨会在清华大学信息科学技术大楼成功举行。此次研讨会由引力波激光干涉天文台（LIGO）科学合作组织在中国大陆的唯一成员单位——信研院联合天体物理中心主办，来自国家天文台、中科院、北京师范大学等国内相关单位以及澳大利亚、日本、韩国、印度和欧美等国家和地区科研机构的40余位研究人员参加了会议。

7月4日 信研院在信息科学技术大楼1-312会议室举办了第3次学术沙龙活动。微处理器中心副研究员刘振宇和华为技术有限公司的宋杨分别作了题为《高性能视频编码原理及芯片设计》和《HEVC进展和华为相关进展》的报告。参会教师就最先进视频编码协议HEVC的技术特点、实现方法及其应用前景进行了热烈的讨论。

7月12日 经2012—2013学年度第二十二次院务会议讨论决定,根据操作系统中心申请,该中心转为虚体中心,更名为"操作系统与透明计算工程研究中心"。任命计算机系教授史元春担任中心主任(兼)。

7月16日 信研院2013年度研究生研究奖颁奖仪式举行。该奖是2013年新设立的奖学金项目,旨在鼓励研究生开展高水平的科研工作,形成有重要学术价值的研究成果。获得本年度研究生研究奖的博士研究生有:朱锐、王琳琳、胡庆成;硕士研究生有:朱佳、黄嘉晨、马鹏斐、张鑫、陈硕。

7月16日 信研院2013毕业研究生座谈会在信息科学技术大楼1-312会议室召开。院务委员会副主任吉吟东、曹军威,各中心辅助教学主管及毕业研究生代表参加了座谈会。会上,导师们向毕业生表示衷心祝贺,希望他们能够始终保持清华大学的优良作风,做一个有梦想、有贡献、善良的清华人。毕业生代表对毕业后的去向及未来的规划交流了意见。

7月 由中央电视台和清华大学共同完成、信研院副研究员赵黎作为第二完成人的"数字版权管理系统与IPTV集成播控平台接口技术规范"项目,获得2012年度国家新闻出版广电总局科技创新奖标准奖一等奖。

7月 2013年第二次研究生毕业典礼暨学位授予仪式举行。本次信研院共毕业博士研究生6人,硕士研究生18人,2名硕士研究生获得校级"优秀硕士学位论文奖"。同月,本科生毕业典礼暨学位授予仪式举行,信研院教师指导的3名本科生获得"校系级综合论文训练优秀论文",5名本科生获得校级"优良毕业生"。

8月

8月22日 美国休斯敦大学副教授韩竹应邀在信息科学技术大楼1-312会议室作了题为"*Smart Grid Communication and Networking*"的学术

报告,介绍了如何利用通信和网络技术更好地对未来智能电网进行管理、监控和保护。

8月29日 信研院2013年研究生新生与导师见面会在信息科学技术大楼一层小报告厅举行,各中心辅助教学主管及2013年入学研究生参加了新生见面会。

8月 信研院微处理器中心教师李军获得"清华大学教书育人先进个人"称号。

9月

9月 信研院与天津七一二通信广播有限公司、北京永新视博数字电视技术有限公司分别就共建"应用通信系统联合研究所"和"数字互动技术联合研究所"签署了第四期合作协议。

9月5日 信研院在信息科学技术大楼1-312会议室举办了第4次学术沙龙活动。数字电视中心副主任潘长勇作了题为《地面数字电视广播技术进展》的主题报告,介绍了地面数字电视广播的业务、技术和DTMB标准,以及这些技术的国内外进展。

9月10日 信研院2013年研究生新生及新进站博士后午餐交流会在信息科学技术大楼中央花园举行,来自各中心近80位师生参加了交流会,会议由院长助理、辅助教学主管邢春晓主持。信研院副院长郑方代表院务会致辞,欢迎新同学和新进站博士后。各中心教师王京、王海霞、潘长勇、李超、王东、董炜、路海明分别介绍了中心的基本情况和研究方向,博士后代表向阳、博士研究生代表董加卿、硕士研究生代表王帅分别发言。

9月13—15日 由信研院汽车电子实验室作为承办单位之一的中国(国际)汽车电子论坛在北京举行,同期第七届中国国际汽车零部件博览会在北京新国际博览中心开幕,来自中国汽车研究中心等单位的200余人参加了论坛。

9月17日 日本长冈技术科学大学的王龙标访问了信研院语音中心并进行了学术交流。

9月23日 由信研院WEB与软件中心副研究员李超、博士研究生梁野等人撰写的论文《面向大数据的跨语言智慧新闻推荐技术与挑战》,在

2013年第十九届全国信息存储技术学术会议上荣获"优秀论文奖"。

9月25日 信研院FIT中心教师曹军威应邀在第28次科学与技术前沿论坛——"可再生能源互联网"上作了题为《能源路由器关键技术研究》的报告，与来自中科院、天津大学、国防科技大学等单位的专家学者共同讨论了能源互联网的理念、发展与关键技术。

10月

10月8日 由信研院微处理器中心师生合作撰写的学术论文"Bayesian Theory Oriented Optimal Data-provider Selection for CMP"在31th IEEE International Conference on Computer Design（ICCD 2013）国际学术会议中获得"最佳论文奖（Best Paper Award）"。

10月8日 信研院党支部在信息科学技术大楼召开支委会扩大会议。会上讨论制订了2013—2014学年春季学期支部工作计划。

10月12日 由信研院FIT中心教师曹军威牵头承担的973课题"物联网运行支撑平台和实证研究"通过了结题验收评审。

10月17日 Google高级工程师刘俊达在信息科学技术大楼1-312会议室作了题为"SDN & Google"的学术报告。刘俊达介绍了软件定义网络（software-defined networking，SDN）的起源及其在学术界和工业界的发展，提出了SDN在实际部属中遇到的挑战等，并展示了Google在全球跨数据中心网络的SDN实际部署方案。

10月18日 新加坡国立大学Erik Cambria来到信研院，在信息科学技术大楼1-515会议室作了题为"Facing NLP Emergency"的学术报告。Erik Cambria介绍了自己在文本情感分析方面的研究成果，包括情感常识知识库SenticNet和基于常识的情感分析研究，并指出了文本情感分析研究将要面临的主要挑战和机遇。

10月23日 唐山轨道客车有限责任公司产品技术研究中心列车控制技术部部长穆俊斌及相关技术人员一行，到信研院轨道交通中心进行技术交流访问，中心教师吉吟东、赵千川、孙新亚等接待了客人。

10月23日 信研院在信息科学技术大楼1-312会议室举办了第5次学术沙龙活动。信研院物联网方向的10余位教师围绕"物联网与智慧城市"

这个主题，以圆桌讨论的形式，介绍了有关智慧城市的国家发展需求及部分地方发展战略，并就如何利用信研院的平台优势，将信息技术整合应用到智慧城市项目中等问题进行了热烈的讨论。

10月25日　信研院轨道交通中心教师一行6人，在中心主任叶昊的带领下参观了北京地铁8号线通信信号监测维护系统。

10月　信研院无线移动中心教师李云洲入选"2013教育部新世纪优秀人才支持计划"。

10月　由信研院数字电视中心与国家广播电影电视总局广播科学研究院共同完成的"地面数字电视单频网智能化组网规划方法"项目获得"吴文俊人工智能科学技术奖进步奖二等奖"，青年教师杨昉为第一完成人。

10月26日　由信研院微处理器中心师生合作撰写的学术论文"Cluster Cache Monitor"，在第25届国际计算机体系结构及高性能计算会议（25th International Symposium on Computer Architecture and High Performance Computing）获得此次大会唯一的"最佳论文奖"（Best Paper Award）。

10月29日　聚云科技CTO兼联合创始人唐锡南在信息科学技术大楼1-415会议室作了题为"Challenges in Personal Super-computer Era"的学术报告。唐锡南着重分析了硬件体系结构和软件算法之间的紧密关系，提出了当前众核体系结构和应用设计的难点和挑战，并以网络应用为例分析了未来高性能网络处理的前景和发展。

10月31日　山东省淄博市文昌湖旅游度假区管委会主任杜春雷一行7人访问了信研院微处理器中心，并与中心师生进行了技术交流。

11月

11月21日　信研院2013年研究生学术论坛在信息科学技术大楼1-315会议室举行。"2013年度研究生研究奖"获得者朱锐、黄嘉晨、朱佳和胡庆成，研究生代表范淼和牛英俊，博士研究生胡庆成分别作了报告。各中心辅助教学主管及40多名研究生参加了此次活动。

11月26日　经信研院2013—2014学年度第六次院务会议讨论通过《信研院资产管理工作奖励办法（试行）》《信研院信息报送工作评价与奖励办法（试行）》。

信息技术研究院大事记
（2003—2019）

12月

12月2—5日 信研院数字电视中心主任宋健在第九次全国归侨侨眷代表大会上当选"全国归侨侨眷先进个人"。

12月3—5日 李军院长率信研院重点研究方向物联网和云计算团队的负责人及部分骨干一行14人来到江苏，深入相关方向重点企业考察、交流，走访了感知技术无锡有限公司、张家港智能电力研究院、方正国际软件有限公司、苏州麦迪斯顿医疗科技有限公司、苏州国科综合数据中心等单位。

12月6日 美国亚利桑那大学教授、人工智能实验室主任陈炘钧（Hsinchun Chen）和金蝶国际软件集团高级副总裁、首席科学家兼金蝶研究院院长张良杰在信息科学技术大楼多功能厅分别作了题为《大数据时代的知识管理》和《大数据，新IT》的演讲。陈炘钧结合自身长达30年的科研经验，讲解大数据的特征，分析处理方法，以及机遇与挑战。张良杰在案例分析的基础上，报告预测大数据将颠覆传统的应用架构、催生新的价值链并形成又一个朝阳产业，提出大数据时代的应用架构、互联网化的数据价值链，并对大数据未来的产业给出具体而又独到的见解。

12月19日 信研院在信息科学技术大楼1-312会议室举办了第6次学术沙龙活动。语音中心副主任王东作了题为《语音识别和深度学习方法》的主题报告，介绍了语音识别技术的基本原理、发展历史和最新进展，以及近年来出现的基于大规模数据的深度学习方法。

12月10日 经信研院2013—2014学年度第七次院务会议讨论，第1次修订《信研院科研奖励办法》，并同意语音中心与祥兴（福建）箱包集团有限公司成立清华大学—祥兴（福建）箱包集团有限公司智能系统联合研究中心。

12月11日 江苏省交通厅副厅长兼总工金凌一行8人访问了信研院和清华大学高铁中心。金凌介绍了江苏省交通厅目前的情况及技术需求，表达了与信研院和高铁中心合作的意愿。双方就相关的合作内容和前景进行了探讨。

12月12日 科技部重大科技支撑计划项目"跨区域医疗健康协同服

务关键技术及应用示范"在京顺利通过验收，信研院青年教师杨吉江作为项目负责人承担了该项目课题二"数字医疗服务模式及关键技术研究"。

12月30日 由信研院FIT中心教师陈震指导的电子系学生余奕凡、侯奇完成的"基于云计算的渗透测试与防御系统"获得清华大学2013年"SRT计划优秀项目奖"二等奖，信研院获得"SRT计划优秀组织奖"。

12月31日 信研院2013—2014学年度第九次院务会议讨论第3次修订《信研院校企联合研发机构管理办法（修订）》。

12月 信研院WEB与软件中心2名硕士研究生马鹏斐和顾本达获得"清华大学一二九辅导员奖"。

12月 信研院专业技术职务聘任工作顺利完成。正高级专业技术职务聘任人员为：尹浩；副高级专业技术职务聘任人员为：杨昉。

本年 博士后进站11人，出站8人，年底在站25人。

本年 本院共有教职员工181人，其中事业编制43人，博士后25人，非事业编制113人。事业编制中具有正高级专业技术职务10人，副高级专业技术职务25人。在院研究生99人，其中硕士研究生44人，博士研究生55人。本科生37人在信研院进行了毕业设计工作。教师20人在学科所属院系积极承担了34门课程的教学工作。

共有7个技术研究中心、2个工程研究中心，9个联合研发机构，1个政府批建机构，1个自主批建机构。其中本年操作系统与中间件技术研究中心更改为操作系统与透明计算工程研究中心，合作到期续签联合机构2个：清华大学（信研院）—北京永新视博数字电视技术有限公司数字互动技术联合研究所、清华大学（信研院）—天津七一二通信广播有限公司应用通信系统研究所，合作到期关闭联合机构2个：清华大学（信研院）—北京金名创业信息技术有限责任公司金融工程联合研究所、清华大学（信研院）—广东新岸线计算机系统芯片有限公司计算机系统芯片联合研究所。

新任干部名单如下。

中心主任：操作系统与透明计算工程研究中心主任史元春（兼，计算机科学与技术系）。

新增正高级专业技术职务人员：尹浩。

新增副高级专业技术职务人员：杨昉。

续聘兼职研究员3人。

人才引进情况。国家高层次人才特殊支持计划（创新短期项目）：陈炘钧。

本年申请专利52项，授权专利29项。获得计算机软件著作权登记12项。制定国际标准2项。获得省部级奖励4项。其中北京市科学技术奖一等奖1项，国家广电总局科技创新奖一等奖1项，中国产学研合作创新成果奖1项，中国产学研合作创新奖1项。

本院共组织学术沙龙6次，举办学术报告9场。共计接待14批来访客人，累计人数39人次。派出教师、科研人员71人次出访美国、日本等23个国家和地区。

2014 年

1月

1月17日　信研院召开2013年度年终总结会。会上，院长李军作了年终总结报告，副院长吉吟东宣布了各项表彰名单，获奖代表分别进行发言。信息学院常务副院长张佐，信息学院副院长牛志升出席会议，全院教职员工百余人参会。

1月17日　信研院与祥兴（福建）箱包集团有限公司共同成立了校级科研机构——智能系统联合研究中心，张钹院士担任中心主任，副院长郑方和祥兴总经理薛行远担任中心副主任。

1月27日　经中国电子学会会士评定工作委员会评议通过，数字电视中心首席科学家杨知行当选中国电子学会会士。

1月　2014年第一次研究生毕业典礼暨学位授予仪式举行。本次信研院共毕业博士研究生4人，硕士研究生2人。

3月

3月7日　由WEB与软件中心承担的公安部边防局项目"执法过程视频监督管理系统（一期）"在广东省公安边防总队大楼顺利通过验收。

3月18日　数字电视中心主任宋健应邀参加了CCBN2014第八届数字电视中国峰会并作了报告，并于3月22日上午作为主持人和报告人参加了CCBN-BDF论坛的"海外合作与发展论坛"分论坛。

3月19日　数字电视中心首席科学家杨知行教授在第十三届广播电视科学技术奖颁奖典礼上荣获"广播电视科学技术奖"。

3月25日　由数字电视中心科研团队作为核心单位、中心首席科学家杨知行教授作为第一完成人完成的项目"DTMB标准国际化关键技术及应用"荣获"2013年北京市科协技术奖一等奖"。

3月26日 日本京都大学Tatsuya Kawahara在信息科学技术大楼1-415会议室作了题为"*Recent Trend of Spoken Dialogue Systems*"的学术报告，介绍了口语对话系统演变和近来的技术发展趋势，并结合信息检索和问答技术，从新的视角将口语对话系统从传统的关系数据库扩展到一般文件。

4月

4月11日 信研院党支部在信息科学技术大楼召开支委会扩大会议，讨论制定了2013—2014学年春季学期支部工作计划。

4月18日 在清华大学与厦门市签署全面合作协议之际，厦门市科技局局长沈灿煌一行3人访问了信研院。院长李军、院务委员会副主任曹军威以及相关教师在信息科学技术大楼接待了来宾。

4月25日 信研院举行了2014年度研究生研究奖颁奖仪式。此次获奖的学生有：余欢、袁振龙、崔纪锋、李雪茹、范淼、范力文、陈国峰、尹夔燊、程波波、秦龙。

4月25—28日 信研院在信息科学技术大楼举办了第八届信息技术校友论坛、科技成果展，并在实验室开放日进行了科研成果展示，庆祝清华大学建校103周年。企事业合作伙伴、返校校友，以及各大高校的大学生们饶有兴趣地参加了此次活动。信研院以世界一流水准为建设目标，面向国家利益和产业发展的需要，发挥清华大学在信息领域的多学科综合优势，努力承担重大技术攻关项目，以优秀的创新成果，为国家建设发展服务，为科学技术进步服务，为学科建设和人才培养服务。

4月28—30日 WEB与软件中心首席科学家周立柱、中心副主任张勇组织了第二届中韩数据库技术研讨会，来自中韩双方的学术界专家学者和企业界代表200余人参加了大会。

4月29日 经信研院2013—2014学年度第十三次院务会议讨论，同意WEB与软件中心与北京倍肯恒业科技发展有限公司成立清华大学（信研院）—北京倍肯恒业科技发展有限公司智慧健康大数据联合研究中心。

4月 由信研院微处理器中心汪东升指导的博士研究生石伟的论

文"*Mobius: A High Performance Transactional SSD with Rich Primitives*"被 MSST（IEEE Symposium on Massive Storage Systems and Technologies）2014 会议正式接受为长论文。

4月 国际标准"Transition from Analogue to Digital Terrestrial Broadcasting"（ITU-R BT2140-6）正式颁布，数字电视中心教师宋健、潘长勇作为该标准第一、二起草人参与编制工作。该标准为采用 DTMB 标准的国家提供了业务规划和模拟数字转换的参考和依据。

4月 由无线移动中心教师粟欣为第一起草人撰写的中国通信行业标准《YD/T 2677—2013 基于 BRadio 的专用宽带无线接入系统物理层和 MAC 层技术要求》（YD/T 2677—2013）正式实施。

5月

5月8日 清华大学第四十一届教职工运动会在东大操场拉开帷幕。信研院由 23 人组成方队参加了开幕式和团体操表演，12 人参加了开幕式健身球表演，李军院长代表信研院出席并观看了整个开幕式。

5月6日 国家新闻出版广电总局正式颁布实施《互联网电视数字版权管理技术规范》广电行业标准（GY/T 277—2014）。清华大学作为该规范的第二完成单位，FIT 中心教师赵黎作为主要起草人，全程参与了该规范的起草编制工作。

5月12日 中国传媒大学教授曹立宏在信息科学技术大楼 1-312 会议室作了题为《仿生大脑模拟的方法及应用》的学术报告。曹立宏讲述了从神经信号的发生、传递、可塑性及输出等多方面来比较 HH 模型、LIF 模型及传统的人工神经网络，并介绍基于 GPU 的高性能计算机上实现大规模（百万级神经元、亿级突触）仿生大脑的模拟平台，瞻望仿生大脑模拟技术在人工智能、神经医学、心理学等方面的应用。

5月13日 新加坡技术设计大学张岳在信息科学技术大楼 1-415 会议室作了题为《汉语字结构模型与切词标注分析的一体化处理》的学术报告，介绍了汉语句法分析方面的最新进展情况，包括首次提出的汉语字结构模型设计思想。

5月19日 在河北省廊坊市的第三十一届中国廊坊国际经济贸易洽

谈会上，信研院与河北心神信息技术有限公司联合成立的信息化系统工程联合研究中心举行了签约和揭牌仪式。河北省省长张庆伟、副省长秦博勇，清华大学党委副书记韩景阳等出席了签约仪式，信研院 WEB 中心主任邢春晓和河北心神信息技术有限公司郭利玲分别代表双方签署了协议。

5月20日 美国麻省大学罗威尔分校计算机科学系主任王杰应邀来到信研院，作了题为《基于小型机器的大数据处理》的学术报告。王杰介绍了由他主导研发的基于在线社交网数据的自动话题挖掘平台"沃知"，并分享了该大数据平台搭建过程中解决大数据处理问题的成功经验。重点讲述了海量微博数据采集与存储技术、海量微博数据快速查询算法与自动话题挖掘算法。

5月21日 英国肯特大学计算机学院院长王智刚（Frank Wang）在信息科学技术大楼 4-402 会议室作了题为 *"How will computers evolve over the next 10 years?"* 的学术报告，介绍了云计算、绿色计算、忆阻器、脑计算等方面的研究成果。

5月26日 IBM 中国研究实验室的 3 位高级科学家在信息科学技术大楼 1-312 会议室就 IBM 在多项前沿研究中的最新进展作了精彩报告。秦勇介绍了 IBM 在认知计算方面的研究计划和研究现状，从宏观上展示了 IBM 在认知计算方面的总体部署、实现途径和现有成果。黄松芳介绍了语音识别和机器学习领域中语言模型技术的最新进展，总结了传统 n-gram 模型的平滑方法，讲述了贝叶斯模型、最大熵模型及神经网络模型等高级语言的建模技术。李敏博介绍了移动支付背景下 IBM 的移动生物认证的解决方案和技术进展，并着重讲述了基于视频和人脸识别的认证方法及将声音、图像、笔迹等多模态认证方法相融合的技术，展望了生物认证技术在移动互联网和移动金融等方面的应用前景。

5月 FIT 中心教师曹军威的论文 *"Optimal Power Allocation and Load Distribution for Multiple Heterogeneous Multicore Server Processors across Clouds and Data Centers"* 被 2014 年 5 月期的 *IEEE Computer Magazine* 选为 IEEE 计算机领域汇刊亮点文章，并作专文推介。该文之前发表在 *IEEE Transactions on Computers* 2014 年 1 月期的多云专刊。

6月

6月5日 信研院在信息科学技术大楼1-312会议室举办了第1次学术沙龙活动。北京师范大学信息科学与技术学院院长周明全和WEB与软件中心副研究员李超以"大数据环境下的在线教育"为主题分别作了报告。介绍了利用虚拟现实和可视化技术支撑信息时代的教学，以及如何获取和利用在线教育平台中的大数据去实现超越传统课堂的高效个性化教学。

6月5日 西班牙安东尼奥·德·内夫里哈大学教授Pedro ReviriegoVasallo来到信研院，在信息科学技术大楼1-415会议室作了题为《存储器中的软错误：可靠性估计和纠错》的学术报告。Pedro ReviriegoVasallo介绍了软错误概念，以及不同场景下软错误在存储器稳定性方面的影响和挑战，并讲述了应用于存储器和电路的先进编码技术，以及采用纠错编码实现针对存储器或电路中多点翻转的纠错。

6月11日 第十届光华工程科技奖在北京揭晓，数字电视中心首席科学家杨知行荣膺本届光华工程科技奖"工程奖"。此次共有29位院士和专家获得光华工程科技奖奖励，国务院副总理、党组成员刘延东出席了颁奖仪式并为获奖嘉宾颁奖。

6月25—27日 IEEE 2014第九届宽带多媒体系统及广播国际研讨会在北京国际会议中心举行。会议由IEEE BTS（广播技术分会）主办，国家新闻出版广电总局广播科学研究院与清华大学共同承办，数字电视中心承担了大会学术部分的组织工作，中心主任宋健任大会主席。

6月 由数字电视中心教师潘长勇、杨昉作为第一、二起草人起草的国际标准"Spectrum limit masks for digital terrestrial television broadcasting"（ITU-R BT1206-2）正式颁布。该标准为DTMB全球推广应用及完善DTMB系统参数提供了重要支撑。

7月

7月3日 美国天普大学教授吴杰在信息科学技术大楼1-415会议室作了题为《大数据背景下的算法众筹及应用》的学术报告，综述了众筹应用并集中讨论了其算法，并介绍了天普大学正在进行的几个相关项目。

信息技术研究院大事记
（2003—2019）

7月4日 美国奥本大学副教授毛世文在信息科学技术大楼1-415会议室作了题为"*On Video Streaming in Cognitive Femtocell Networks*"的学术报告，分析了认知飞蜂窝网络中视频流传输问题，介绍了一种新型网络设计和解决负载均衡问题的框架。

7月4日 信研院2014毕业研究生座谈会在信息科学技术大楼4-302会议室召开。院务委员会副主任郑方、各技术研究中心导师及毕业研究生代表参加了座谈会，会议由院长助理邢春晓主持。

7月10—11日 由清华大学主办，中国科学院自动化所和美国亚利桑那大学协办，中国国家自然科学基金会、心神集团、倍肯集团共同赞助的2014智慧健康国际会议（2014 International Conference for Smart Health，ICSH）在清华大学信息科学技术大楼召开。信研院WEB与软件中心主任邢春晓任大会主席。

7月15日 南洋理工大学教授Woon-Seng Gan在信息科学技术大楼1-315会议室作了题为"*Recent advances on active noise control: open issues and innovative applications*"的学术报告，介绍了主动噪声控制（ANC）方法的基本理论和主要研究内容，讨论了该方法在医疗、消费电子等领域的应用。

7月17日 澳大利亚墨尔本大学教授Rajkumar Buyya和美国南加州大学教授C.-C. Jay Kuo在信息科学技术大楼1-415会议室分别作了题为"*Energy-Efficient Cloud Computing: Opportunities and Open Challenges*"和"*Visual Saliency Detection and Salient Object Segmentation*"的学术报告。Rajkumar Buyya介绍了相关技术和挑战，C.-C. Jay Kuo介绍了一个新颖突出检测模型框架，包括变换、分类和概率密度等方法。

7月22日 由国家实验室技术创新与开发部（信研院）牵头的2014年大数据科学与技术专项"大数据驱动的网络信息服务平台"项目启动会在信息科学技术大楼召开，副院长郑方主持会议，项目团队主要成员尹浩、汪东升、邢春晓等10余人等参加了会议。会上，院长李军和副院长郑方根据国家实验室相关部署，对项目实施管理与预期成果提出了明确要求，希望通过这一项目打造信研院团队合作的新模式，并助力相关学科的建设。

2014 年

7月24日 美国卡内基梅隆大学教授 Alan W. Black 来到信研院，作了关于资源匮乏语言所采用语音合成技术的学术报告，针对没有书面形式或者书面形式不规范的语言，讲述了如何采用当前新技术建立语音合成系统。

7月 中国标准化委员会公布了《关于成立全国信息技术标准化技术委员会面向服务的体系结构分技术委员会等3个分技术委员会的批复》，数字电视中心杨昉被聘为第一届信息技术与可持续发展分技术委员会委员。

7月 2014年第二次研究生毕业典礼暨学位授予仪式举行。本次信研院共毕业博士研究生6人，硕士研究生16人。1名硕士研究生获得"北京市优秀毕业生"。2名硕士研究生获得"清华大学毕业生启航奖金奖"。同月，本科生毕业典礼暨学位授予仪式举行，信研院教师指导的2名本科生获得"校系级综合论文训练优秀论文"，1名本科生获得校级"优良毕业生"荣誉。

8月

8月 由信研院与四川长虹电器股份有限公司联合成立的先进视听技术联合实验室续签了第二期合作协议。校党委书记陈旭和长虹集团董事长赵勇出席了签字仪式。长虹公司非常重视此次合作，希望联合实验室成为以学校科研优势助力企业转型升级的重要合作窗口和桥梁。在第二期合作期间，联合实验室将继续提供一个面向全校、跨学科的校企合作平台，对相关学科的人才培养、成果应用和学科建设等多方面起到更多的促进作用。

8月25日 美国印第安纳大学教授 Geoffrey Charles Fox 在信息科学技术大楼 1-315 会议室作了题为"*Big Data Applications and their Software on Clouds and Supercomputers*"的学术报告，介绍了基于 Apache 的大数据栈（ABDS）整个大数据生态圈，并讲述了印第安纳大学为大数据开设的专业 Informatics 及相关研究工作。

9月

9月2日 经信研院2014—2015学年度第一次院务会议讨论，同意微处理器中心与赛特斯信息科技股份有限公司成立清华大学（信研院）—赛特斯信息科技股份有限公司柔性网络联合研究中心（简称柔性网络联合研究中心)。

9月3日　由微处理器中心教师李军负责的"层次化、并行化、智能化网流监控关键算法与技术"项目,通过了中国电子学会组织的科技成果鉴定会。

9月3日　信研院在信息科学技术大楼1-312会议室举办了第2次学术沙龙活动。中国科学院张钹院士作了题为《大数据时代的思考》的主题报告。与会师生就大数据的应用领域等感兴趣的话题同主讲人进行了热烈的讨论与交流。

9月4日　信研院在信息科学技术大楼举行2014年研究生新生与导师见面会,各技术研究中心辅助教学主管及2014年入学研究生参加了此次活动。

9月10日　广州市公安局、广州移动和广东电信的领导一行10人访问了信研院。副院长郑方及相关技术研究中心的负责人接待了来宾,并进行了项目合作交流。会上,郑方介绍了信研院的总体情况,以及在网络视频、信息分析和处理以及网络通信、数据存储相关技术的研究成果。广州市公安局处长陈志传介绍了"平安广州"建设的相关需求,并强调第二轮"平安广州"建设是一次革命性的改变与创新。信研院相关中心负责人分别介绍了各自研究方向的研究成果。双方均表示,除现有成熟技术成果的应用外,应建立长效的交流机制,形成长期合作关系。

9月10日　信研院2014年研究生新生及新进站博士后交流会在信息科学技术大楼中央花园举行,来自各中心近60位师生参加了交流会。会议由院长助理、辅助教学主管邢春晓主持。院长李军代表院务会致辞,欢迎新同学、新进站博士后加入信研院大家庭,教师代表王京、王海霞、薛永林、李超、王东、董炜、倪祖耀及博士研究生代表王佩琪、硕士研究生代表张剑则分别发言。

9月10日　马德里康普顿斯大学助理教授Jose Luis Vazquez-Poletti在信息科学技术大楼1-315会议室作了题为"*Cloud Computing: where infrastructure adapts to the application*"的学术报告,介绍了云计算在生物信息学和空间探索等领域的应用情况。

9月13日 由WEB与软件中心硕士研究生武永基为第一作者撰写的论文"*HuaVideo: Towards a Secure, Scalable and Compatible HTML5 Video Providing System*",在2014年第十一届全国WEB信息系统及其应用学术会议上荣获"最佳论文奖"。

9月16日 信研院与赛特斯信息科技股份有限公司共同成立了柔性网络联合研究中心,中心的总体研究目标是为电信运营商高流量业务构建可感知、可重构、可演进的柔性网络和业务平台,提供多业务立体式感知型网络系统整体解决方案,基于动态资源分配的柔性网络核心技术,实现对IP基础网络资源、无线通信资源、光网络通信资源的弹性重构全套立体式解决方案,并广泛运用于电信运营商各类高流量业务。院长李军担任联合研究中心主任,赛特斯公司先进技术研究院院长李克民和信研院微处理器中心副主任薛一波担任联合研究中心副主任。

9月22日 Aerohive创始人及首席技术官、清华大学计算机系校友刘长明在信息科学技术大楼1-312会议室作了关于无线网络发展趋势的学术报告。刘长明介绍了移动网络、WiFi技术、分布式架构等无线网络中的基础技术,并进一步从有线无线一体化、BYOD、IoT/穿戴式3个方面对无线网络的应用展开引申,之后对当前热门的云(cloud)、大数据(big data)的概念在无线网络的未来发展趋势中的应用场景进行了畅想,同时提出结合Aerohive企业级API共同开发无线网络新应用的构思。

9月24日 厦门市集美区区长黄晓舟带领访问团来信研院交流访问,院务委员会副主任曹军威接待了来访客人。双方就可能的合作领域和合作方式展开了讨论。

9月26日 巴黎高等电信学院计算机与网络系原系主任Michel Riguidel在信息科学技术大楼一楼会议室作了题为"*The art of designing SDN*"的学术报告。Michel Riguidel阐述了软件定义网络以及未来网络架构,涵盖了SDN、网格、移动网络和下一代互联网,并介绍了网络时空虚拟化以及如何实现真正的安全(SDN+NFV)等。

9月 由信研院语音中心和北京得意音通技术有限责任公司作为主要起草单位起草的《安防声纹确认应用算法技术要求和测试方法》行业标准

正式颁布,中心主任郑方为第一起草人。

9月 信研院党支部在信息科学技术大楼召开支委会扩大会议,讨论制订了2014—2015学年秋季学期支部工作计划。

10月

10月13日 经信研院2014—2015学年度第三次院务会议讨论,同意成立网络大数据工程研究中心。网络大数据工程研究中心专注数据驱动网络(data driven networks)与大数据计算(big data computing)两个主要研究方向,主要研究领域包括网络架构与资源管理、高性能计算与认知推理以及医疗大数据等。张尧学院士、刘韵洁院士共同担任中心首席科学家,尹浩担任中心主任。

10月13日 信研院在信息科学技术大楼1-312会议室举办了第3次学术沙龙活动。英特尔无线标准和先进技术部门的首席科学家吴耕应邀作了题为《5G:从研究到标准再到实现》的主题报告。与会师生就终端架构的演变、标准化的进程,以及WiFi向5G的演进等感兴趣的话题同主讲人进行了讨论与交流。

10月20日 澳大利亚悉尼大学信息学院分布式高性能计算中心主任Albert Y. Zomaya在信息科学技术大楼一层小报告厅作了题为"*Adaptable Resource Allocation in Cloud Computing Systems*"的学术报告。Albert Y. Zomaya从资源管理的角度,阐述了资源的动态性和异质性、应用的多样性,以及如何能够将这些挑战转化为机会来提高云计算系统的效率。

10月21日 法国EURECOM研究中心副教授Nick Evans在信息科学技术大楼1-415会议室作了题为"*Spoofing and Anti-countermeasures for Automatic Speaker Verification*"的主题报告。Nick Evans介绍了法国EURECOM研究中心,重点讲解了其所从事的说话人欺骗方面的研究,并介绍了目前国际上在该研究课题的最新方法,阐述了欧盟的相关项目TABULA RASA的研究进展。

10月24日 英国斯特林大学教授Andrew Abel来到信研院,在信息科学技术大楼1-415会议室作了题为"*Cognitively Inspired Multimodal Speech Filtering*"的学术报告,介绍了其在认知驱动的多模态语音增强方面的最新研究进展。

11月

11月19日 德国卡尔斯鲁厄大学教授Tanja Schultz来到信研院，就多语言语音识别技术作了精彩报告。Tanja Schultz介绍了卡尔斯鲁厄大学认知系统实验室，总结了当前认知系统和人机交互发展的最新进展，并讲述了其所在实验室对于语言、运动、人脑和肌体活动在认知系统上的研究进展。

11月20日 信研院在信息科学技术大楼1-312会议室举办了第4次学术沙龙活动。数字电视国家工程实验室（北京）主任、中关村数字电视产业联盟理事长、数字电视中心首席科学家杨知行作了题为《中国地面数字电视传输标准的技术演进》的主题报告。与会师生就国标DTMB的海外推广和跨领域应用等话题与主讲人进行了热烈的讨论交流。

11月23日 信研院与河北心神信息技术有限公司联合成立的信息化系统工程联合研究中心在信息科学技术大楼进行了阶段性工作汇报与交流。会议由中心主任邢春晓主持，河北心神公司总经理郭利玲等领导和骨干及信息化工程中心的部分师生参加了会议。WEB与软件中心教师李超和常少英分别汇报了在线教育领域的工作进展和阶段性研究成果。

12月

12月 由信研院与北京神州绿盟信息安全科技股份有限公司共同承担的"层次化、并行化、智能化网流监控关键算法与技术"项目，获得中国电子学会的中国电子学会技术发明奖二等奖，项目负责人为微处理器中心教师李军，参与完成此项目的教师还有微处理器中心薛一波、FIT中心陈震，以及计算机系刘斌等。

12月5日 信研院在信息科学技术大楼1-312会议室举办了第5次学术沙龙活动。赛特斯信息科技股份有限公司首席科学家张树民和赛特斯研究院院长李克民以"柔性网络业务需求和技术实践"为主题分别作了报告。两位主讲人结合电信运营商网络和业务需求，探讨了软件定义网络技术在虚拟私有云、网络功能虚拟化、大网流量优化、网络和业务质量保障等方面的应用和存在问题，介绍了柔性网络解决方案采用的技术方案和对未来演进方向的思考。与会师生就如何构建面向业务，满足业务质量和用户体验要求的柔性网络等话题同主讲人进行了讨论交流。

12月6日 国家科技支撑计划项目"主动医疗服务共性关键技术研发及应用示范"课题启动会在山东省济南市软件园召开。信研院作为课题二"主动医疗服务共性关键技术研究"的牵头单位参会，数字医疗健康工程研究中心主任杨吉江作为课题组负责人主持了会议并介绍了课题的总体情况，科研骨干王青就课题的总体方案和计划、关键时间节点，以及与其他课题的配合要求作了详细说明。

12月11—12日 国家973计划"面向复杂应用环境的数据存储系统理论与技术基础研究"项目2014年度总结会议在武汉华中科技大学光电国家实验室举行。作为课题二的承担单位，WEB与软件中心主任邢春晓、副主任张勇等5人参加了会议。会议由项目首席科学家冯丹主持，各课题负责人分别汇报了本年度项目执行情况，邢春晓代表课题二"海量数据组织与资源共享的方法研究"作了年度工作汇报。

12月25日 信研院在信息科学技术大楼1-312会议室举办了第6次学术沙龙活动。北京全路通信信号研究设计院有限公司通用技术研究院总工程师、清华—通号轨道交通自动化研究所副所长江明作了题为《全自动驾驶系统概述》的主题报告。与会师生就轨道交通列车运行控制系统相关技术等感兴趣的话题与主讲人进行了热烈的讨论交流。

12月29日 学校教务处公布了2014年SRT优秀奖，由FIT中心教师陈震指导的物理系基科班郑文勋、计算机系许建林和机械系彭国栋3位同学完成的"基于云计算的移动应用分析与处理平台"获得"SRT优秀项目奖一等奖"，信研院获得"优秀组织奖"。

12月 信研院专业技术职务聘任工作顺利完成。正高级专业技术职务聘任人员为：潘长勇；副高级专业技术职务聘任人员为：董炜。

本年 博士后进站8人，出站12人，退站1人，年底在站21人。

本年 共有教职员工175人，其中事业编制43人，博士后21人，非事业编制111人。事业编制中具有正高级专业技术职务11人，副高级专业技术职务25人。在院研究生93人，其中硕士研究生41人，博士研究生52人。本科生32人在信研院进行了毕业设计工作。教师20人在学科所属院系积极承担了33门课程的教学工作。

共有7个技术研究中心、3个工程研究中心，10个联合研发机构，1个政府批建机构，1个自主批建机构。其中本年新成立工程研究中心1个：网络大数据工程研究中心，新建联合机构3个：清华大学—河北心神信息技术有限公司信息化系统工程联合研究中心、清华大学—祥兴（福建）箱包集团有限公司智能系统联合研究中心、清华大学（信研院）—赛特斯信息科技股份有限公司柔性网络研究中心，合作到期续签联合机构1个：清华大学（信研院）—四川长虹电器股份有限公司先进视听技术联合实验室，合作到期关闭联合机构1个：清华大学（信研院）—上海可鲁系统软件有限公司工业物联网系统技术联合研究中心。

新任干部名单如下。

中心主任：网络大数据工程研究中心主任尹浩。

新增正高级专业技术职务人员：潘长勇。

新增副高级专业技术职务人员：董炜。

续聘兼职研究员2人。

本年申请专利41项，授权专利30项。获得计算机软件著作权登记1项。完成并发布国际标准1项、国家标准1项、行业标准3项。获得省部级奖励2项。其中中国电子学会电子信息科学技术奖二等奖1项，中国铁道学会科学技术奖二等奖1项。

本院共组织学术沙龙6次，举办学术报告21场。共计接待42批来访客人，累计人数180人次。派出教师、科研人员61人次出访美国、英国等23个国家和地区。

2015 年

1月

1月26日 信研院举行2014年终总结会。会上,院长李军从信研院的定位、工作和未来3个方面总结了信研院的发展思考,院务会成员按照分管的工作分别汇报了2014年度工作总结和2015年发展目标。副院长吉吟东宣布了信研院2014年各项表彰和奖励名单,获奖代表分别进行发言。信息学院副院长牛志升出席会议,全院教职员工百余人参会。

1月 FIT中心教师曹军威指导的学生万宇鑫获评"北京市优秀毕业生"称号。

1月 2015年第一次研究生毕业典礼暨学位授予仪式举行。本次信研院共毕业博士研究生3人。

2月

2月4日 电力线通信国家标准编制工作组暨中关村电联电力载波技术创新联盟成立大会在北京隆重召开。信研院数字电视中心主任宋健出任标准工作组副组长,清华大学等担任电力载波技术创新联盟副理事长单位。会上,数字电视中心杨昉作了题为《PLC技术报告》的主题发言,清华大学团队进行了可见光通信与电力线通信融合技术的演示。标准工作组进行了内部讨论会,杨昉代表物理层专题组介绍了标准草案情况。

3月

3月5日 经信研院2014—2015学年度第十七次校务会议讨论通过,郑方不再担任信研院副院长职务。

3月10日　南京市雨花台区委书记张一新、政协主席黄唯佳、副区长薛国安、南京软件谷发展有限公司总经理彭金斌等一行10人到访信研院。院长李军、院务委员会副主任曹军威、语音中心主任郑方及FIT中心副主任赵黎在信息科学技术大楼接待了来宾。

3月11日　美国在线教育公司Coursera数据工程师董飞在清华大学逸夫科学技术楼3217作了题为《硅谷公司的大数据实战分析》的演讲。董飞介绍了Hadoop、Spark等大数据前沿技术，分析了硅谷热门大数据创业公司近几年发展趋势，以及硅谷大数据主流公司的基本情况，并结合自己在Linkedin、Coursera等公司的实战经验，介绍了大数据技术的应用实例。

3月17日　信研院数字医疗健康工程研究中心和WEB与软件中心在信息科学技术大楼组织召开Medical Big Data and Health Informatics学术研讨会。会上，美国马奎特大学（Marquatte University）教授Sheikh Iqbal Ahamed作了题为"*From Health to Big Medical Data and Health Informatics*"的报告，信研院教师及中科院电子所、北京邮电大学、清华大学医学院教师就各自研究领域分别作了专题交流。会后，各方探讨了2015年在数字医疗领域以及组织参与国际学术专题会议等方面的合作计划。

3月30日　经信研院2014—2015学年度第十三次院务会议讨论，同意清华大学（信研院）—北京全路通信信号研究设计院有限公司轨道交通自动化联合研究所续签事宜。

3月30日　信研院在信息科学技术大楼1-312会议室举办了第1次学术沙龙活动。ANCHORA（安尚云信）的创始人及CEO鲁为民作了题为《云计算平台技术的演化以及打造开放的云平台服务》的主题报告。与会师生就如何在科研和教学中利用MoPASS快速搭建研发和教学的IT支撑环境等感兴趣的话题同主讲人进行了讨论交流。

3月30日　东京大学教授Nobuaki Minematsu在信息科学技术大楼1-315会议室作了题为"*Speech structure; human-inspired representation of speech acoustics—What are 'really' speaker-independent features?*"的学术报告，介绍了语音信号中的语言和说话人信息，提出了语音结构的基本理论和主要研究内容，讨论了语音结构在语音方面的应用。

4月

4月18—23日 信研院FIT中心青年教师吕勇强的长论文"*Measuring PPG-Based Stress-Induced Vascular Response Index to Assess Cognitive Load and Stress*"(《基于心血管压力响应指数的认知负载和心理压力评价》)获得第三十三届人机交互领域顶级国际会议ACM Conference on Human Factors in Computing Systems(CHI 2015)"荣誉论文奖"(Honorable Mention Award, top 5%)。这是人机交互领域顶级国际会议CHI首次登陆亚洲的盛会上,国内学者获得的唯一一论文奖励。

4月19日 数字电视中心教师在第十届中国电子信息技术年会上获奖。数字电视中心首席科学家杨知行经中国电子学会推荐荣获"全国优秀科技工作者"称号,并获全国十佳优秀科技工作者提名;青年教师杨昉获得"第二届中国电子学会优秀科技工作者"称号,为本届表彰的最年轻优秀科技工作者。

4月23日 北京清华长庚医院副院长王劲等一行4人来访信研院。院长李军、院长助理邢春晓会见了来宾。会谈结束后,王劲一行参观了信研院数字医疗健康工程研究中心及操作系统与透明计算工程研究中心,实地观摩了部分项目成果演示。

4月25—26日 信研院在信息科学技术大楼举办了零字班校友大数据创新论坛,并在实验室开放日进行了科研成果展示,庆祝清华大学建校104周年。论坛由信研院院长助理邢春晓主持,包括互联网金融、医疗健康主题报告以及创新趋势、创业投资嘉宾论坛4个环节,邀请了14位1980级、1990级、2000级杰出校友结合各自的经历就大数据技术的创新、创业的机遇与未来进行了解析、研讨,共计160余人参加。

在互联网金融专题报告部分,金电联行信息技术有限公司创始人范晓忻(1990级计算机系校友)作了题为《大数据金融的创新之路》的报告,介绍了如何利用大数据技术从理念、技术及模式上进行创新,对企业客观信用进行量化计算,以准确评估贷款风险,破解了我国中小企业因信用体系缺失而难以融资的问题。宜信大数据创新中心总监助理郑华(2000级电子系校友)以《宜信大数据金融实践》为题,结合大数据给互联网金融带来的机会与挑战,以宜信产品"商通贷"为例解析大数据在客户分析及抓取、反欺诈与风险评估、授信模型和贷后管理等方面的应用,介绍了宜信金融云平台。在创新趋势和创业投资嘉宾讨论分论坛,邀请了 10 位 1980 级校友就大数据技术的发展趋势和创业投资等进行了分享交流,由院长李军主持。在创新趋势专题报告部分,参与嘉宾有:硅谷动力网络技术有限公司总经理及《互联网周刊》出版人高在朗(精仪系)、码实信息科技创始人及 TEEC 天使基金创始合伙人夏淳(无线电系)、美国 Cisco 公司杰出工程师(DE)陈恩科(自动化系)、中科蓝鲸信息技术有限公司总经理及创始人许鲁(计算机系)、美国 Mozilla 公司总裁宫力(计算机系)。他们围绕大数据的源起、发展、特征和本质进行了探讨,从技术的角度关注大数据在行业的创新应用,并结合存储、网络等分析了大数据的发展空间。与会嘉宾还探讨了大数据中全样本和采样的关系,提出针对不同研究目的和应用领域,在隐私保护、计算分析及价值观等多个维度看待数据间的相关性和因果关系。在创业投资专题报告部分,参与嘉宾有:达泰资本创始人和管理合伙人李泉生(热汽系)、启迪创投创始合伙人罗茁(物理系)、青云创投管理合伙人陈晓平(自动化系)、北极光创投董事总经理李立新(无线电系)、TEEC 天使基金创始合伙人张于庆(无线电系)。他们分别以曾经参与投资的大数据相关项目为例,分析了大数据领域投资的逻辑、热点和创新模式,提出关注需求、关注大数据与传统行业融合、关注大数据收集应用等观点。与会投资人嘉宾还就近期热议的创新创业向青年学生提出了建议:要做好创业艰难甚至失败的心理准备,在看准方向、具有较好的学习能力后,选择技术含量高的应用领域挖掘更多创业机会。

5月

5月12日 俄亥俄州立大学的助理研究员孙引在信息科学技术大楼 1-415 会议室作了题为"*Provably delay efficient data retrieving in storage clouds*"的报告。孙引介绍了数据检索在存储云中的延迟特性,提出了一种减少数据读取延迟的低复杂度线程调度策略,并展示了相关计算验证结果。

5月13日 中国科学院软件研究所计算机科学国家重点实验室研究副教授时磊在信息科学技术大楼 1-312 会议室作了题为《大数据网络可

视化》的报告。时磊介绍了目前可视化领域的基本情况与研究热点，及大数据网络可视化独有的4个挑战：大量、多元、动态与稀疏，与大数据的"4V"（"Volume"大量化、"Variety"多样化、"Velocity"快速化、"Value"价值化）相呼应。

5月15日　澳大利亚卧龙岗大学副教授Christian Ritz在信息科学技术大楼1-315会议室作了题为"*Multizone Wideband Reproduction of Speech Soundfields*"的学术报告，提出了空间声场多区域生成的基本理论和一些研究方法，并讨论了该方法在视频会议、医疗咨询等领域的应用。

5月19日　信息化工程中心举行年度总结暨智慧教育与大数据专家研讨会。清华大学党委副书记韩景阳、心神集团总经理郭利玲、邢台市副市长郭旭涛、沙河市长刘果芳出席了会议。会议以"探讨智慧教育发展趋势"为主题，参加会议的有来自北京大学、北师大、北科大、北航及中科院多所高校及科研院所的信息与教育技术领域的专家学者、河北省地方领导及联合研究中心的科研骨干共30余人。

5月21—24日　在第十三届全国博士生学术年会上，信研院数字电视中心主任宋健指导的2011级电子系博士研究生丁文伯撰写的《OFDM系统中基于压缩感知的超长信道估计》被评选为优秀论文，2012级博士研究生刘思聪撰写的《DTMB系统中基于先验辅助压缩感知的窄带干扰消除》入选并在物联网专题交流中作了口头报告。

5月27日　信研院院长李军率队与南京市副市长黄澜等有关领导，在京共同探讨了在智慧城市建设领域的合作。南京市信息中心主任何军、南京市经济和信息化委员会副主任翟胜强、中国（南京）软件谷管委会副主任黄敖齐等分别介绍了智慧南京建设的总体思路，以及南京市软件产业和中国软件谷的发展情况。清华大学王京、张毅（自动化系）、贾庆山（自动化系）、宋健（电子系）、邢春晓、尹浩、赵黎等分别介绍了在智慧建筑、智能电网、智能交通、智慧医疗、电子政务等领域的核心技术、应用成果和创新机制，分享了信息技术与智慧城市的国际发展趋势，并提出了合作建议。

5月27日　宜信大数据创新中心研发总监郑华在清华大学伟伦楼409

教室作了题为《大数据在互联网金融中的应用实践》的演讲,介绍了大数据在互联网金融中的一些典型应用场景,重点介绍了宜信大数据风控平台实现风险管理的方案。

5月28日　信研院召开了科研讨论会全体教师会议。会上,院长李军进行了科研工作研讨会启动动员,邀请校科研院项目部主任邓宁为参会教师作了第十七次科研讨论会的相关介绍,并总结了工科院系创新问题。

6月

6月5日　清华大学国际合作与交流处公布了2014年度清华大学国际合作与交流暨港澳台工作先进表彰名单,信研院数字电视中心教师潘长勇获评先进个人。

6月8日　信研院举行了2015年度研究生研究奖颁奖仪式。此次获得研究生研究奖的博士研究生为:王生楚、米翔、谢峰、邵熠阳、牛英俊;硕士研究生为:姜智文、肖驰洋。

6月10日　由信研院与北京倍肯恒亚科技发展有限责任公司(倍肯公司)联合建立的"清华—倍肯智慧健康大数据联合研究中心"成立仪式在清华信息科学技术大楼举行。倍肯公司总裁姚世平、执行总裁刘光中,清华大学科研院机构办主任甄树宁、信研院院长李军、院长助理邢春晓等出席了仪式。

6月　信研院数字电视中心师生丁文伯、杨昉、潘长勇、戴凌龙和宋健的论文"*Compressive sensing based channel estimation for OFDM systems underlong delay channels*"获得2015 IEEE Scott Helt Memorial Award。该文于2014年6月发表在*IEEE Transactions on Broadcasting*上,并获得*IEEE Transactions on Broadcasting* 2015年度最佳论文。

7月

7月2日　863重大项目"生物大数据开发与利用关键技术研究"启动会在军事医学科学院召开。信研院承担了该项目子课题"心血管疾病大数据平台的构建和应用研究",WEB与软件中心主任邢春晓、子课题负责人李超参加了会议。

7月6日 经信研院2014—2015学年度第十六次院务会议讨论，同意语音中心与金电联行（北京）信息技术有限公司成立清华大学（信研院）—金电联行（北京）信息技术有限公司金融大数据联合研究中心，并通过了清华大学（信研院）—天津七一二通信广播有限公司应用通信系统研究所依托单位变更为航天航空学院的申请。

7月8日 国际电信联盟（ITU）在其官方主页上公布：由中国政府提交的中国地面数字电视传输标准的演进版本（DTMB-A）被正式列入国际电联 ITU-R BT.1306 建议书"数字地面电视广播的纠错、数据成帧、调制和发射方法"，成为其中的系统E。这标志着DTMB-A已经成为数字电视国际标准。DTMB-A是由清华大学数字电视技术研究团队和北京数字电视国家工程实验室联合研发的DTMB国家标准的演进系统，信研院参与教师有潘长勇、彭克武、杨昉、阳辉、薛永林等。

7月8日 ShareThis 数据科学副总裁、首席科学家屈燕在信息科学技术大楼 1-312 会议室作了题为《大数据在社交媒体的应用》的演讲，分别从"大数据基础设施""大数据分析""预测模型""实验测试"等方面并结合丰富的应用案例，介绍了目前社交媒体的基本情况与大数据应用热点。

7月10日 信研院 2015 毕业研究生座谈会在信息科学技术大楼 4-302 会议室召开。各技术研究中心导师以及毕业研究生代表 20 余人参加了座谈会。座谈会后，导师与毕业研究生进行了集体合影。

7月 2015 年第二次研究生毕业典礼暨学位授予仪式举行。本次信研院共毕业博士研究生 11 人，硕士研究生 16 人。1 名硕士研究生获得"清华大学优秀硕士学位论文"。

7月 经学校批准，由清华大学（信研院）和北京全路通信信号研究设计院联合建立的轨道交通自动化所续签了第四期合作协议。轨道交通自动化所成立于 2006 年 3 月 31 日，并分别于 2009 年 3 月和 2012 年 3 月续签了联合机构二期协议和三期协议。

7月 信研院数字电视中心教师潘长勇经电子系推荐，获得 2015 年清华大学优秀班（级）主任二等奖。

7月 经学校研究,同意信研院语音中心将语音和语言技术领域的部分知识产权成果作价入股北京得意音通技术有限责任公司。此次科技成果转化涉及语言和语言技术研究中心研发团队的1项发明专利:声纹模型自动重建的方法和装置,以及3项软件著作权:基于深度神经网络的连续数字识别软件、用于基于关键概念的可配置语义分析软件和用于声纹识别的语音质量检测软件。

8月

8月3日 由国家新闻出版广电总局广播科学研究院和清华大学联合完成的"地面数字电视单频网组网与网络优化关键技术及应用"项目,通过了中国电子学会组织的科技成果鉴定会。该项目第一完成人为数字电视中心青年教师杨昉,参与该项目的还有中心教师张超、王劲涛、潘长勇、阳辉、彭克武、王军等。

8月29日 瑞典达拉纳大学Jerker Westin在信息科学技术大楼1-312会议室作了题为《基于移动技术的帕金森病管理》的学术报告,重点介绍了其研究组针对帕金森病患者开发的自我评估和机器测试移动系统,及其在临床上的应用。

8月31日 经信研院2015—2016学年度第一次院务会议讨论,同意语音与语言中心与北京得意音通技术有限责任公司联合成立清华大学(信研院)—北京得意音通技术有限责任公司声纹处理联合实验室(简称声纹处理联合实验室)。

9月

9月10日 信研院2015年研究生新生及新进站博士后迎新午餐交流会在信息科学技术大楼西门大厅举行,来自各中心近50位师生参加了交流会,会议由院长助理、辅助教学主管邢春晓主持。院长李军代表院务会致辞,欢迎新同学、新进站博士后加入信研院大家庭,教师代表粟欣、刘振宇、宋健、李超、周强、董炜、吕勇强分别介绍了各技术研究中心的情况以及信研院学科交叉科研项目组织平台的主要特色。硕士研究生代表冯雅璐、博士研究生代表赵康智分别代表新生发言。

10月

10月10日 来自台湾的Steve Liao博士在信息科学技术大楼1-415会议室作了题为《数码账簿：一种新的区块链服务》的演讲。Steve Liao总结了金融现代化的三部曲：金融互联网，互联网金融以及数字金融，并从E（efficiency）、F（finality）和I（inspectability）三个方面介绍了数码账簿技术产生的背景，详细阐述了区块链技术的关键概念，以DiQi为例具体介绍了区块链技术的实际应用和技术创新前景。

10月15日 美国西北大学博士后肖元章在信息科学技术大楼1-515会议室作了题为"Game-Theoretic Design: From Wireless Communications to Internet Economics to Power Systems"的报告。肖元章介绍了博弈论与工程学的结合，聚焦于将博弈论应用到工程系统时面临的特有挑战，并展示了一系列全新的博弈论工具，用于应对这些挑战。

10月27日 信研院在信息科学技术大楼1-312会议室举办了第2次学术沙龙活动。航天科工集团控制系统研究所系统综合研究中心副主任刘经宇和FIT中心教师李兆麟以"微系统及其应用技术探讨"为主题分别作了报告，重点介绍了目前的前沿高新技术——智能微系统的基本概念、重要性、应用技术及其涉及的研究领域。

10月29日 经清华大学批准，同意信研院与北京得意音通技术有限责任公司联合建立清华大学（信研院）—北京得意音通技术有限责任公司声纹处理联合实验室。这是继清华大学以知识产权入股得意公司之后，双方在深度"产学研"合作方面的又一里程碑式的举措。

11月

11月19日 信研院在信息科学技术大楼1-312会议室举办了第3次学术沙龙活动。北京倍肯恒业科技发展有限责任公司执行总裁刘光中和WEB与软件中心常务副主任张勇，分别作了题为《智慧健康与大数据》和《POCT与互联网健康》的主题报告。

11月 信研院语音中心主任郑方当选为亚太区信号与信息处理联合会的会议副主席（VP-Conference），任期为2016—2017年。APSIPA会议副主席负责APSIPA峰会的总体协调和组织指导工作，对APSIPA组织的运行和发展至关重要。此次是大陆学者首次当选该职位。

11月30日 由TCL集团股份有限公司和清华大学联合研发的项目"基于智能的家庭云运营系统"获得2015年第五届吴文俊人工智能科学技术奖进步二等奖。数字电视中心教师杨昉为第2完成人、张超为第6完成人、潘长勇为第9完成人。

11月 数字电视中心博士研究生丁文伯获得"清华大学研究生特等奖学金";WEB与软件中心博士研究生陈信欢获得"清华大学光华二等奖学金"。

12月

12月7日 经信研院2015—2016学年度第七次院务会议讨论,同意清华大学(信研院)—广州市怡文环境科技股份有限公司环境监测技术联合研究所续签事宜。

12月7日 信研院在信息科学技术大楼1-312会议室举办了第4次学术沙龙活动。北京云杉世纪网络科技有限公司创始人兼CEO亓亚烜作了题为《SDN从哪里来,到哪里去?Rethinking SDN in 2015》的主题报告。参会教师就毕业生创业等问题同主讲人进行了讨论与交流。

12月9日 由信研院WEB与软件中心和立思辰公司等多家单位联合起草的工信部行业标准《非结构化数据采集及分析规范》,在中国电子工业标准化技术协会信息技术服务分会(ITSS)服务外包组标准审定会上顺利通过专家审定。信研院教师李超、邢春晓、张勇分别是该标准的第1、第4、第5起草人。

12月 信研院获得全国音频、视频及多媒体系统与设备标准化技术委员会颁发的2015年度标准化工作先进单位。

12月 由信研院数字电视中心教师潘长勇指导的项目"超级WiFi及白频谱技术研究"获得"SRT计划优秀项目二等奖"。

12月 在教育职员职级评聘工作中,确定蒋蕾的九级教育职员任职资格。

本年 博士后进站10人,出站11人,年底在站20人。

信息技术研究院大事记
（2003—2019）

本年 共有教职员工 162 人，其中事业编制 39 人，博士后 20 人，非事业编制 103 人。事业编制中具有正高级专业技术职务 11 人，副高级专业技术职务 24 人。在院研究生 86 人，其中硕士研究生 38 人，博士研究生 48 人。本科生 24 人在信研院进行了毕业设计工作。教师 21 人在学科所属院系积极承担了 30 门课程的教学工作。

共有 7 个技术研究中心、3 个工程研究中心，11 个联合研发机构，1 个政府批建机构，1 个自主批建机构。其中本年新建联合机构 2 个：清华大学（信研院）—北京倍肯恒业科技发展有限公司智慧健康大数据技术联合研究中心、清华大学（信研院）—北京得意音通技术有限责任公司声纹处理联合实验室，合作到期续签联合机构 1 个：清华大学（信研院）—北京全路通信信号研究设计院有限公司轨道交通自动化联合研究所，合作到期关闭联合机构 1 个：清华大学（信研院）—北京数码视讯科技股份有限公司未来视讯技术联合研究所，依托单位转入其他院系联合机构 1 个：清华大学（信研院）—天津七一二通信广播有限公司应用通信系统研究所。

续聘兼职研究员 3 人。

本年申请专利 38 项，授权专利 37 项。获得计算机软件著作权登记 1 项。牵头制定国际标准 1 项。获得国家级奖励 1 项、省部级奖励 4 项。其中国家科技进步奖二等奖 1 项，教育部科学技术进步奖二等奖 1 项，中国电子学会电子信息科学技术奖二等奖 1 项，中国光学工程学会科技创新奖二等奖 1 项，吴文俊人工智能科学技术奖二等奖 1 项。

本院共组织学术沙龙 4 次，举办学术报告 10 场。共计接待 29 批来访客人，累计人数 100 余人次。派出教师、科研人员 88 人次出访美国、英国等 26 个国家和地区。

2016年

1月

1月8日 操作系统与透明计算工程研究中心牵头的项目"普适计算软硬件关键技术与应用"获得国家科技进步奖二等奖,中心主任、计算机系教授史元春作为第一完成人代表团队出席了2015年度国家科技奖励大会,受到了党和国家领导人的接见并合影。项目获奖的还有中心副主任、计算机系教师陈渝(第3完成人),中心常务副主任、信研院教师吕勇强(第4完成人)。

1月14日 经2015—2016学年度第十五次校务会议讨论通过,任命吉吟东为信研院院长,邢春晓、曹军威为信研院副院长;李军不再担任信研院院长职务。

1月 全国博士后管理委员会通报了2015年博士后科研流动站评估结果。信研院所属的4个博士后流动站(计算机科学与技术、信息与通信工程、控制科学与工程、电子科学与技术)评估等级均为优秀。

1月27日 中国通信学会及《中国通信》杂志社联合中国知网(CNKI)共同举办了第一届最受关注信息通信技术论文评选活动。信研院教师曹军威为第一作者的论文《能源互联网——信息与能源的基础设施一体化》入选2014年度最受关注信息通信技术论文。

1月 2016年第一次研究生毕业典礼暨学位授予仪式举行。本次信研院共毕业博士研究生3人。

1月 轨道交通中心教师吉吟东指导的博士毕业生牛英俊荣获2016年"北京市优秀毕业生"称号。

2月

2月11日 激光干涉引力波天文台（LIGO）探测到双黑洞碰撞产生的引力波，开启了探索宇宙的新窗口。作为中国大陆唯一LIGO科学合作组织成员，由信研院教师、清华大学天体物理中心兼职研究员、LSC理事会成员曹军威负责的清华大学研究团队为此做出了贡献。

2月18日 数字电视中心副主任潘长勇获得"中国电子学会优秀科技工作者"和"十佳中国电子学会优秀科技工作者"称号。

2月19日 信研院LIGO工作组与中国科学技术馆达成战略合作协议，面向社会共同推动引力波知识的普及。20日，LIGO工作组负责人曹军威应邀在"中科馆大讲堂"作了首场题为《时空涟漪引力波》的科普报告。

2月19日 数字电视中心教师宋健、杨昉、彭克武参与完成的项目"高性能、低成本电力线宽带通信芯片研究与开发"和无线移动中心教师粟欣、许希斌、曾捷、赵明、王京、肖立民参与完成的项目"基于BRadio的专用宽带无线接入系统的研发及应用"获得北京市科学技术奖三等奖。

2月24日 信研院在信息科学技术大楼1-312会议室举办了第1次学术沙龙活动。信研院副院长、清华LIGO工作组负责人曹军威作了题为《引力波直接探测解读》的主题报告。

3月

3月1日 数字电视中心教师杨昉入选中国科协"青年人才托举工程"。

3月10日 2015—2016学年度第十四次院务（扩大）会议通过黄春梅、潘长勇担任院长助理的干部任命。

3月15日 数字电视中心教师潘长勇因在数字电视广播等领域的杰出贡献当选中国电子学会会士（Fellow）。

3月18日 剑桥大学张超在信息科学技术大楼1-315会议室作了题为"Andem and Hybrid Speech Recognition Systems based on a General ANN Extension in HTK"的报告。张超介绍了隐马尔可夫模型工具包（HTK）对人工神经网络功能的扩展，并对其最近的相关工作，如tandem和hybrid系统的联合解码，语音识别中说话人相关和说话人无关模型的参数化激活函数等任务进行了详细的讲解。

2016年

3月21日 信研院2015—2016学年度第十五次院务（扩大）会议讨论通过《信研院周转科研用房使用和管理办法（试行）》。

4月

4月12日 清华大学校长邱勇一行来访信研院，就信研院的发展思路、规划以及改革和发展等问题进行调研。邱勇在认真听取了汇报与发言后表示：信研院自13年前成立以来，面向国家重大战略需求，积极组织学科交叉科研团队承担重大项目，取得了一系列成绩。并指出，信息学科具有学科发展速度快、与产业联系紧密的特征，既是国际学科前沿热点、更是国家重大战略需求所在。希望信研院以全校一盘棋的思想，在信息学科发展规划框架下，进一步明确未来发展方向。

4月15日 湖南省政府副秘书长、长沙市委副书记虢正贵率领湖南省政府、湘江新区代表团一行7人来访，就与信研院在"大数据"领域进行科研战略合作达成共识。清华大学副校长尤政、中国工程院院士李幼平、清华信息科学与技术国家实验室常务副主任李军、信研院院长吉吟东、信研院网络大数据工程研究中心主任尹浩等参加了接待会。会上，吉吟东对虢正贵一行来访表示欢迎，尹浩介绍了信研院网络大数据工程研究中心在大数据领域的科研和产业应用情况，李幼平院士提出，清华大学与湖南省在信息技术领域已有良好的合作基础，大数据作为国家"十三五"规划中的重要内容，将在提升地区经济生产力方面发挥重要作用。

4月23—24日 时值清华105周年校庆日，CCTV新闻频道《共同关注》栏目组到访信研院数字电视中心实验室，中心主任宋健接受采访，介绍了数字电视地面传输标准国际化及其科研成果应用情况。23日晚间，CCTV新闻频道对此进行了报道。

4月26日 第十一届中国电子信息技术年会暨2015年度中国电子学会科学技术奖颁奖典礼及第三届中国电子学会优秀科技工作者表彰仪式在京召开，信研院数字电视中心参与完成的项目"地面数字电视单频网组网与网络优化关键技术及应用"获科技进步类二等奖，中心副主任潘长勇当选"十佳中国电子学会优秀科技工作者"。

5月

5月12日 信研院2016年度研究生研究奖颁奖。此次获奖的博士研究生有：李蓝天、刘欣欣、陈信欢、董加卿；硕士研究生有：余先宇、许信辉、刘明明、王玉峰、刘玥。

5月20日 数字电视中心教师杨昉获全国信息技术标准化技术委员会"2015年度标准化先进个人"。

5月23日 经2015—2016学年度第21次院务会议讨论，同意微处理器中心与山东新北洋信息技术股份有限公司联合成立感知与加速计算技术联合研究中心。

5月25日 IBM中国研究院研究总监、大数据及认知计算研究方向首席科学家苏中在信息科学技术大楼多功能厅作了题为《从大数据到认知计算》的演讲。报告回顾了大数据的发展历程，指出随着认知计算时代的到来，计算机将逐渐成为人类能力的扩展和延伸，结合计算机的运算处理能力与人类的认知能力可以完成人类或机器无法单独完成的任务。

5月26日 信研院2016年研究生学术论坛举行。"2016年度研究生研究奖"获得者余先宇、刘欣欣、刘玥、王玉峰、李蓝天和许信辉分别作了主题演讲。

5月30日 江苏省连云港市副市长王开宇一行10人来访信研院语音中心，就机器人教育和教育机器人、社保领域身份认证等合作进行交流并达成合作意向。

6月

6月 信研院教师曹军威在2016年中国能源互联网新锐企业评选中，荣获"最具权威的能源互联网研究员"。

6月6日 信研院党支部选举了新一届党支部委员会，当选的党支部委员为：黄春梅、张勇、粟欣、路海明、董炜。经计算机系党委13日批准，新一届党支部委员会开始工作，由黄春梅担任信研院党支部书记。

6月15日 激光干涉仪引力波天文台科学合作组织和Virgo科学合作组织在圣迭戈举行的美国天文学会第228次会议上正式宣布，在高新LIGO探测器的数据中确认了又一起引力波事件。作为LIGO科学合作组织成员，信研院曹军威研究团队参与了此次发现。

6月15日 信研院党支部在信息科学技术大楼4-312会议室召开2015—2016学年度第一次支委（扩大）会，会上通报了支委会分工，任命了党小组组长，讨论修订了2015—2016学年春季学期支部工作计划，讨论落实了《清华大学信研院党支部"两学一做"学习教育工作方案》。

6月23日 清华大学技术转移院院长金勤献携校地合作办公室、河北发展研究院、成果与知识产权管理办公室、科技开发部、海峡研究院、清华控股、清大创新相关负责人一行11人来到信研院，就学校技术转移体系对接信研院科研与产业化工作进行座谈。信息国家实验室常务副主任李军、信研院副院长邢春晓、曹军威及部分科研项目负责人参加了座谈会。会上，曹军威介绍了信研院整体情况和科研成果转化情况，数字电视中心副主任薛永林、WEB与软件中心主任邢春晓、数字医疗健康工程研究中心主任杨吉江、网络大数据工程研究中心副主任吕勇强分别就无线图像传输系统、室内可见光定位系统、华鼎大数据管理和分析平台、基于大数据驱动的健康和疾病管理、面向内容的未来网络产品与服务科研项目汇报了科研成果和技术转移的前景。金勤献介绍了学校技术转移体系和相关政策。最后，与会教师就如何进一步充分利用好创新资源，提升科研成果转化工作效率和效益进行了深入讨论交流。

6月28日 江苏省连云港市市长项雪龙、副市长王开宇一行10人来访信研院，就机器人教育和教育机器人、社保领域身份认证等合作进行了进一步交流与讨论，并达成合作共识。

6月29日 加拿大麦克马斯特大学Jun Chen在信息科学技术大楼1-415会议室作了题为"*Source-Channel Communication in Networks: Separation Theorems and Beyond*"的演讲。

6月29日 亚利桑那大学助理教授Bin Zhang在信息科学技术大楼1-315会议室作了题为"*Online Community Oriented Data Analytics*"的演讲。

6月 信研院教师尹浩入选"国家高层次人才特殊支持计划"科技创新领军人才。

7月

7月4日 信研院2015—2016学年度第二十三次院务（扩大）会议讨论通过《信研院"十三五"科研发展规划（2016—2020）》。

7月11日 由中国建设银行、信研院语音中心、北京得意音通技术有限责任公司负责起草的《手机银行中基于声纹识别的增强安全应用技术规范》，经专家组评审后由中国人民银行全国金融标准化技术委员会（金标委，SAC/TC180）正式确定立项，这是金标委在手机银行领域立项的第一个有关生物特征识别的标准。

7月28日 国家科学技术奖励办公室主任邹大挺率领专家组一行5人来信研院数字电视中心考察"DTMB系统国际化和产业化的关键技术及应用"项目成果，清华大学党委书记陈旭、副校长尤政接待了专家组。数字电视中心首席科学家杨知行代表项目组作了项目成果汇报，相关合作单位分别汇报了DTMB系统国际化和产业化应用情况。

7月 2016年第二次研究生毕业典礼暨学位授予仪式举行。本次信研院共毕业博士研究生10人，硕士研究生13人。1名博士研究生获得"校级优秀博士学位论文二等奖"和"北京市优秀博士毕业生"，1名硕士研究生获得系级"优秀硕士毕业生"。同月，本科生毕业典礼暨学位授予仪式举行，信研院教师指导的3名本科生获得北京市、校级和系级"优秀毕业生"。

7月 信研院数字电视中心潘长勇作为班主任所带的班级获得"清华大学毕业班先进班集体"荣誉称号。

8月

8月25日 信研院分工会换届，新一届工会委员经选举产生。主席：邢春晓，副主席：吕勇强，委员：蒋蕾、王娜、杨海军、周媛媛、客文红、梁国清、孙娟。

8月29日 经2016—2017学年度第二次院务会议讨论，同意轨道交通中心与同方工业有限公司联合成立智能维护保障技术联合研究所。

9月

9月2日 信研院党支部在信息科学技术大楼4-312会议室召开

2016—2017学年度第一次支委（扩大）会。会上讨论修订了本学期支部工作计划，讨论落实了"两学一做"第三阶段工作安排。

9月8日 信研院2016级研究生新生及新进站博士后迎新午餐交流会在信息科学技术大楼中央庭院举行，来自各中心近50名师生参加了交流会，会议由院长助理、辅助教学主管潘长勇主持。副院长邢春晓代表全院教职工对新同学、新进站博士后加入信研院大家庭表示热烈的欢迎，科研主管曹军威介绍了信研院近期的科研获奖情况，教师代表王海霞、张秀军、杨昉、李超、周强、董炜、吕勇强介绍了各自研究中心的科研情况，博士研究生代表程星亮、硕士研究生代表陈璋美分别代表新生发言。

9月24日 苏州市科技处处长秦小鹏、副处长顾嵩率苏州企业代表团一行18人到信研院参观交流。院长助理潘长勇负责接待，向来宾介绍了信研院整体情况、合作机制及各中心的研究领域和成果。各中心相关负责人详细介绍了各科研领域的核心技术及科研进展，并就部分科研成果应用进行了演示。

9月24日 贵州省副省长陈鸣明一行8人来访信研院，考察大数据应用情况。院长吉吟东介绍了信研院整体科研情况和重点研究方向，双方重点就大数据的应用进行了讨论。来宾先后参观了大数据技术应用相关的实验室，尹浩、杨吉江分别介绍健康医疗大数据应用成果，邬晓钧就将在贵州省社保系统上线运行的社保生存认证系统进行了演示。

9月26日 经2016—2017学年度第五次院务（扩大）会议讨论决定，同意成立能源互联网技术研究中心，拟任刘文华研究员（电机工程与应用电子技术系）兼任中心主任。同意成立网络大数据技术研究中心，拟任尹浩研究员为中心主任，撤销网络大数据工程研究中心。

11月

11月 信研院网络安全及云存储技术领域的8项发明专利成功转让给赛特斯信息科技股份有限公司。此次知识产权成果转化包括微处理器中心、能源互联网技术研究中心教师李军、汪东升、曹军威、薛一波、赵黎等完成的"一体化网络数据深度安全检测与分析的技术与系统""动态时变约束下的赛百平台资源优化理论与算法研究""互联网音视频节目监管技术研究"

等科研项目的成果。

11月　中国科学技术信息研究所召开发布会公布了2016年中国科技论文统计结果，信研院教师曹军威等发表的论文《智能电网信息系统体系结构研究》入选"中国百篇最具影响国内学术论文"（2015年）。

11月　信研院能源互联网领域的1项发明专利成功转让给北京智中能源互联网研究院。此项知识产权来自能源互联网技术研究中心教师曹军威完成的"动态时变约束下的赛百平台资源优化理论与算法研究"科研项目成果。曹军威表示："能源互联网技术研究中心在国家基金委、973计划、863计划、北京市科委等多个项目的支持下，围绕能量路由器、能源大数据等核心技术挑战，展开了深入的研究，形成了一批自主知识产权。此次转让的知识产权，为能源大数据云平台提供了优化调度关键技术。"

11月14日　信研院2016—2017学年度第八次院务会议讨论通过《信研院事业发展"十三五"规划（2016—2020）》。

11月16日　信研院举办《SDN技术——前沿与未来趋势》讲座，硅谷风投Greylock的Howie Xu作了题为"*AI Opportunities for Security and SDN*"的演讲，介绍了人工智能与SDN推动网络安全发展的前景；云杉网络CTO及联合创始人张天鹏作了题为《网络数据分析在云计算中的应用》的演讲，介绍了云数据中心网络所面临的问题及相应解决思路，并详细讲述了大数据分析在网络管理中的应用；VMware的首席工程师Ben Pfaff作了题为"*SDN Present and Future, in Open vSwitch and OVN*"的演讲，介绍了与SDN未来发展紧密相关的项目：eBPF、P4和OVN。

11月18日　中科院院士、中国工程物理研究院北京应用物理与计算数学研究所研究员陈式刚在信息科学技术大楼1-315会议室作了题为《认知和决策中的随机性和量子概率》的演讲，从理论分析和实验测试结合的角度去介绍量子认知科学新近的发现。

11月21日　信研院与金电联行（北京）信息技术有限公司联合成立的金融大数据联合研究中心在信息科学技术大楼多功能厅举行揭牌仪式。

11月23日　信研院党支部在信息科学技术大楼4-312会议室召开2016—2017学年度第二次支委（扩大）会。会上讨论确定了合同制教职工党费申报工作，落实了学校党费补交工作安排，布置了校党委换届候选人提名相关工作安排。

11月24日 密苏里大学教授Zhu Li在信息科学技术大楼1-312会议室作了题为"*Rate Agnostic Content Identification and De-Duplication in Media Networks*"的演讲。

11月27日 由信研院数字电视中心与合作单位共同完成的"面向能源互联网的新型电力线通信关键技术及应用"项目获"2016年中国产学研合作创新成果一等奖"，数字电视中心教师宋健、杨昉分别为项目第1完成人和第6完成人。

11月27日 信研院2016—2017学年度第9次院务会议讨论第2次修订《信研院科研奖励办法》。

12月

12月5日 信研院2016—2017学年度第九次院务会议讨论通过《信研院博士后中期考核办法（试行）》。

12月11日 中国工程院院士樊邦奎在信息科学技术大楼1-315会议室作了题为《无人机发展及其对未来战争的影响》的报告。报告围绕"无人机""人工智能"和"未来战争"，深入浅出地阐述了无人机未来发展的六大趋势，以及对未来战争的影响。樊邦奎院士指出，信息技术的快速发展促进了无人机的发展进步，并将解决无人机智能化的关键技术问题。同时，信息技术是无人机系统智能化的核心，人工智能技术将成为下一代自主无人机发展的颠覆性技术。他希望清华大学能充分利用科研实力雄厚、系统集成能力强的特点，为我国的无人机智能化发展做出贡献。来自信研院和信息学院相关院系的近70名师生听取了报告。

12月14日 信研院在信息科学技术大楼1-312会议室举办了第2次学术沙龙活动。网络大数据技术研究中心副主任吕勇强作了题为《普适计算：是否已过时？》的主题报告。与会师生就普适计算的相关问题进行了热烈的讨论交流。

12月23日 厦门市卫计委副主任孙卫一行5人来访信研院，考察大数据科研成果及项目应用情况。院长吉吟东、院长助理黄春梅及相关技术研究中心教师接待了来宾。吉吟东向来宾致欢迎词，介绍了清华大学与国家卫计委的合作交流情况，以及信研院在智慧健康医疗大数据领域的科研整体情况。网络大数据技术研究中心主任尹浩介绍了医疗健康大数据平台。数字医疗健康工程研究中心王青介绍了健康医疗大数据的应用成果。语音中心邬晓钧演示了社保远程声纹生存认证系统科研成果。

12月23日 由信研院主办、数据科学研究院和清华大数据产业联合会协办的"数据系统架构"讲座在信息科学技术大楼多功能厅举行。京东数据云研发总经理杨光信应邀作了关于"数据系统架构创新与应用"的演讲。杨光信介绍了数据系统架构设计的历史变革，以及这些变革背后的历史背景和驱动因素，深入分析了NoSQL系统面对分布式和大数据场景下应用需求的不足，总结了学术界和工业界在这一领域的相关研究工作，最后简要介绍了京东云平台的创新工作。

12月 信研院WEB与软件中心教师李超，获得"清华大学第七届青年教师教学大赛（理工科组）"二等奖。

12月 由信研院微处理器中心教师李军指导的项目"云数据中心网络安全策略相关算法研究"获得"SRT计划优秀项目一等奖"。由数字电视中心教师潘长勇指导的项目"无线通信单频网关键技术研究"获得"SRT计划优秀项目二等奖"。

12月 信研院专业技术职务聘任工作顺利完成。正高级专业技术职务聘任人员为：粟欣；副高级专业技术职务聘任人员为：吕勇强。

本年 博士后进站9人，出站7人，转出1人，年底在站21人。

本年 共有教职员工173人，其中事业编制38人，博士后21人，非事业编制114人。事业编制中具有正高级专业技术职务12人，副高级专业技术职务23人。在院研究生83人，其中硕士研究生38人，博士研究生45人。本科生18人在信研院进行了毕业设计工作。教师17人在学科所属院系积极承担了24门课程的教学工作。

共有8个技术研究中心，12个联合研发机构，1个政府批建机构，1个自主批建机构。其中本年新成立技术研究中心2个：能源互联网技术研究中心、网络大数据技术研究中心,撤销技术研究中心1个:未来信息技术研究中心,新建联合机构3个:清华大学(信研院)—金电联行(北京)信息技术有限公司金融大数据联合研究中、清华大学(信研院)—同方工业有限公司智能维护保障技术联合研究所、清华大学(信研院)—山东新北洋信息技术股份有限公司感知与加速计算技术联合研究中心,合作到期续签联合机构1个:清华大学(信研院)—广州市怡文环境科技股份有限公司环境监测技术联合研究所。

新任干部名单如下。

院务会:院长吉吟东,副院长邢春晓、曹军威,院长助理黄春梅、潘长勇。

中心主任:能源互联网技术研究中心主任刘文华(兼,电机工程与应用电子技术系),网络大数据技术研究中心主任尹浩。

党支部:书记黄春梅。

部门工会:主席邢春晓。

新增正高级专业技术职务人员:粟欣。

新增副高级专业技术职务人员:吕勇强。

新聘兼职研究员3人。

"国家高层次人才特殊支持计划"科技创新领军人才入选者:尹浩。

本年申请专利49项,授权专利46项。获得计算机软件著作权登记3项。参与制定国际推荐性标准3项。获得国家级奖励1项、省部级奖励3项。其中国家科技进步奖一等奖1项;教育部科学技术进步奖二等奖1项,北京市科学技术奖三等奖1项,中国产学研合作创新成果奖一等奖1项。

本院共组织学术沙龙2次,举办学术报告9场。共计接待24批来访客人,累计人数150余人次。派出教师、科研人员65人次出访美国、英国等15个国家和地区。

2017 年

1月

1月9日 由电子系教授杨知行领衔信研院数字电视中心团队完成的"DTMB系统国际化和产业化的关键技术及应用"项目获得国家技术进步奖一等奖。杨知行对此表示：应用项目选题第一要瞄准世界科技前沿，第二要紧扣社会需求，第三要集聚优化产学研用协同，第四要有领导支持，第五要有稳定的团队。数字电视中心将努力争取攀登新的高峰。

1月11日 信研院数字电视中心教师潘长勇、宋健、杨昉、张超撰写的《报告书草案初稿工作文件》被工信部无线电管理局评为2016年度"国内优秀文稿"。

1月 2017年第一次研究生毕业典礼暨学位授予仪式举行。本次信研院共毕业博士研究生1人，硕士研究生1人。

2月

2月12日 信研院举办智慧城市大数据高峰论坛。副院长邢春晓主持，清华大学数据科学研究院执行副院长韩亦舜、信研院WEB中心首席科学家周立柱以及智慧城市大数据方面的校友应邀参加了论坛。IDG合伙人牛奎光、搜狗公司社交搜索产品负责人郭奇、提分网创始人兼总裁曾志平、清华大学计算机系青年长江学者奖励计划李国良分别在论坛上作了精彩的专题报告。

2月22日 信研院2016—2017学年度第十五次院务会议讨论修订《信研院公共经费使用管理办法》《信研院经费管理办法》《清华大学事业编制人员薪酬管理暂行办法》。

2017 年

3 月

3月8—9日 信研院院长吉吟东带队前往厦门考察了健康医疗大数据应用情况，并赴厦门信息集团了解了健康医疗大数据中心建设规划。一同考察的还有院长助理黄春梅、数字医疗健康工程研究中心主任杨吉江。

3月9日 国家质量监督检验检疫总局通关业务司司长山巍、副司长邸连柱、副调研员王冰等一行20人来访信研院，参观了清华信息国家实验室，听取了清华大学信息学科基本情况以及在大数据方面的研究和应用情况，并就质检总局大通关大数据中心的建设进行了讨论。

3月10日 信研院2016—2017学年度第十七次院务会议讨论通过《信研院院务会工作细则（试行）》。

3月10日 信研院党支部在信息科学技术大楼4-312会议室召开2016—2017学年度第三次支委会。会上讨论了《关于召开党支部专题组织生活会民主评议党员和开展党支部书记述职评议考核》的相关工作。

3月14日 信研院党支部在信息科学技术大楼召开2016—2017学年度第四次支委会。会上支委会委员根据分工分别汇报了与党员同志谈话的情况以及征集到的意见，开展了批评与自我批评，提出了整改措施。

3月15日 国家自然基金重点项目"面向全流程智慧健康管理决策的多源异构大数据融合方法研究"开题专家研讨会在信研院举行，WEB与软件中心常务副主任张勇、北京大学教授张铭和武警总医院院长刘惠亮作为项目子课题负责人分别就各自的研究内容、研究方案、年度计划和研究成果等进行了汇报。汇报结束后，专家就全流程医疗健康大数据的来源、研究方案等提出了意见和建议。

3月22日 信研院语音和语言技术研究中心顾问委员会委员、美国佐治亚理工学院教授Biing Hwang（Fred）Juang在信息科学技术大楼1-315会议室作了题为"*Machine Learning with Connectionist Models—A Developmental Perspective*"的演讲。Juang从整个机器学习发展的角度出发，深入浅出地阐述了深度神经网络（DNN）这一重要模型的概率意义和学习机理。

4月

4月7日 信研院党支部在信息科学技术大楼4-312会议室召开2016—2017学年度第五次支委（扩大）会。会上学习了《清华大学委员会2017年工作计划》，讨论了党员组织关系落实问题、本学期支部工作计划、本学期党员发展计划。

4月7日 微软人工智能事业部门全球资深技术院士、清华大学校友黄学东在信息科学技术大楼多功能厅作了题为《微软是怎样在对话语音识别上取得媲美普通人的水平的？》的演讲，语音中心主任郑方主持了此次讲座。黄学东回顾了微软在人工智能领域的最新成果，总结了语音识别的发展历程，并讲述了他所带领的团队在语音识别上的重大突破，最后介绍了微软最新开源认知工具包CNTK。

4月13—14日 由清华大学、北京师范大学联合资助主办的第五届北京引力波研讨会在信研院召开。来自清华大学、北京师范大学、英国格拉斯哥大学、美国哥伦比亚大学、波兰西里西亚大学等研究单位的50多名专家参加会议，介绍讨论了各自在引力波天文学领域的研究工作。

4月14日 北京市医管局科研学科教育处处长潘军华携北京市儿童医院、北京友谊医院、清华长庚医院科研工作负责人一行来访信研院。双方就信息工程与医学科学的结合及后续的成果转化、项目孵化等内容进行了交流研讨。

4月18—21日 由信研院能源互联网技术研究中心教师曹军威发起，IEEE和清华大学联合主办的首届IEEE国际能源互联网大会（IEEE International Conference on Energy Internet）在北京国际会议中心举行。大会秉承"开放、共享、交流、合作"的宗旨，为从事能源互联网研究和开发的一线工作人员和在校研究生提供了学术和技术交流的平台。

4月26日 信研院在信息科学技术大楼1-312会议室举办了2017年度研究生研究奖颁奖仪式暨学术沙龙活动。院长助理潘长勇、微处理器中心副主任王海霞、WEB与软件中心副主任张勇、无线移动中心教学主管张秀军分别为获奖研究生颁发了证书。此次获奖的博士研究生为：王明羽、张旭、肖驰洋、王丽婧、田洪亮；硕士研究生为：高俊男、林小枫、张元星、张妍。颁奖仪式后举办了研究生学术沙龙，5名获奖研究生代表分别作了学术报告。

4月26日 信研院教师杨昉作为第一完成人的"地面数字电视单频网组网与网络优化关键技术及应用"项目获得北京市科学技术奖三等奖。

4月27—30日 信研院在信息科学技术大楼西门大厅举办了科技成果展，并在实验室开放日进行了科研成果演示，庆祝清华大学建校106周年。科技成果展图文并茂地介绍了信研院基本情况、重大科研成果、重点科研方向及现有科研布局，其中重点展示了获2016年国家科技进步奖一等奖的"DTMB系统国际化和产业化的关键技术应用"、获2016年国际基础物理学特别突破奖的"引力波直接探测"等项目。

5月

5月8日 经2016—2017学年度第二十二次院务会议讨论，同意语音中心与江苏三洋丝路之镇旅游开发有限公司联合成立教育机器人与机器人教育联合研究中心。

5月10日 南京市副市长黄澜一行来访信研院，考察健康医疗大数据及应用情况。院长吉吟东介绍了信研院整体情况和科研布局，着重介绍了在健康医疗大数据方向的科研进展及清华大学与国家卫计委合作筹建国家健康医疗大数据研究院的情况。双方探讨了在健康医疗大数据领域的合作模式。来宾随后参观了数字电视中心2016年国家科技进步奖一等奖获奖项目"DTMB系统国际化和产业化的关键技术及应用"的成果演示，重点考察了网络大数据中心、WEB与软件中心在数字健康医疗和大数据管理方面的科研成果。

5月13日 巴基斯坦国家文化和信息广播部联秘Zahoor Ahmad Barlas来访信研院数字电视中心。数字电视中心首席科学家杨知行、主任宋健等在信息科学技术大楼接待了来宾。双方就巴基斯坦在中国商务部援助下即将开展的数字电视项目进行了深入的交流，探讨了技术转让、本地标准化、联合技术研发、测试研发中心和人才培养等方面的议题。

5月16日 金电联行（北京）信息技术有限公司首席征信技术官尚峰在信息科学技术大楼1-515作了题为"数据驱动的大数据金融应用"的

学术报告，阐述了大数据在金融领域的应用趋势，以及如何突破大数据领域的瓶颈。

6月

6月 信研院能源互联网技术研究中心教师曹军威作为第一作者的论文《能源互联网与能源路由器》获得《中国科学：信息科学》学术期刊2016年热点论文奖。

6月1日 国际激光干涉引力波天文台（LIGO）科学合作组织宣布第三次成功探测到时空涟漪——引力波。这项成果将全面开启人类天文观测的新窗口。作为LIGO科学合作组织成员，信研院曹军威研究团队在引力波数据处理方面开展了算法设计、性能优化与软件开发等方面的工作，参与了迄今为止的三次引力波发现并做出贡献。

6月23日 信研院在信息科学技术大楼1-312会议室举办了第2次学术沙龙活动。数字电视中心副主任杨昉作了题为《地面数字传输系统与覆盖》的主题报告。与会师生就感兴趣的问题与主讲人进行了讨论交流。

6月28日 信研院院长吉吟东一行应邀前往南京推进健康医疗大数据领域合作，南京市副市长黄澜接待信研院一行。双方就健康医疗大数据领域的合作进行了深入的讨论。数字医疗健康工程研究中心主任杨吉江重点介绍了我校参与筹建国家健康医疗大数据研究院的背景和主要任务。南京市江北新区管委会副主任陈潺嵋介绍了江北新区在健康医疗领域的建设规划及国家健康医疗大数据中心的筹建情况。吉吟东表示，在南京市政府的支持下，信研院将进一步与江北新区管委会交流，密切结合当地需求，积极探索科研合作平台，努力推进国家健康医疗大数据领域的事业发展。双方一致同意，建立联合工作组，推进相关工作。

6月29日 在迎接中国共产党建党96周年之际，信研院党支部和工会特邀著名男高音歌唱家孙毅为全院教职工作了题为《不忘初心，勇于担当，做人民满意的党员艺术家》的精彩报告。报告由党支部书记黄春梅主持，计算机系党委副书记贾珈致辞。报告中，孙毅结合自身丰富的人生经历，用生动鲜活的事迹、高尚朴实的情操，阐释了共产党员如何不忘初心、全心全意为人民服务的精神,用全新的方式"高歌"了一堂特殊的党课。

7月

7月20日 俄亥俄州立大学研究院副研究员孙引来到信研院,在信息科学技术大楼作了题为"*Timely Signal Updates*"的演讲。

7月31日 "人工智能与信息安全"清华前沿论坛暨得意音通信息技术研究院成立大会在信研院隆重举行。国家工信部、国家信息中心、北京市经信委等产业界、投资界和学术界的众多领导及专家参与了此次论坛。论坛开始前,本次论坛特邀嘉宾共同为"得意音通信息技术研究院"揭牌。

7月 2017年度国家重点研发计划项目"智能语音产品符合性测试技术研究"获批。该项目由公安部第三研究所牵头,信研院语音中心与北京得意音通技术有限责任公司共同承担该重点研发计划的第5课题"声纹识别产品关键质量检测技术"。

7月 2017年第2次研究生毕业典礼暨学位授予仪式举行。本次信研院共毕业博士研究生7人,硕士研究生11人。1名博士研究生获得"校级优秀博士学位论文二等奖"和"清华大学优秀共产党员",1名博士研究生获得系级"优秀博士毕业生"。同月,本科生毕业典礼暨学位授予仪式举行,信研院教师指导的3名本科生获得"校系级综合论文训练优秀论文",3名本科生获得北京市和校级"优秀毕业生"。

8月

8月26日 由信研院教师李兆麟牵头承担的"核高基"重大专项课题"面向应用的信息处理与控制SoC"的研究成果——"多级高速飞行器光纤总线系统一体化集成信息处理技术"通过中国电子学会科技成果鉴定。

8月28日 信研院党支部在信息科学技术大楼4-302会议室召开2017—2018学年度第一次支委(扩大)会。会上讨论了党小组组长专题培训、本学期支部工作计划及近期工作安排。

9月

9月15日 信研院2017级研究生新生及新进站博士后迎新午餐交流会在信息科学技术大楼中央庭院举行,来自各中心50余名师生参加了交流会。会议由院长助理、辅助教学主管潘长勇主持。副院长曹军威代表全院教职工对新同学、新进站博士后加入信研院大家庭表示热烈的欢迎。博士研究生代表刘凯鑫、硕士研究生代表张梦宇分别发言。

9月27日 激光干涉引力波天文台（LIGO）科学合作组织和室女座引力波探测器（Virgo）合作组织宣布首次联合探测到引力波。这是第4个探测到的双黑洞系统并合产生的引力波，也是第一个被Virgo探测器记录的引力波信号。本次发现充分说明了引力波探测网络在科学上的重要性。作为LIGO科学合作组织成员，曹军威研究团队参与了迄今为止的4次双黑洞并合引力波发现并做出贡献，本工作得到了国家自然科学基金委和清华大学自主科研计划的资助。

9月27日 信研院党支部在信息科学技术大楼4-312会议室召开2017—2018学年度第二次支委（扩大）会。会上通报了《在职教职工党支部自查表》完成情况，讨论了支教活动具体安排。

9月 信研院数字电视中心潘长勇获得"清华大学参加招生工作10年'年功奖'"。

10月

10月13日 信研院党支部在信息科学技术大楼4-312会议室召开2017—2018学年度第三次支委（扩大）会。会上部署了校党委有关"思想政治工作专题会议"和"党风廉政建设专题会议"的两个专题活动。

10月16日 科学家宣布首次直接探测到来自双中子星并合产生的引力波及其伴随的电磁信号。这标志着人类历史上第一次使用引力波天文台和其他望远镜同时观测到了同一个天体物理事件。这次发现打开了等待已久的多信使天文学的新窗口，引力波天文学为理解中子星的性质提供了电磁天文学单独所不能实现的新机会。这次发现是由位于美国的激光干涉引力波天文台（LIGO）和位于欧洲的室女座干涉仪（Virgo）引力波探测器，以及其他70个地面及空间望远镜共同完成的。作为LIGO科学合作组织成员，信研院曹军威研究团队参与了迄今为止的所有引力波发现并做出贡献。

10月17日 由清华大学信研院LIGO科学合作组织工作组主办的清

华大学引力波成果发布会暨第六届北京引力波研讨会在信息科学技术大楼二层多功能厅顺利召开。清华LIGO科学合作组织工作组发布了引力波探测和研究的最新成果，国际LIGO科学合作组织和Virgo合作组织代表对引力波最新发现进行了全面解读，来自清华大学、北京师范大学、中科院等院所的相关专家分别进行了引力波相关方面的学术交流和研讨。

10月20日　国际语音领域著名学者、日本工程院院士、东京大学名誉教授Hiroya Fujisaki在信息科学技术大楼1-315会议室作了题为"口语语言处理的概念起源以及自动语音识别中的问题分析"的报告，讲解了最基本的语言和语音两者的区别与联系，并结合生动翔实的例子比较了口语式语音处理和书写式语音处理的异同。

11月

11月1日　澳大利亚悉尼科技大学教授刘仁平在信息科学技术大楼1-415会议室作了题为"*Vehicular Networking Technologies, Challenges, and Future Directions*"的报告。刘仁平介绍了他和团队在5G、物联网、安全机制、区块链等方面取得的重要研究成果，并总结了当前车联网系统设计中面临的挑战和部分解决思路，为后续深入研究指明了方向。

11月12日　信研院数字电视中心教师潘长勇获得"中国产学研合作创新奖"。

11月12日　WEB与软件中心博士研究生许杰的论文被评为"第十四届全国WEB信息系统及其应用学术会议（WISA2017）优秀论文"。

11月24日　信研院党支部在信息科学技术大楼4-312会议室召开2017—2018学年度第四次支委（扩大）会。会上通报了党员发展情况，邀请计算机系党委贾珈同志以实际案例介绍了学校党风廉政建设工作及深化巡视整改工作，支委和小组长对具体案例进行了充分的讨论学习。

11月27日　信研院2017—2018学年度第七次院务会议讨论第3次修订《信研院科研奖励办法》。

11月　信研院微处理器中心博士研究生高鹏获得"CANDAR2017最佳论文奖"。

12 月

12 月 信研院网络安全等领域的 12 项发明专利成功转让给赛特斯信息科技股份有限公司。此次知识产权成果转化包括微处理器中心、网络大数据技术研究中心、语音中心教师李军、汪东升、吕勇强、薛一波、周强等完成的"基于网络流量多域网包分类方法""远程云胎心监护系统""一种汉语句子中事件句式的抽取方法"等科研项目的成果。

12 月 6 日 昆仑数据首席数据科学家田春华在信息科学技术大楼多功能厅作了题为《工业大数据分析：机会与挑战》的演讲。田春华结合自己在工业大数据分析领域多年的实践经验，在宏观和微观层面对工业大数据的应用现状、难点和发展前景进行了全面的介绍，总结了其与商业大数据之间存在的区别，并介绍了工业大数据分析平台的设计理念和实现方法。

12 月 21 日 信研院党支部在信息科学技术大楼 4-402 会议室召开 2017—2018 学年度第五次支委会。会上总结了 2017 年工作，讨论了 2018 年工作计划，布置了关于针对院务会、工会和党支部征求意见的相关工作。

12 月 29—30 日 由信研院和博士后校友会 IT 分会联合主办的清华大学博士后校友会 IT 分会暨信研院博士后学术论坛在信息科学技术大楼 1-315 会议室顺利召开。论坛以"智能时代的 IT 最新进展"为主题，IT 博士后校友、中国人民大学教授朝乐门以《数据科学的研究现状与趋势》为题作了专项报告；IT 博士后校友、中国科学院自动化研究所研究员张桂刚作了《大飞机综合智能健康管理》的主题演讲；在站博士后任光、王兆国分别以《能源互联网基础理论与关键技术探索》和《社会网络大数据分析系统》为题作了专题讲座；副院长邢春晓主持了此次论坛并作了题为"大数据时代的智慧城市关键技术研发"的专家讲座。

12 月 信研院无线移动中心 2 名博士研究生刘欣欣、李海涵获得"清华大学一二九辅导员奖"。

12 月 由信研院微处理器中心教师李军指导的项目"云数据中心网络策略管理相关算法研究"获得"SRT 计划优秀项目一等奖"。由能源互联网中心教师曹军威与训练中心陈震老师共同指导的项目"智能硬件与智能系统关键技术"获得"SRT 计划优秀项目二等奖"。同时信研院 SRT 计划工作指导组荣获"SRT计划优秀组织奖"。

12月 信研院专业技术职务聘任工作顺利完成。正高级专业技术职务聘任人员为：李云洲；副高级专业技术职务聘任人员为：王东。

本年 博士后进站14人，出站7人，退站1人，年底在站27人。

本年 共有教职员工159人，其中事业编制37人，博士后27人，非事业编制95人。事业编制中具有正高级专业技术职务13人，副高级专业技术职务22人。在院研究生77人，其中硕士研究生36人，博士研究生41人。本科生11人在信研院进行了毕业设计工作。教师14人在学科所属院系积极承担了15门课程的教学工作。

共有8个技术研究中心，13个联合研发机构，1个政府批建机构，1个自主批建机构。其中本年新建联合机构1个：清华大学—连云港市教育机器人与机器人教育联合研究中心。合作到期关闭联合机构2个：清华大学—祥兴（福建）箱包集团有限公司智能系统联合研究中心、清华大学（信研院）—北京永新视博数字电视技术有限公司数字互动技术联合研究所。

新增正高级专业技术职务人员：李云洲。

新增副高级专业技术职务人员：王东。

新聘兼职研究员1人，续聘兼职研究员3人。

本年科技成果鉴定2项，均为国际领先。申请专利39项，授权专利48项。获得计算机软件著作权登记5项。获得省部级奖励3项。其中中国电子学会技术发明一等奖1项，科技部创新人才推进计划重点领域创新团队1项，中国产学研合作创新奖1项。

本院共组织学术沙龙2次，举办学术报告7场。共计接待21批来访客人，累计人数115人次。派出教师、科研人员60人次出访美国、英国等22个国家和地区。

2018 年

1 月

1 月 中国南方电网公司完成了 2018 年度公司科技奖励评审工作,信研院能源互联网中心曹军威参与完成的专利"一种统一电能质量调节装置及方法"获得专利奖一等奖。

1 月 中国电力企业联合会公布了 2018 年度电力创新奖获名单,信研院能源互联网中心曹军威参与完成的项目"城市电网高电能质量关键技术和装备研究及其应用"获得二等奖。

1 月 能源互联网中心曹军威参与完成的"中国能源互联网技术及产业发展报告"研究成果获得 2016 年度能源软科学研究优秀成果三等奖。该报告从概念入手,对能源互联网的相关技术和产业内容进行介绍和深度分析,对产业与技术发展做出展望,为产业布局提供参考。

1 月 4 日 信研院党支部召开了 2017—2018 学年度第 6 次党支部委员会议。会上布置了 2017—2018 学年度秋季学期期末组织生活会事宜,讨论了对院务会、工会和党支部征求意见的汇总稿。

1 月 8 日 信研院在信息科学技术大楼 4-313 会议室召开了 2017—2018 学年度第十一次院务会。会议由院长吉吟东主持,会上通报了学校对期末领导班子民主生活会安排的要求。

1 月 8 日 国家质检总局"大数据管理和分析总体规划及原型系统咨询"项目启动会在信息科学技术大楼 1-315 会议室举行。会议由信研院副院长邢春晓主持,质检总局通关司信息化处副处长高凤荣出席了项目启动会。

1月12日　信研院党支部召开期末组织生活会，特邀马克思主义学院学术委员会主任刘书林为全院党员同志解读十九大报告和新党章。计算机系党委副书记贾珈参加了组织生活会。

1月15日　信研院在信息科学技术大楼4-312会议室召开了2017—2018学年度第十二次院务会。经院务会讨论，确定了2017年度各项表彰奖励名单。

1月16日　南京市委常委、江北新区党工委专职副书记罗群一行到信研院考察，院长吉吟东、副院长曹军威在信息科学技术大楼接待了来宾。吉吟东介绍了信研院基本情况、科研布局及在大数据方面的研究进展和成果应用情况，曹军威介绍了在能源互联网领域的科研成果，罗群介绍了江北新区在分布式电网、健康医疗大数据等方面的发展规划和战略设想，双方就推进相关领域的合作进行了探讨。

1月17日　信研院在信息科学技术大楼1-315会议室召开了2017—2018学年度第十三次院务会。会议由院长吉吟东主持，会议讨论通过了2018年度院行政运行费预算和工会经费预算。

1月22日　信研院2017年度总结大会暨2018年迎新春茶话会在信息科学技术大楼二层多功能厅举行，会议由院长助理潘长勇主持，吉吟东代表院务会作了2017年度工作报告，会上颁发了先进集体与先进个人奖、爱岗敬业提名奖等奖项。

1月22日　WEB与软件中心杨吉江参与完成的"远程医学关键技术与救治体系临床应用"项目获得2017年度中华医学科技三等奖。

2月

2月6日　南方电网公司组织的深圳供电局科技成果"城市电网高电能质量关键技术和装备研究及其应用"鉴定会在深圳召开，信研院能源互联网中心曹军威牵头承担的"深圳电网电能质量综合治理研究与工程示范"项目成果通过专家鉴定。

2月26日　信研院在信息科学技术大楼4-312会议室召开了2017—2018学年度第十四次院务会。会上，吉吟东结合《信研院班子对照检查材料》中的主要整改措施，提出本学期落实各项具体措施的要求。

3月

3月5日 信研院在信息科学技术大楼4-312会议室召开了2017—2018学年度第十五次院务（扩大）会。会上，学习了学校安全稳定工作会议精神。

3月7日 北京市儿童医院举行了"北京市医院管理局儿科学科协同发展中心"成立仪式。信研院被认定为副主任单位，吉吟东受聘为协同中心副主任，并与杨吉江当共同当选学术委员会委员。信研院将在医工结合、医信（息）结合等方面，全面参与并促进北京市儿科学科的发展。

3月9日 信研院党支部召开了2017—2018学年度第7次党支部委员会（扩大）会议。会上讨论了关于召开组织生活会、开展党支部和党员评议工作的相关事宜，支部委员和党小组长进行了谈心谈话，确定了本学期支部工作计划。

3月12日 信研院在信息科学技术大楼4-312会议室召开了2017—2018学年度第十六次院务会。会上通报了安全检查情况，讨论了研究生导师资格等事宜。

3月13日 西安市委常委、高新区党工委书记、航天基地党工委书记李毅、西安市高新区管委会副巡视员李亚红等一行6人来信研院考察交流。副院长邢春晓介绍了信研院基本情况和科研布局情况，张勇介绍了团队科研进展和数字化心血管院前急救系统、乡村基层卫生医疗服务平台等健康医疗大数据方面的研发情况。李毅表示，通过调研清华大学在健康医疗、人工智能等方面的最新研究成果和产业化进展，对信息技术有了更深入的了解，希望与清华大学不断加深沟通，与西安市的人才、技术、军工资源结合起来，开展更广泛的合作。

3月14日 信研院党支部召开了2017—2018学年度第8次党支部委员会会议。会上讨论了年度党员发展计划，讨论了党小组征集的意见和建议，开展了批评与自我批评，讨论了党支部评议报告。

3月15日 信研院党支部召开民主生活会，开展党支部和党员评议。会上，支部书记黄春梅代表党支部汇报了2017—2018学年度党支部工作情况，通报了支委会在党支部内征求意见情况及支部整改措施，全体党员对党支部工作进行了评议。

3月21日 北京会议中心召开中国国际广播电视信息网络展览会CCBN2018，数字电视中心潘长勇获得广播电视科技奖。

3月26日 信研院在信息科学技术大楼4-312会议室召开了2017—2018学年度第十七次院务（扩大）会。会上通报了学校教职工大会主要精神，讨论了科研合作事宜，同意WEB与软件中心与圣盈信（北京）管理咨询有限公司联合成立清华大学（信研院）—圣盈信（北京）管理咨询有限公司行业可信区块链应用技术联合研究中心。

3月28日 信研院党支部召开了2017—2018学年度第9次党支部委员会会议。会上讨论了申请学校支部特色活动事宜和2018年扶贫支教具体工作安排。

3月28日 信研院主办、清华—青岛数据科学研究院协办的2018年系列学术讲座1——"美团外卖的大数据应用"在信息科学技术大楼多功能厅举办，信研院副院长邢春晓主持了本次讲座。美团点评资深技术总监王栋应邀分享了美团点评在外卖业务中的大数据实践应用，结合美团点评在外卖行业多年的实践经验，对大数据及人工智能技术在外卖领域的应用场景和思路进行了详细介绍。

4月

4月 信研院获批引力波国际联合研究中心北京市国际科技合作基地。

4月2日 信研院党支部召开了2017—2018学年度第10次党支部委员会（扩大）会议。会上传达了《清华大学"基层党组织建设提升年"活动实施方案》，讨论了支部整改措施落实方案，布置落实2018年春季学期"两学一做"学习安排，通报了"支部特色活动"的申报和扶贫支教具体活动安排。

4月11日 清华大学（信研院）—山东新北洋信息技术股份有限公司感知与加速计算技术联合研究中心第一届管委会第二次会议在信息科学技术大楼4-304会议室召开。院长吉吟东、学术委员会副主任李军、微处理器中心主任汪东升及研究中心管委会委员及技术骨干等11人参加了会议，会议介绍了联合研究中心组织结构架构及人事调整，总结了联合研究中心 2017 年度工作及 2018 年度科研项目需求及研究中心发展规划，确定了 2018 年研发工作重点。

4月16日　信研院在信息科学技术大楼 4-312 会议室召开了 2017—2018 学年度第十八次院务会。会上通报了 2018 年研究生研究奖获奖名单、科研周转用房申请，讨论了过节费发放事宜和兼职研究员聘任事宜。

4月17日　清华大学和挪威斯塔万格大学高性能计算合作交流研讨会在信息科学技术大楼 1-315 会议室召开，斯塔万格大学校长 Marit Boyesen、教授容淳铭，清华大学信研院副院长曹军威、计算机系副教授都志辉，华中科技大学计算机系教授石宣化，泰康新技术研究院李夫路，美国 IBM 麻省实验室张帆等参加了会议。双方就大数据分析、高性能计算、人工智能和区块链技术及其在能源、健康、引力波等领域的应用展开了交流。会后，与会代表应邀参加了挪威驻中国大使馆的交流晚宴。

4月18日　信研院主办、清华—青岛数据科学研究院协办的 2018 年系列学术讲座 2——"AI+ 即时配送技术挑战与应用案例"在信息科学技术大楼多功能厅举办，信研院副院长邢春晓主持了本次讲座。清华大学自动化系校友、现任美团点评公司资深研究员郝井华介绍了其团队使用大数据、机器学习等方法所做的探索，充分介绍了系统构架、算法研发、仿真平台、人机交互等技术细节，并展望了相关工作的前景。

4月19日　数字电视中心承担的标准化工作获得全国音频、视频及多媒体系统与设备标准化技术委员会颁发的"2017 年度标准化工作先进单位"称号，中心教师潘长勇获得"标准化工作先进个人"称号。

4月20日　语音中心牵头，西北民族大学、新疆大学联合参与的多少数民族语言连续语音识别方法及应用国家自然科学基金重点项目（简称 M2ASR）进展报告会在信息科学技术大楼召开。会上，王东围绕深度学习技术、深度神经网络在语音识别中的应用、迁移学习和自适应技术、联合协同学习、神经网络压缩等方面作了详细的报告，并对语音识别技术的进展及现状进行了总结和讲解，西北民族大学教师李冠宇、新疆大学教师米吉提分别对各自负责的部分进行了进展报告。

4月26日　信研院党支部召开了 2017—2018 学年度第 11 次党支部

委员会会议。会上讨论了信研院党支部"基层党组织建设提升年"活动计划和党支部长期坚持的具体行动方案。

4月26日 信研院党支部开展与清华大学基础工业训练中心教研室党支部开展共学共建活动，到清华大学iCenter交流参观。

4月26日 由信研院党支部申报，董炜作为项目负责人的"'点燃希望'，助力革命老区基础教育发展——河北唐县第三小学支教"获得"2018年清华大学教职工党支部特色活动立项"支持。此次全校共有27项基层党建特色工作，教职工党支部66项调研课题和169项特色活动获得审批立项。

4月27日 信研院2018年度研究生研究奖颁奖仪式在信息科学技术大楼1-312会议室举行，各技术研究中心辅助教学负责人参加了颁奖仪式并为获奖研究生颁发证书。此次获得研究生研究奖的博士研究生为：邱朋飞；硕士研究生为：李秀星、陈璋美、李亮亮、黄玉、李兴光。

4月26—29日 信研院在信息科学技术大楼西门大厅举办了科技成果展，并在实验室开放日进行了科研成果演示，庆祝清华大学建校107周年。

5月

5月4日 清华大学与江苏省连云港市签订全面合作框架协议，清华大学与连云港市共同成立的"清华大学—连云港市教育机器人与机器人教育联合研究中心"举行揭牌仪式。清华大学副校长、中国工程院院士尤政、连云港代市长方伟代表校市两方签署了全面合作框架协议。为深入落实和推进校市全面合作框架协议，推动"政产学研"合作取得成效，在校市双方领导见证下，还签署了3个项目合作协议。清华大学—连云港市教育机器人与机器人教育联合研究中心为校级联合研究机构，由信研院语音中心牵头，联合计算机系、美术学院、精仪系、继教学院等五院系共同组建，郑方担任中心主任。

5月7日 信研院在信息科学技术大楼4-312会议室召开了2017—2018学年度第十九次院务会。会上讨论修订《信研院院务会工作程序细则（试行）》，通报了近期工作重点，讨论了科研报奖事宜及院行政班子征求意见的反馈。

信息技术研究院大事记
（2003—2019）

5月8日 信研院党支部召开了2017—2018学年度第12次党支部委员会（扩大）会议。会上传达了《2018年清华大学全面从严治党工作会议》精神，开展了支部委员和党小组长专题培训，讨论了本学期党组织活动主题。

5月12日 信研院党支部教育扶贫工作组杨维康、董炜、蔚欣和清华大学学生教育扶贫公益协会刘清源（自动化系大二学生）前往唐县第三小学开展了支教对接工作。工作组对唐县第三小学进行了"机器人知识"讲座暨信息技术引领帮扶活动，并同校方达成了"机器人知识""图书和科学仪器捐赠""教师信息技术专业引领""学生科技指导"等多项长期帮扶项目。

5月14日 信研院在信息科学技术大楼4-312会议室召开了2017—2018学年度第二十次院务会。会上讨论同意清华大学（信研院）—北京全路通信信号研究设计院有限公司轨道交通自动化联合研究所续签事宜，通报了科研周转用房调整和购房申请推荐事宜，讨论了学科评估奖励分配方案及院行政班子征求意见的反馈。

5月15日 信研院党支部组织全体党员到新清华学堂观看反腐话剧《叩问》。

5月16日 信研院主办、清华—青岛数据科学研究院协办的2018年系列学术讲座3——"商业思维与大数据技术在美团旅行业务中的结合"在信息科学技术大楼多功能厅举办，信研院副院长邢春晓主持了本次讲座。美团旅行商业分析总监赵楠应邀分享了美团点评在旅行业务中的大数据实践应用。

5月21日 信研院在信息科学技术大楼4-312会议室召开了2017—2018学年度第21次院务会。会上通报了人事相关事宜。

5月23日 由中国电子学会组织的"基于动态密码语音的无监督身份认证系统"科技成果鉴定会在信研院举行。鉴定会由中国工程院院士、北京大学信息与工程科学部主任、中国计算机学会理事长、国家自然科学基金委前副主任高文主持，中国电子学会科技评价与成果转化中心主任曹玉红、信研院院长吉吟东等参加了此次会议。会上，郑方代表项目组向鉴定委员会作了详细的研制报告、技术报告和视频演示,并汇报了查新结果以及该成果在金融、社保、汽车等领域的应用情况,最后从直接经济效益、间接经济效益、预期经济效益方面作了经济和社会效益分析报告。经过专家组的质询讨论,鉴定委员会一致认定该成果满足无监督情况下基于声纹的身份认证技术和应用需求,整体技术达到国际领先水平。鉴于该成果能够低成本、高精确、弱隐私地保障用户身份认证的安全性,委员会建议尽快在各个领域推广应用。

5月28日 信研院2018年系列学术讲座4——"A Bayesian Approach to Deep Neural Network Adaptation with Applications to Robust Automatic Speech Recognition"在信息科学技术大楼1-312会议室举办,语音中心主任郑方主持了本次讲座。国际著名的语音识别专家、佐治亚理工学院教授李锦辉阐述了深度神经网络在模型自适应过程中所面临的挑战,以及基于DNN在迁移学习中所存在的灾难遗忘问题,讲解了如何利用贝叶斯方法解决这类问题,介绍了直接DNN自适应和间接DNN自适应的两种贝叶斯理论方法。

5月28日 信研院在信息科学技术大楼4-312会议室召开了2017—2018学年度第二十二次院务(扩大)会。会上讨论了信研院向信息国家研究中心过渡实施方案。

5月30日 信研院2018年系列学术讲座5——"美团点评金融服务的大数据和人工智能"在信息科学技术大楼多功能厅举办,网络安全实验室主任李军主持了此次讲座。清华大学计算机系校友、美团点评金融服务平台大数据及人工智能技术负责人陈彧应邀分享了美团点评在金融服务行业中的大数据实践应用。

6月

6月4日 信研院在信息科学技术大楼4-312会议室召开了2017—2018学年度第二十三次院务(扩大)会。会上讨论了为准备人事制度改革科研团队的组织情况,传达了"学科院系部门发展史编纂工程"相关工作要求。

6月7日 信研院党支部组织活动,邀请了北京语言大学国际关系学院副教授、清华大学国际关系研究院研究员周建仁，就中美贸易的热点问题作了题为《权力转移与中美战略竞争》的精彩报告。

6月7—9日　信研院党支部部分党员和积极分子参加了计算机系党委组织的"不忘初心，重走革命路"井冈山学习实践活动。

6月13日　信研院2018年系列学术讲座6——"第三脑的理论和实践"在信息科学技术大楼1-312会议室举办，WEB与软件中心副主任杨吉江主持了本次讲座。美国国家工程院院士、全球著名超级计算机专家陈世卿介绍了人类脑的工作原理，提出部分"第三脑"研究的重点课题。

6月14日　信研院党支部组织全体党员观看《"首都百万师生同上一堂课"暨首场授课》。

6月20日　由清华大学（信研院）—北京全路通信信号研究设计院集团有限公司联合建立的轨道交通自动化联合研究所续签了第五期合作协议。

6月25日　信研院在信息科学技术大楼4-312会议室召开了2017—2018学年度第二十四次院务（扩大）会。会上讨论了人事制度改革相关事宜。

6月28日　信研院2018年系列学术讲座7——"机器学习在医学数据上的应用"在信息科学技术大楼1-312会议室举办，WEB与软件中心副主任杨吉江主持了本次讲座。加拿大约克大学教授王晓刚介绍了非平稳生物信号处理算法在胎心监测，心电图和脑电图上应用，讨论了高血压和高血脂的风险评估模型。

7月

7月2日　山石网科通信技术有限公司向信研院捐赠教学设备仪式在信息科学技术大楼1-315会议室举行，信研院院长吉吟东、网络安全实验室主任李军，山石网科公司董事长罗东平、研发副总裁蒋东毅等出席了签约仪式。

7月5日　信研院党支部召开全体党员大会，发展数字电视中心副研究员杨昉加入中国共产党。会议由党支部书记黄春梅主持，校党委组织部副部长欧阳沁、计算机系党委书记刘奕群、计算机系党委办公室蔡英明参加了支部党员大会，信研院党员和入党积极分子共40人参加了会议。

7月6日　信研院2018毕业研究生座谈会在信息科学技术大楼4-402会议室召开，各技术研究中心导师以及毕业研究生代表近20人参加了座谈会，会议由院长助理潘长勇主持。

7月9日　信研院在信息科学技术大楼4-312会议室召开了2017—2018学年度第二十五次院务（扩大）会。会上通报了人员续聘事宜，讨论了信研院过渡期科研团队情况。

7月11日　信研院党支部在信息科学技术大楼4-312会议室召开2017—2018学年度第十三次支委会。会议讨论了扶贫支教的活动安排。

7月16日　信研院在信息科学技术大楼4-312会议室召开了2017—2018学年度第二十六次院务（扩大）会。会上通报了2017—2018年度科研业绩量化考核结果，讨论了科研团队发展方向及大病救助事宜。

7月19日　信研院2018年系列学术讲座8——由美国康奈尔大学教授赵青主讲的"Active Learning for Rare Event Detection in Massive Data Streams"在信息科学技术大楼1-315会议室举办，轨道交通中心主任叶昊主持了本次讲座。赵青教授介绍了大规模事件流中小概率事件检测的主动学习方法。

7月23日　清华大学行业可信区块链高峰论坛暨清华大学（信研院）—圣盈信（北京）管理咨询有限公司"行业可信区块链应用技术联合研究中心"启动仪式在信息科学技术大楼举行。论坛由信研院主办，清华大学互联网产业研究院、中关村区块链产业联盟共同协办。WEB与软件中心常务副主任张勇主持了会议，全国人大原常委朱相远、清华大学副校长杨斌，信研院副院长邢春晓，清华大学互联网产业研究院院长朱岩，圣盈信集团董事长林建欣，圣盈信集团副总裁兼安易信CEO杨志强，以及副总裁李冰、赵瑾等出席了活动。

8月

8月3日　由能源互联网中心曹军威牵头负责，清华大学、北京智中能源互联网研究院有限公司和北京能源集团有限责任公司联合承担的北京市科技计划课题"自治微网能源路由器研制与示范应用"顺利通过了结题验收。

信息技术研究院大事记
（2003—2019）

8月13日　中挪超算大数据国际合作——清华大学暑期学校在信息科学技术大楼一层小报告厅召开开幕式，参加此次暑期学校的有挪威斯塔万格大学教授容淳铭、挪威 Simula 实验室教授 Tor Skele 一行，清华大学、广州超算中心、华中科技大学、中山大学多位教师与研究生。信研院副院长曹军威主持了开幕式，并向参会人员介绍了信研院的基本情况。开幕式后，多方就深度学习、大数据分析、人工智能、高性能计算、能源互联网和区块链技术等领域的研究与应用分别作了主题报告，并就相关问题展开了交流与讨论。

8月12—15日　第六届IEEE智能能源网络工程会议（IEEE International Conference on Smart Energy Grid Engineering，IEEE SEGE）在加拿大奥沙瓦召开。信研院能源互联网中心曹军威指导的在读研究生郝传统的文章"*A Class of Optimal and Robust Controller Design for Energy Routers in Energy Internet*"荣获最佳论文奖。

8月27日　信研院在信息科学技术大楼4-312会议室召开了2018—2019学年度第一次院务会。会议由院长吉吟东主持，会上通报了暑期安全工作的情况及本年度学校专业技术职务岗位聘用结果，传达了2018年学校暑期工作会议精神。

8月29日　信研院2018年系列学术讲座9——由英国剑桥大学助理研究员张超主讲的"*Efficient Recurrent and Feedforward Neural Network Architectures for Acoustic Modelling*"在信息科学技术大楼1-315会议室举办，语音中心主任郑方主持了本次讲座。张超介绍了其所在的剑桥大学机器智能实验室在语音识别声学建模中所提出的若干方法，分享了其最新研究进展——基于联合训练的深度高斯混合模型以及该模型与传统高斯混合模型之间的关系。

9月

9月3日　信研院2018年研究生新生与导师见面会在信息科学技术大楼3-125会议室举行，各技术研究中心辅助教学主管及2018年入学研究生参加了新生见面会，会议由院长助理、辅助教学主管潘长勇主持。

9月3日　信研院在信息科学技术大楼4-312会议室召开了2018—

2019学年度第二次院务会。会议由院长吉吟东主持，会上讨论了研究生名额分配方案，通报了研究生导师资格认定审批情况。

9月7日 信研院党支部在信息科学技术大楼4-312会议室召开2018—2019学年度第一次支委（扩大）会。会上通报了暑假期间院内安全工作情况，传达了《清华大学2018年秋季学期"两学一做"学习教育学习安排暨教职工党支部组织生活安排》，就其相关内容进行了说明，讨论并确定了本学期党支部的工作目标和重点工作。

9月10日 信研院在信息科学技术大楼4-312会议室召开了2018—2019学年度第三次院务会。会议由院长吉吟东主持，会上介绍了《信研院院史编纂工作计划》的详细内容，通报了研究生名额分配结果及附加津贴发放形式的调整方案。

9月13日 信研院党支部在信息科学技术大楼3-320会议室召开2018—2019学年度第二次支委会。会上讨论并同意按程序安排王会会预备党员相关转正工作。

9月14日 信研院党支部在信息科学技术大楼3-320会议室召开2018—2019学年度第三次支委会。会上讨论了党支部本学期的特色活动安排。

9月15日 WEB与软件中心邢春晓指导的博士研究生田冰的论文"Deep Learning Based Temporal Information Extraction Framework on Chinese Electronic Health Records"获第15届中国计算机学会中国信息系统及应用大会（WISA 2018）大会最佳论文奖。

9月20日 信研院2018级研究生新生及新进站博士后迎新午餐交流会在信息大楼中央庭院举行，来自各中心50余名名师生参加了交流会，会议由院长助理、辅助教学主管潘长勇主持。副院长曹军威代表全院教职工对新同学、新进站博士后加入信研院大家庭表示热烈的欢迎。他介绍了信研院的科研概况及良好的科研环境，并鼓励同学们在今后的学习中开拓思路、勇于创新，发挥多学科交叉、科研团队组织的优势，开展学术研究和科研工作。博士研究生代表李一凡、硕士研究生代表吴佳成分别代表新生发言。

9月20日 信研院党支部召开全体党员大会，会议通过了预备党员王会会转为正式党员的申请，学习了《中国共产党纪律处分条例》的修订，通报了支部特色活动的进展。

9月21日 2018国际数字经济博览会暨区块链产融峰会在石家庄举行，信研院副院长邢春晓在会上以《区块链数字经济如何赋能实体经济》为题发表演讲。

10月

10月9日 信研院语音中心参与起草的《移动金融基于声纹识别的安全应用技术规范》（JR/T 0164—2018）金融行业标准由中国人民银行正式发布。该标准的发布，标志着以声纹识别为代表的生物特征识别技术首次得到金融监管部门的认可，为声纹识别安全技术迅速进入移动金融领域解决了标准难题。

10月10日 信研院WEB与软件中心李超作为主要起草人制定的《信息技术 学习、教育和培训 在线课程》（GB/T 36642—2018）国家标准经国家市场监督管理总局、国家标准化管理委员会批准发布，该标准适用于对不同类型的在线课程开展建设及评价，适用于需要开放共享和在不同平台间迁移的在线课程的设计、资源开发。

10月13日 信研院党支部组织全体党员和工会会员到怀柔黄花城水长城参观了怀柔第一党支部纪念馆——庙上村红色纪念馆，党员同志们缅怀革命先烈，接受革命传统教育，共同追忆了中国共产党成立以来的艰苦奋斗史。

10月15日 信研院在信息科学技术大楼4-311会议室召开了2018—2019学年度第四次院务会。会议由院长吉吟东主持，会上介绍了信研院申报国家研究中心科研团队的情况，以及办公室对各团队符合申报条件的审查结果，讨论了过渡期工作安排及兼职研究院续聘事宜。

10月15日 香港城市大学教授严厚民、徐国良一行来访信研院轨道交通中心，进行学术交流。会上，吉吟东介绍了信研院在高速铁路技术领域的研究方向和研究成果，徐国良介绍了香港城市大学在轨道交通方面的研究团队和研究成果，对世界各国的高铁自动驾驶状况进行了对比分析，中心主任叶昊详细介绍了中心目前在高速铁路自动驾驶技术方向的最新研究成果。双方就轨道交通运维健康管理等领域进行了深入的探讨。

10月19日 信研院党支部在信息科学技术大楼3-320会议室召开2018—2019学年度第四次支委会。会上讨论了党支部发展史编写提纲，介绍了学校院系史编纂工程的背景及院史工作小组对党支部史的初步安排。

10月22日 信研院在信息科学技术大楼4-312会议室召开了2018—2019学年度第五次院务会。会议由院长吉吟东主持，会上讨论了申报国家研究中心科研团队事宜，确定了信研院制度体系建设方案，通报了合同到期人员续聘考核教授会投票结果。

10月22日 信研院2018年系列学术讲座10——由悉尼科技大学杰出教授、澳大利亚技术科学与工程院、美国电气与电子工程师学会、英国工程技术学会郭英杰院士主讲的"Large Scale/Massive Antenna Arrays for 5G mm-Wave Communications and Beyond"学术讲座在信息科学技术大楼1-415会议室举办，无线移动中心副主任粟欣主持了本次讲座。

10月23日和24日 信研院2018年系列学术讲座11、12——由美国奥本大学教授毛世文主讲的"On Deep Learning Based Indoor Localization"和"On Contact-free Vital Sign Monitoring in Healthcare IoT"学术讲座在信息科学技术大楼1-415会议室举办，无线移动中心副主任粟欣主持了本次讲座。

10月27日 信研院党支部支委、特色活动项目负责人董炜带队，与清华大学学生教育扶贫公益协会的同学们到河北唐县第三小学开展支教帮扶活动，向该校捐赠了由信研院党支部募集的"乐博士"机器人、智伴机器人、数码相机和摄像机等教学设备，并开展了科普支教活动，受到了唐县三小师生的热烈欢迎。

10月29日 信研院在信息科学技术大楼4-312会议室召开了2018—2019学年度第六次院务会。会议由院长吉吟东主持，会上确定了推荐申报国家研究中心的5个直属团队排序，按学校要求讨论了2019年度工作计划及相关预算编制工作。

11月

11月5日　信研院在信息科学技术大楼4-312会议室召开了2018—2019学年度第七次院务会。会议由院长吉吟东主持，会上通过了2019年度工作计划及相关预算。

11月12日　信研院党支部在信息科学技术大楼4-302会议室召开2018—2019学年度第五次支委会。会上讨论了职称晋升、各类人才申报中政治审查工作事宜，以及近期党组织活动安排，布置了近期的相关工作。

11月14日　信研院党支部在全体党员范围内开展了"特色活动项目——河北唐县第三小学教育帮扶活动"的经验交流。信研院党员和积极分子共计36人参加了交流会。

11月26日　信研院在信息科学技术大楼4-312会议室召开了2018—2019学年度第八次院务会。会议由院长吉吟东主持，会上通报了已故教师王京善后事宜、学校安全工作会议的主要内容，讨论了职工人事制度改革事宜、年度绩效汇报的主要内容及后续工作安排。

11月30日　计算机系党委组织信研院党支部、分工会教职员工近50人前往国家博物馆，参观了"伟大的变革"——庆祝改革开放40周年大型展览。

12月

12月3日　经信研院2018—2019学年度第九次院务会议讨论决定，任命无线移动中心常务副主任许希斌担任中心代主任。

12月5日　信研院党支部在信息科学技术大楼4-302会议室召开2018—2019学年度第六次支委会。会上规范了党员管理系统的使用，通报了近期院内起草《信研院预防与处理学术不端行为办法（试行）》的情况，以及信研院干部考核的时间和初步安排。

12月10日　信研院在信息科学技术大楼4-312会议室召开了2018—2019学年度第十次院务会。会议由院长吉吟东主持，会上通报了近期工作安排，讨论了年度班子述职报告内容。

12月13日　信研院党支部召开全体党员组织生活会，党支部书记黄春梅为全体党员上了一堂题为《纪念"一二九"运动—传承发扬爱国奉献精神》的主题党课，党支部副书记张勇向大家介绍了信研院党支部标杆单位创建的工作情况。

12月17日 信研院党支部在信息科学技术大楼4-312会议室召开2018—2019学年度第七次支委会。会上明确了意见征集工作的日程安排、具体分工和参与人员范围，介绍了党支部发展史的构成框架和撰写内容。

12月18日 WEB与软件中心博士后王瑛（合作导师邢春晓）的论文"The Control Rate for Patients with Essential Hypertension in Chinese Adults: A Real Word Study Based on the Electronic Health Records of 544,892 Community Residents"被美国心脏病学会（American College of Cardiology，ACC）2019年会（ACC 19）录用。

12月20日 微处理器中心主办的"从体系结构层面对机器学习进行加速"专题学术研讨会在信息科学技术大楼1-315会议室举行，此次研讨会由西安交通大学教授张兴军主持。会上，李明真、纪泽宇、马腾、王佩琪以及傅娴雅5名在读研究生分别以《面向申威处理器的共享内存模型以及在swcaffe的应用展望》《分布式环境下深度学习算法并行化》"How to Design RPC Paradigm upon RDMA-enabled Network"《神经网络模型量化》《适应现场环境的图像分类判别方法》为题进行了报告。

12月20日 WEB与软件中心张勇指导的硕士研究生吴佳成的论文"A Transformation-based Framework for KNN Set Similarity Search"被数据管理顶级期刊TKDE（IEEE Transactions on Knowledge and Data Engineering）录用。

12月20日 WEB与软件中心张勇指导的硕士研究生杨俊晔的论文"A Hierarchical Framework for Top-k Location-aware Error-tolerant Keyword Search"获数据管理顶级会议ICDE 2019长文录用，张勇指导的另一硕士研究生吴佳成的论文"A Scalable Framework for Metric Similarity Join using MapReduce"获短文录用。

12月21日 WEB与软件中心副研究员李超与计算机系教授郑莉、副教授徐明星合作讲授的"C++语言程序设计"入选2018年国家精品在线开放课程。该课程的开课平台源自清华大学的慕华科技和教育部在线教育

信息技术研究院大事记
（2003—2019）

研究中心共同支撑的最大华文 MOOC 平台之一——学堂在线，同时也是中国高校计算机教育 MOOC 联盟课程。

本年 共有教职员工 140 人，其中事业编制 35 人，博士后 29 人，非事业编制 76 人。事业编制中具有正高级专业技术职务 13 人，副高级专业技术职务 20 人。在院研究生 67 人，其中硕士研究生 34 人，博士研究生 33 人。本科生 11 人在信研院进行了毕业设计工作。教师 16 人在学科所属院系积极承担了 19 门课程的教学工作。

共有 8 个技术研究中心，12 个联合研发机构，1 个政府批建机构，1 个自主批建机构。其中本年新建联合机构 1 个：清华大学（信研院）—圣盈信（北京）管理咨询有限公司行业可信区块链应用技术联合研究中心，合作到期续签联合机构 1 个：清华大学（信研院）—北京全路通信信号研究设计院有限公司轨道交通自动化联合研究所，合作到期关闭联合机构 2 个：清华大学（信研院）—赛特斯信息科技股份有限公司柔性网络研究中心、清华大学（信研院）—四川长虹电器股份有限公司先进试听技术联合实验室。

新增正高级专业技术职务人员：曹军威。

续聘兼职研究员 2 人。

本年申请专利 41 项，授权专利 36 项。获得计算机软件著作权登记 5 项。获得省部级奖励 6 项。其中中电联电力创新奖二等奖 1 项，国家能源局能源软科学研究优秀成果三等奖 1 项，中国新闻技术工作者联合会科学技术奖三等奖 1 项，中华医学会科技奖三等奖 1 项，中国电力科学技术进步奖三等奖 1 项，中国电子学会广播电视科学技术奖 1 项。

本院共举办学术报告 12 场。共计接待 16 批来访客人，累计人数 152 人次。派出教师、科研人员 59 人次出访美国、英国等 20 个国家和地区。

2019 年

1月

1月7日 信研院在信息科学技术大楼4-312会议室召开了2018—2019学年度第十一次院务会。会议由院长吉吟东主持,会上通报了《2018年度各单位领导班子民主生活会安排》,明确了征求院务会意见反馈责任人的分工。

1月10日 信研院党支部召开了全体党员组织生活会,计算机系党委委员、计算机系副主任唐杰教授作题为《计算机系学生课外创新培养工作》的主题党课,会议由党支部书记黄春梅主持。

1月14日 信研院在信息科学技术大楼4-312会议室召开了2018—2019学年度第十二次院务会。会议由院长吉吟东主持,经院务会讨论通过了公共经费、工会经费预决算,确定了年终各项表彰名单。

1月16日 信研院在信息科学技术大楼1-515会议室召开了2018—2019学年度第十三次院务(扩大)会。会议由院长吉吟东主持,会上通报了院财务情况,讨论通过了2019年度院行政运行费预算和工会经费预算。

1月16日 WEB与软件技术研究中心在信息科学技术大楼举办"华鼎健康知识图谱研讨会",中心主任邢春晓、常务副主任张勇以及副主任杨吉江和李超出席了研讨会。会上介绍并演示了"华鼎健康知识图谱"系统平台,与会专家对华鼎健康知识图谱给予了充分肯定,并对华鼎健康知识图谱的进一步研究和发展提出了建议。

1月17日 信研院2018年度总结大会暨2019年迎新春茶话会在信息科学技术大楼二层多功能厅举行,会议由党支部书记黄春梅主持,吉吟东院长代表院务会作了2018年度工作报告，会上颁发了先进集体与先进个人奖、爱岗敬业提名奖等奖项。

1月21日 信研院在信息科学技术大楼4-312会议室召开了2018—2019学年度第十四次院务会。会议由院长吉吟东主持，会上讨论了2018年岗位奖励绩效、年终综合奖补差事宜，并集体学习了全国教育大会精神和习近平总书记在庆祝改革开放40周年大会重要讲话精神。

1月23日 信研院与航加国际控股有限公司的民航大数据区块链合作项目在信息科学技术大楼举行签约仪式。校党委常委、校务委员会副主任王岩代表清华大学致辞，航天航空学院党委副书记葛东云代表航院致辞，信研院副院长、WEB与软件技术研究中心主任邢春晓与航加国际总裁兼CEO吴亦玲代表双方签约。

2月

2月25日 信研院在信息科学技术大楼4-312会议室召开了2018—2019学年度第十五次院务会。会议由院长吉吟东主持，会上讨论了院务会分工、附加津贴提取方式，通报了部分教师申请在基础训练中心开设课程的情况。

3月

3月4日 信研院在信息科学技术大楼4-312会议室召开了2018—2019学年度第十六次院务会。会议由院长吉吟东主持，会上讨论了本学期工作重点，传达了学校教职工大会精神。

3月5日 信研院党支部在信息科学技术大楼4-312会议室召开了2018—2019学年度第八次党支部委员会（扩大）会议。会上传达了陈旭书记在全校教职工大会上的讲话，讨论并确定了本学期党支部的工作计划，通报了党支部评议工作的组织安排。

3月14日 信研院党支部召开了组织生活会，对党支部和党员进行民主评议，会上党支部书记黄春梅代表支委会作了2018年工作汇报，并根据支部征集意见和建议的情况，提出2019年整改计划，各党小组组长汇报了本小组党员评议的情况,与会人员分别就党支部、党员和党小组进行了民主评议,计算机系党委委员、计算机系副主任唐杰总结发言希望信研院党支部再接再厉。

3月18日 信研院在信息科学技术大楼4-312会议室召开了2018—2019学年度第十七次院务(扩大)会。会议由院长吉吟东主持,会上传达了国家研究中心教师人事制度改革方案的基本内容,院务扩大会后,院务会与办公室成员召开了公共服务质量管理体系管理评审会。

3月19日 信研院党支部通过通信方式召开了2018—2019学年度第九次党支部委员会会议。会上讨论通过了党员评议结果。

4月

4月1日 信研院数字电视技术研究中心宋健团队负责的中国首次地面数字电视4K频道技术试验试点项目在嘉兴市广播电视中心成功通过验收。本次4K频道技术试验的成功表明,DTMB-A已具备推广应用条件,能为无线覆盖的广大城乡群众提供超高清电视和融合媒体综合广播宽带业务,充分满足人民对高品质视频节目的需求。目前,兼容DTMB和DTMB-A的SoC芯片已经研发成功,DTMB-A的发射机和接收机也已实现产业化,将为我国数字电视发射机、接收机等相关产业发展提供新的增长点。

4月8日 信研院在信息科学技术大楼4-302会议室召开了2018—2019学年度第十八次院务会。会议由院长吉吟东主持,会上通报了职工队伍人事制度改革相关政策和各直属单位摸底情况,讨论确定了校庆期间重点工作。

4月15日 信研院在信息科学技术大楼4-312会议室召开了2018—2019学年度第十九次院务(扩大)会。会议由院长吉吟东主持,会上传达了国家研究中心教师人事制度改革方案的推进进展,通报了职工队伍改革的基本方案和前期调研情况。

4月27—28日 信研院在实验室开放日进行了科研成果演示,庆祝清华大学建校108周年。

5月

5月8日 信研院主办的2019年系列学术讲座1——《个性化内容推荐——寻找与创造》在信息科学技术大楼多功能厅举办，院学术委员会副主任李军教授主持了本次讲座。爱奇艺公司杨紫陌研究员从智能分发和智能制作两个角度，精练而生动地分享了爱奇艺在个性化内容推荐方面的研究成果和应用实践。

5月15日 信研院主办的2019年系列学术讲座2——《用户行为大数据——用户理解》在信息科学技术大楼多功能厅举办，副院长邢春晓主持了本次讲座。爱奇艺高级技术经理陆祁从用户理解概述、案例实践和产品应用3个方面，分享了爱奇艺在大数据下的用户理解场景中的业务需求和应用实践。

5月20日 信研院在信息科学技术大楼4-312会议室召开了2018—2019学年度第二十次院务会。会议由院长吉吟东主持，会上讨论了科研合作意向书事宜，通报了近期学校纵向科研经费预算调整政策情况、院内研究生研究奖相关工作及安全检查等情况。

5月24日 信研院党支部在信息科学技术大楼4-312会议室召开了2018—2019学年度第十次党支部委员会（扩大）会议。会上集体学习了《清华大学教职工政治理论学习实施办法》，通报了党支部组织活动出勤情况，讨论了5月组织生活安排。

5月24日 国家药品监督管理局药品评价中心主任沈传勇一行6人到访信研院。数字医疗健康工程研究中心主任杨吉江介绍了信研院的主要情况以及在医疗健康与信息技术交叉创新方面的主要工作，科研骨干王青汇报了双方共同研究编制中国《上市后个例安全性报告（ICSRs）E2B（R3）实施指南》的工作情况，以及拟进行"中国药品监督科学行动计划"的合作规划。双方就如何进一步加强深度合作达成共识。

5月26日 信研院党支部、分工会组织全院教职员工前往延庆参观了2019中国北京世界园艺博览会，党支部书记黄春梅、工会主席邢春晓带队。参观后，教职员工分享了心得体会，纷纷表示要将习总书记的讲话精神落实到实际行动中。

5月27日 信研院在信息科学技术大楼4-312会议室召开了2018—2019学年度第二十一次院务（扩大）会。会议由院长吉吟东主持，会上预通报了本年度科研业绩考核情况，院务会、支委会成员联合开展理论学习。

5月27日 信研院党支部在信息科学技术大楼4-312会议室召开了2018—2019学年度第十一次党支部委员会会议。会上与院务会开展集体理论学习，讨论了6月组织生活安排。

5月27日 信研院2019年度研究生研究奖颁奖仪式暨学术沙龙在信息科学技术大楼1-312会议室举行，各中心辅助教学主管参加了颁奖仪式并为获奖研究生颁发证书，此次获得研究生研究奖的博士研究生为：许杰、焦立博；硕士研究生为：孙雅琪、郝传统、杨俊晔。

5月29日 信研院主办的2019年系列学术讲座3——《大数据之上的内容分析——让内容更美》在信息科学技术大楼多功能厅举办，院学术委员会副主任李军教授主持了本次讲座。爱奇艺研究员阳任科从数据模型、算法模型以及应用场景3个角度，自底向上地分享了爱奇艺在内容智能生态上的探索与实践。阳任科结合了IP价值评估、剧本评估和智能评分三个案例，深入浅出地阐述了大数据技术以及人工智能技术在视频网站内容分析上的应用价值与实现思路。

6月

6月4日 信研院党支部、分工会组织全院教职员工前往清华大学校史馆参观"迈向一流—清华大学庆祝改革开放40周年展览"，了解清华大学发展历史。

6月10日 信研院在信息科学技术大楼4-312会议室召开了2018—2019学年度第二十二次院务会。会议由院长吉吟东主持，会上集体学习了《清华大学贯彻落实2019年全面从严治党党风廉政建设和反腐败工作部署分工意见》，通报了近期国家研究中心研究团队申请立项评审结果。

6月13日 信研院获2019年清华大学教职工篮球赛甲组亚军，校长助理、工会篮球协会会长郁鼎文为我院代表队颁发了奖杯。

6月17日 信研院在信息科学技术大楼4-312会议室召开了2018—2019学年度第二十三次院务会。会议由院长吉吟东主持，会上通报了近期国家研究中心党政联席会和科研团队负责人务虚会的主要内容,传达了"不忘初心、牢记使命"主题教育工作的主要内容。

6月19日 信研院党支部和社科学院机关党支部在信息科学技术大楼1-312会议室开展了共学共建主题活动,党支部书记黄春梅介绍了信研院的发展历程和科研布局,及"党建标兵党支部"创建的工作思路,最后介绍了信研院行政管理与服务质量管理体系探索、运行实践与思考。双方有效地整合了党建资源,今后将进一步探索长期合作机制,携手砥砺前行。

6月25日 信研院党支部与清承教育一行7人前往江西省芦溪县保育院,开展了以"大数据时代学生综合素养教育"为主题的公益支教活动,并向保育院捐赠了价值20万元的幼儿音乐素养教育产品、师资培训及教学服务。

6月27日 中国6G无线技术组第一次工作组会议在信息科学技术大楼多功能厅召开,会议由无线与移动通信技术研究中心副主任、6G无线技术组组长粟欣主持,会上明确了6G无线技术的目标与任务、工作思路、方法和计划。

6月27日 中央网络安全和信息化委员会办公室副主任刘烈宏一行6人赴信研院考察调研,对网络大数据技术研究中心进行现场调研,并结合考察成果进行座谈交流。会上,网络大数据中心主任尹浩介绍了中心网信工作的科研成果,并对重点项目工作思路进行了汇报。

7月

7月1日 信研院在信息科学技术大楼4-312会议室召开了2018—2019学年度第二十四次院务会。会议由院长吉吟东主持,会上通报了联合研发机构年审情况及科研合作意向协议事宜。

7月3日 中国海关总署总工孟杨司长一行7人赴信研院考察调研,信研院院长吉吟东、副院长邢春晓出席了座谈交流会议。邢春晓介绍了清华大学在信息技术领域取得的重大成果和科研进展、信研院的总体情况及大数据领域的前沿发展。网络大数据中心主任尹浩、WEB中心常务副主任张勇、副主任李超介绍了相关的工作成果与经验。孟杨总工表示,希望信研院从相关的先进技术上对新型智能海关给予更多工作支持,未来将根据海关总署的安排与清华大学开展进一步合作。

7月4日 信研院党支部在信息科学技术大楼1-312会议室召开了期末组织生活会。会上,党支部书记黄春梅传达了习近平总书记出席"不忘初心,牢记使命"主题教育工作会议的讲话精神,党支部副书记张勇传达了《清华大学"不忘初心,牢记使命"主题教育准备工作方案》的具体内容。党小组组织学习了相关文件,并由党小组开展全院教师参与的师德师风建设讨论、交流。

7月5日 信研院2019毕业研究生座谈会在信息科学技术大楼4-402会议室召开,各技术研究中心导师以及毕业研究生代表近15人参加了座谈会,会议由院长助理潘长勇主持。

8月

8月19日 信研院在信息科学技术大楼4-312会议室召开了2019—2020学年度第一次院务会。会议由院长吉吟东主持,会上传达了学校暑期工作会议的主要精神,讨论决定了每月开展一次教师午餐沙龙活动。

8月26日 信研院2019年研究生新生与导师见面会在信息科学技术大楼1-312会议室举行,院部分技术研究中心辅助教学主管以及2019年入学研究生参加了新生见面会,会议由院长助理、辅助教学主管潘长勇主持。

9月

9月7日 信研院党支部、清承教育以及清华大学学生教育扶贫公益协会一行7人前往唐县三小,开展了以"大数据时代学生综合素养教育"为主题的公益支教活动。信研院党支部向各技术研究中心发布募集计算机的消息,并筹得10台计算机,由信研院党支部和清承教育的支教代表们送至唐县三小。

9月9日 信研院在信息科学技术大楼4-312会议室召开了2019—2020学年度第二次院务会。会议由院长吉吟东主持,会上讨论了计算机系党委就信研院党支部组织调整提出的方案,通报了本年度研究生名额分配的来源、过程和结果。

9月12日 信研院2019级研究生新生及进站博士后迎新午餐交流会

在信息科学大楼1-312会议室举行，来自各中心40余名师生参加了交流会，会议由院长助理、辅助教学主管潘长勇主持。副院长邢春晓代表全院教职工对新同学、新进站博士后加入信研院大家庭表示热烈欢迎。博士研究生代表冯畅、硕士研究生代表李同良分别代表新生发言。

9月16日　信研院教工第二党支部在信息科学技术大楼1-312会议室召开了2019—2020学年度第一次党支部委员会会议。会上讨论通过了支委工作安排，介绍了支委会工作要求。

9月16日　信研院党支部在信息科学技术大楼1-312会议室召开了全体党员大会，进行换届选举，会议由党支部书记黄春梅主持。会上，黄春梅介绍了经计算机系党委、国家研究中心批准的拆分方案。邢春晓、黄春梅分别介绍了教工第一党支部和教工第二党支部的支委会候选人情况，并进行无记名投票选出各支委会成员。计票期间，全体党员集体学习了习近平总书记关于《牢记初心，不忘使命》主题教育活动的讲话，参会人员齐唱《国际歌》。

9月20日　信研院在信息科学技术大楼4-312会议室召开了2019—2020学年度第三次院务会。会议由院长吉吟东主持，会上传达了近期学校安全稳定工作会会议精神，通报了主题教育工作中进行调查研究的主要内容和方式。

9月20日　信研院教工第二党支部在信息科学技术大楼4-312会议室召开了2019—2020学年度第二次党支部委员会会议。会上集体学习了清华大学和计算机系党委主题教育工作方案，确定了主题党日活动初步计划，讨论确定了本学期党支部工作计划及支委会和支部组织生活的例行时间。

9月26日　信研院教工第一党支部、第二党支部和分工会组织教职工参观中共中央北京香山革命纪念地，举行了庆祝新中国成立70周年主题党日活动。院长吉吟东、支部书记邢春晓和黄春梅带队，全院50余名教职员工参加了活动。支部党员和工会会员表示，要将习近平总书记的讲话精神落实到实际行动中。

10月

10月8日　信研院在信息科学技术大楼4-312会议室召开了2019—

2020学年度第四次院党政联席会。会议由院长吉吟东主持，会上讨论了主题教育调研提纲及教育职员职级申报事宜。

10月14日 信研院在信息科学技术大楼4-312会议室召开了2019—2020学年度第五次院党政联席会。会议由院长吉吟东主持，会上讨论确定了主题教育调研下一阶段的调查研究方式、分工和计划安排。

10月21日 信研院在信息科学技术大楼4-312会议室召开了2019—2020学年度第六次院党政联席会。会议由院长吉吟东主持，会上讨论了主题教育调研报告。

10月23日 信研院教工第二党支部在信息科学技术大楼4-312会议室召开了2019—2020学年度第三次党支部委员会（扩大）会议。会上调整了支委会分工，介绍了党小组分组情况，讨论通过了本月党员活动安排。

10月24日 信研院党支部在信息科学技术大楼一层小报告厅召开了全体党员大会，第一党支部书记邢春晓宣讲了题为《主动担当作为 矢志教育报国 领会科技创新 赋能网络强国》的主题党课，并进行集中理论学习，会议由第一党支部书记邢春晓主持，信研院党员和群众共计36人参加了会议。

10月28日 信研院在信息科学技术大楼4-312会议室召开了2019—2020学年度第七次院党政联席会。会议由院长吉吟东主持，会上讨论了"不忘初心，牢记使命"主题教育检视问题相关工作，介绍了语音语言中心拟与北京市监狱管理局开展科研合作的意向情况。

11月

11月2日 信研院WEB与软件技术研究中心副主任杨吉江团队与北京协和医院潘慧团队合作完成的项目——"异常出生体重儿童生长发育及代谢性疾病防治体系的建立"，获得2019"中国妇幼健康科技奖"一等奖。

11月4日 信研院主办的2019年系列学术讲座4——"*Approximate Analytic Queries over Compressed Time Series with Tight Deterministic Error Guarantees*"在信息科学技术大楼1-310会议室举办，WEB与软件技术研究中心常务副主任张勇主持了本次讲座。Amazon Redshift部门高级研究人员林春彬博士介绍了如何将时序数据进行适当压缩后，在其基础上进行有确切范围的近似查询处理。

11月7日 庆祝中华人民共和国成立70周年国庆阅兵医疗保障负责人张雷院长来信研院交流座谈并深入解读阅兵，在信息科学技术大楼1-315会议室为信研院全体党员和部分群众讲了一堂主题党课，开展了一次深刻的国防教育和爱国主义教育，会议由第二党支部书记黄春梅主持。信研院网络行为研究所在此次阅兵中获得"庆祝中华人民共和国成立70周年阅兵服务保障单位"的奖励。

11月11日 信研院在信息科学技术大楼4-312会议室召开了2019—2020学年度第八次院党政联席会。会议由院长吉吟东主持，会上讨论了职工人事制度改革工作的进展，通报了主题教育领导班子检视问题清单和专题调研报告的情况。

11月12日 信研院主办的2019年系列学术讲座5——"*Mining Maximal Clique Summary with Effective Sampling*"在信息科学技术大楼1-310会议室举办，WEB与软件技术研究中心常务副主任张勇主持了本次讲座。斯威本科技大学周锐博士介绍了因团数量巨大且多有重叠而建立摘要的问题背景。

11月22日、27日 轨道交通团队与国家高速列车技术创新中心进行了互访交流。信研院院长吉吟东介绍了轨道交通团队的重点研究方向及相关的研究成果。会上，双方探讨了国家研究中心与国家科创中心的合作模式，讨论了以提高运力、提高能效、降低全生命周期成本、提高舒适度为目标的先进轨道交通系统试验平台技术，并达成了加快推进双方合作的共识。

11月25日 信研院在信息科学技术大楼1-312会议室召开了2019—2020学年度第九次院党政联席（扩大）会。会议由院长吉吟东主持，会上讨论了年度团队考核工作的初步方案，通报了就职工队伍人事制度改革的沟通意见。

11月25日 信研院教工第二党支部在信息科学技术大楼3-320会议室召开了2019—2020学年度第四次党支部委员会会议。会上学习了十九届四中全会工作安排，讨论了主题教育民主生活会安排，讨论确定了扶贫工作安排。

12 月

12 月 3 日 信研院党支部在信息科学技术大楼召开组织生活会，会上以党小组形式分组展开了党员互评和自我批评。

12 月 9 日 信研院在信息科学技术大楼 4-302 会议室召开了 2019—2020 学年度第十次院党政联席（扩大）会。会议由院长吉吟东主持，会上通报了就职工队伍人事制度改革的沟通意见。

12 月 16 日 信研院在信息科学技术大楼 4-312 会议室召开了 2019—2020 学年度第十一次院党政联席会。会议由院长吉吟东主持，会上班子成员提出了整改措施，开展了批评与自我批评。

12 月 24 日 信研院主办的 2019 年系列学术讲座 6——"How AI changes human-computer interactions?"在信息科学技术大楼 1-315 会议室举办，语音和语言技术研究中心主任郑方教授主持了本次讲座。芝加哥丰田技术研究院前院长、日本工业大学信息科学与工程学院前院长、IEEE Fellow——Sadaoki Furui 教授从语音识别角度出发，对人工智能技术的发展进行了概述，随后从语音识别、语音合成、语音转换等方面阐述了深度神经网络方法的对人机交互的变革，并且对深度神经网络优势从多个方面进行了介绍。此外，Sadaoki Furui 教授就当前基于深度神经网络的技术仍存在的一些问题进行了解读，并对该领域未来的研究方向进行了展望。

12 月 27 日 第六届清华大学博士后校友会 IT 分会创新论坛，暨 2019 年清华大学信息技术研究院博士后创新论坛"赋能产业 智链未来"，在信息科学技术大楼 1-315 报告厅举办。论坛由信研院副院长、IT 专委会副会长兼秘书长邢春晓主持，来自信息技术领域的出站博士后校友、信研院在站博士后等 30 余人参加了论坛。7 位行业专家和产业先锋分别演讲了主题报告，参会教师在多学科交叉讨论和碰撞中，共同探讨符合国家利益和产业发展需求的科技创新新思想和新模式。

12 月 30 日 信研院在信息科学技术大楼 4-312 会议室召开了 2019—2020 学年度第十二次院党政联席会。会议由院长吉吟东主持，会上讨论了职工队伍人事制度改革过渡管理办法，通报了职工队伍人事制度改革情况及年度科研、教学奖励和补贴方案，确定了年度工作总结和班子述职汇报

信息技术研究院大事记
（2003—2019）

内容。

12月31日 信研院教工第二党支部在信息科学技术大楼 3-320 会议室召开了 2019—2020 学年度第五次党支部委员会（扩大）会议。会上传达了学校教职工党支部书记研讨班会议精神，讨论了期末党员组织生活会。

本年 共有教职员工 99 人，其中事业编制 15 人，博士后 25 人，非事业编制 59 人。事业编制中具有正高级专业技术职务 6 人，副高级专业技术职务 7 人。在院研究生 57 人，其中硕士研究生 32 人，博士研究生 25 人。本科生 5 人在信研院进行了毕业设计工作。教师 16 人在学科所属院系积极承担了 22 门课程的教学工作。

共有 8 个技术研究中心，4 个联合研发机构，1 个政府批建机构，1 个自主批建机构。其中本年新建联合机构 0 个，合作到期续签联合机构 0 个，合作到期关闭联合机构 6 个：清华大学（信研院）—金电联行（北京）信息技术有限公司金融大数据联合研究中心、清华大学—河北心神信息技术有限公司信息化系统工程联合研究中心、清华大学（信研院）—北京得意音通技术有限责任公司声纹处理联合实验室、清华大学（信研院）—同方工业有限公司智能维护保障技术联合研究所、清华大学（信研院）—广州市怡文环境科技股份有限公司环境监测技术联合研究所、清华大学（信研院）—北京倍肯恒业科技发展有限公司智慧健康大数据技术联合研究中心。

新增正高级专业技术职务人员：无。

续聘兼职研究员 5 人。

本年申请专利 21 项，授权专利 31 项。获得计算机软件著作权登记 3 项。获得国家及省部级奖励 5 项。其中国家科学技术进步二等奖 1 项，中国发明协会发明创业金奖 1 项，妇幼健康研究会科技成果奖一等奖 1 项，中国电子学会自然科学奖二等奖 1 项，广东省专利奖银奖 1 项。获得国际奖励 4 项。其中日内瓦发明博览会金奖 1 项，波兰代表团特别奖 1 项，巴黎发明博览会银奖 1 项，第 14 届莫斯科大学视频编码器 2019 年度测评冠军 1 项。

本院共举办学术报告 6 场。共计接待 11 批来访客人，累计人数 64 人次。派出教师、科研人员 32 人次出访美国、英国等 15 个国家和地区。